# 24 HORAS

# E A

# *FILOSOFIA*

# O MUNDO SEGUNDO JACK

Coletânea de:
Jennifer Hart Weed,
Richard Davis e Ronald Weed
Coordenação de William Irwin

# 24 HORAS E A *FILOSOFIA*
## O MUNDO SEGUNDO JACK

*Tradução:*
Martha Malvezzi

MADRAS

Publicado originalmente em inglês sob o título *24 and Philosophy*, por Blackwell Publishing Ltd.
© 2008, Blackwell Publishing Ltd.
Direitos de edição e tradução para todos os países de língua portuguesa, graças a um acordo com Blackwell Publishing Ltd, Oxford.
Tradução autorizada do inglês.
© 2008, Madras Editora Ltda.

*Editor*:
Wagner Veneziani Costa

*Produção e Capa*:
Equipe Técnica Madras

*Tradução*:
Martha Malvezzi

*Revisão Técnica*:
Saulo Ladeira

*Revisão*:
Maria Cristina Scomparini
Luciana Moreira

**Dados Internacionais de Catalogação na Publicação (CIP)**
**(Câmara Brasileira do Livro, SP, Brasil)**

24 Horas e a filosofia : o mundo segundo Jack / coletânea de Jennifer Hart Weed, Richard Davis e Ronald Weed ; tradução Martha Malvezzi.

São Paulo : Madras, 2008.
Título original: 24 and philosophy
ISBN 978-85-370-0340-4
1. Filosofia 2. 24 (Série de televisão)
I. Weed, Jennifer Hart. II. Davis, Richard Brian.
III. Weed, Ronald L.
08-02575　CDD-791.4572

Índices para catálogo sistemático:
1. 24 : Série : Programa de televisão 791.4572

Proibida a reprodução total ou parcial desta obra, de qualquer forma ou por qualquer meio eletrônico, mecânico, inclusive por meio de processos xerográficos, incluindo ainda o uso da internet, sem a permissão expressa da Madras Editora, na pessoa de seu editor (Lei nº 9.610, de 19.2.98).

Todos os direitos desta edição em língua portuguesa, reservados pela

**MADRAS EDITORA LTDA.**
Rua Paulo Gonçalves, 88 — Santana
CEP: 02403-020 — São Paulo/SP
Caixa Postal: 12299 — CEP: 02013-970 — SP
Tel.: (11) 2281-5555/2959-1127 — Fax: (11) 2959-3090
**www.madras.com.br**

# 12:00H – 1:00H

# Conteúdo de 24 Horas

1:00H – 2:00H
*Dedicado a Edgar* ............................................................................ 9

2:00H – 3:00H
*Filosofia? Se você não conhece* 24 Horas, *você não conhece Jack!* . 11
Tom Morris

3:00H – 4:00H
*Orientação da UCT* ...................................................................... 15
Ronald Weed

4:00H – 5:00H
*Agradecimentos: Chloe, nós precisamos de você!* ........................ 19

**5:00H – 9:00H
AGENTE ESPECIAL JACK BAUER** ...................................... 21

5:00H – 6:00H
*O que Jack Bauer faria? Dilemas e teoria
morais em* 24 Horas ...................................................................... 23
Randall M. Jensen

6:00H – 7:00H
*Entre herói e vilão: Jack Bauer e o problema das "mãos sujas"* .... 37
Stephen de Wijze

7:00H – 8:00H
*Além do cumprimento do dever* .................................................. 51
Richard Davis

8:00H – 9:00H
*Verdade e ilusão em* 24 Horas: *Jack Bauer, Dionísio
no mundo de Apolo* ...................................................................... 63
Stephen Snyder

**9:00H – 12:00H**
**O SALÃO OVAL E OS CORREDORES DO PODER** .................. 75

9:00H – 10:00H
*O presidente Palmer e a invasão da China: o início de uma guerra justa?* ............................................................. 77
Jennifer Hart Weed

10:00H – 11:00H
*Jack Bauer como anti-Eichmann e carrasco do liberalismo político* ............................................................... 87
Brandon Claycomb e Greig Mulberry

11:00H – 12:00H
*O pepino de Palmer: por que ele não conseguiu engoli-lo?* ............ 95
Georgia Testa

**12:00H – 15:00H**
**QUARTEL-GENERAL DA UTC** ....................................... 107

12:00H – 13:00H
*A ética da tortura em* 24 Horas: *assustadoramente banal* ............... 109
Dónal P. O'Mathúna

13:00H – 14:00H
*Lealdade e a "guerra de todos contra todos" em* 24 Horas ............ 123
Eric M. Rovie

14:00H – 15:00H
*Quem ousa pecar: Jack Bauer e a sorte moral* ................................ 137
Rob Lawlor

**15:00H – 18:00H**
**AGENTES INFILTRADOS, AGENTES DUPLOS**
**E TERRORISTAS** ............................................................ 145

15:00H – 16:00H
Vivendo em um mundo de suspeitas: a epistemologia da desconfiança .. 147
Scott Calef

16:00H – 17:00H
*A cruel astúcia da razão: o conflito moderno/pós-moderno em*
*24 Horas* ................................................................................. 159
Terrence Kelly

17:00H – 18:00H
*O jogo do conhecimento pode ser uma tortura* ............................. 171
R. Douglas Geivett

**18:00H – 21:00H**
**TECNOLOGIA, OBJETIFICAÇÃO E O RELÓGIO** ................ 181

18:00H –19:00H
*Como o telefone celular mudou o mundo e criou* 24 Horas ............ 183
Read Mercer Schuchardt

19:00H – 20:00H
24 Horas *e a ética da objetificação* ...................................................... 195
Robert Arp e John Carpenter

20:00H – 21:00H
*Jack em dois tempos:* 24 Horas *à luz da teoria estética* .................. 209
Paul A. Cantor

21:00H – 22:00H
*Confidencial: os agentes da UCT* ......................................................... 221

22:00H – 23:00H
*Confidencial: patrimônio e fontes* ....................................................... 227

23:00H – 0:00H
*Confidencial: os códigos* ....................................................................... 231

# 1:00H – 2:00H

# Dedicado a Edgar

A Edgar,

Sinto falta de você. Você não imagina os novos recrutas que a Divisão me enviou. Eles não conseguem redirecionar um satélite, muito menos codificar um banco de dados com uma chave de encriptação de cinco *bits*. Eu sei que você me disse que sou a melhor agente que a UCT já teve, mas jamais poderia adivinhar que eles o substituiriam pelos rejeitados do FBI. Sinto muito pelo que aconteceu. Prometo que me lembrarei de você todas as vezes em que tiver de fazer um *backup* extra no servidor porque alguém esqueceu de fazê-lo.

Com amor,
Chloe

# 2:00H – 3:00H

# Filosofia? Se você não conhece *24 Horas*, você não conhece Jack

Tenho um vizinho que por muitos anos foi agente do Serviço Secreto, protegendo pessoalmente quatro presidentes dos Estados Unidos. O nome dele – é claro – é Jack. Jack me contou que ele e a mulher, uma ex-perita em bioterrorismo que trabalhava para a CIA (não, eu não estou inventando isso), assistem à série de TV *24 Horas* religiosamente; mas com certeza não com tanto entusiasmo como eu. Um de meus antigos alunos é membro da atual equipe antiterrorismo da SWAT, do FBI. Não posso dizer o nome dele, porém posso contar que ele me enviou alguns de seus uniformes oficiais. Tenho vontade de vestir cada um deles todas as vezes que vejo Jack Bauer em ação. Minha mulher entra na sala e ri quando me vê parado diante da TV, na ponta dos pés, e preparado para entrar em ação e ajudar Jack se ele precisar. Mas, é claro, ele nunca precisa.

Certo dia, depois das três ou quatro primeiras temporadas da série, eu conversava ao telefone com um dos maiores peritos em Segurança Interna do país e perguntei se ele costumava assistir à série. Para minha total surpresa, ele me respondeu que jamais vira um episódio sequer. O antigo professor de filosofia existente em mim veio à tona e eu dei uma tarefa a meu interlocutor: adquirir pelo menos as duas primeiras temporadas em DVD e assisti-las o mais rápido possível. Ele riu e me perguntou por que eu insistia tanto nisso. Expliquei que praticamente todas as questões éticas imagináveis aparecem em um determinado momento dessa série notável. Ela é vívida, cativante e incita o pensamento. É possível desenvolver um incrível seminário de filosofia a partir dos episódios, discutindo o que acontece neles. Os ensaios apresentados neste livro ajudarão o leitor a entender, de novas maneiras, não apenas os atuais temas ligados ao terrorismo, conflito global e segurança nacional, mas também questões pessoais presentes em nossa vida cotidiana.

O que é um herói? Qual é a natureza de uma obrigação moral? E quais são os limites do dever? Até que ponto a natureza humana é ruim, afinal de contas? O mundo da política é inevitavelmente corrupto? Como podemos equilibrar os vários comprometimentos e lealdade que temos, e o que devemos fazer quando entram em conflito? Quais são as condições para uma ação racional quando o resultado pode ser catastrófico? Será que os telefones celulares e a Internet mudaram o mundo para sempre? E como eles afetam o modo como pensamos e agimos? Em algum momento podemos dizer que é aceitável, do ponto de vista moral, torturar um assassino para obter informações cruciais que podem salvar a vida de muitas pessoas? Com certeza é aceitável ser rígido com esse indivíduo. Mas então quais são os limites dessa rigidez? Por fim, se você sussurrar uma pergunta a alguém cujas ações podem ameaçar todo o seu estilo de vida, e não obtiver uma resposta, o próximo passo lógico é gritar na cara da pessoa bem de perto e o mais alto possível a pergunta novamente?

Certo, algumas dessas situações não fazem parte de nosso dia-a-dia, e é claro que eu estou brincando um pouco; como também é claro que Jack nunca faria isso. Acho que jamais o vi sorrindo – pelo menos, não por causa de uma piada, nem em razão de uma situação tão absurda que provoque risos. Com certeza não há muitos risos nem gargalhadas na UCT*. Salvar o mundo pode ser estressante. Mesmo assim, vale a pena ressaltar que entre todas as virtudes humanas identificadas há muito tempo por Aristóteles, a jovialidade parece ser a única que Jack Bauer não tem. Essa é a sua única falha? Ou será que ele tem outras? Certo, jamais o vemos, exceto quando ele está um tanto ocupado. Portanto, não temos como saber se ele tem algum *hobby*, se gosta de comida italiana, ou aprecia dar caminhadas na praia. Não temos uma visão completa da personalidade dele. Mas o que conseguimos ver é, sem dúvida, impressionante.

Acredito não ser um exagero afirmar que o agente Jack Bauer se tornou proeminente entre os atuais heróis da ficção como um paradigma de valor e virtude viris aos olhos da maioria dos fãs da série. Porém qual imagem do herói ele representa? Será ele um estóico moderno? Ou seria a versão americana do século XXI do clássico guerreiro samurai? Jack é um herói homérico preso à honra e à lealdade, e dividido apenas pelas fortes amarras do amor que ele jamais entende por completo? Ou será que está criando um novo modelo de heroísmo?

Admitamos. Jack não é de fato uma pessoa divertida com quem podemos sair e tomar uma cerveja, entretanto não consigo pensar em nin-

---

* N. T.: Unidade Contra Terrorismo, (em inglês CTU – *Counter Terrorist Unit*) agência fictícia norte-americana de combate ao terrorismo.

guém melhor para estar a meu lado na parte perigosa da cidade, ou se eu descobrisse que alguém colocou furtivamente uma pequena arma nuclear em minha bagagem de mão. Nem mesmo uma linha aberta com Chloe O'Brien garantiria um milésimo da segurança que Jack poderia proporcionar. Nesse personagem, o ator Kiefer Sutherland com certeza encontrou o papel de sua vida. Ele é insinuante, estimulante e infinitamente provocativo não apenas em suas ações como um agente antiterrorismo, mas também como homem. Ele incorpora tantas questões filosóficas de maneira tão vívida que com certeza nos estimula a pensar em novas direções.

Nestas páginas, você encontrará uma explicação sobre o que podemos aprender com ele e seus associados no que diz respeito ao bem, ao mal e à vida, de uma forma à qual nem mesmo os melhores analistas da UCT poderiam se igualar. Sugiro que leia este livro agora. As horas estão passando.

Tom Morris
Autor de *If Aristotle Ran General Motors, The Stoic Art of Living* e *If Harry Potter Ran General Electric*, entre outros livros de filosofia muito séria.

# 3:00H - 4:00H

# Orientação da UCT

*Ronald Weed*

Outro dia começa na Unidade Contra Terrorista (UCT) de Los Angeles. Enquanto isso, a câmera segue para o outro lado do mundo exibindo a linha do horizonte em Seul, Coréia do Sul, tarde da noite. Com rapidez, nossos olhos vão descendo até um canto fracamente iluminado de um depósito de onde se ouvem gritos de sofrimento. Vemos apenas uma parte de um instrumento de tortura, quando o técnico que o opera ajusta com cuidado o mecanismo. Enquanto o prisioneiro se contorce preso ao aparelho, o técnico, com uma expressão impassível, calcula quanto sofrimento será necessário para extrair a verdade. Quase sem poder respirar, o prisioneiro sussurra o segredo no ouvido de seu captor, que rapidamente atravessa os corredores sombrios e escuros do depósito para informar os resultados obtidos.

Um pequeno grupo de agentes anônimos, reunidos em uma sala mal iluminada, esperam nervosos por uma resposta àquela que parece ser sua única pergunta: "Quando?" O mensageiro lhes diz o que precisam saber: "Hoje". Ainda não sabemos o que aconteceria de tão terrível hoje que colocaria em ação a complexa máquina que envolve o presidente, o vice-presidente, o gabinete, uma miríade de obscuras associações aliadas e hostis dentro e fora do governo e, é claro, a UCT e seu bem mais valioso – embora difícil –, Jack Bauer.

Esse é o tempo real de *24 Horas* – um mundo frágil repleto de perigos e intrigas. Embora seja um mundo fictício, ele com certeza nos faz lembrar do mundo real. E a dimensão em tempo real pode focar um breve momento de uma tarde em Los Angeles sob um escrutínio microscópico e dramático, fazendo-nos sentir com mais intensidade aquilo que é heróico, terrível e inesperado. Além disso, temos o acesso em tempo real aos acontecimentos, associações e conversas ao redor do mundo, formando tramas que são complexas, sobrepostas e que quase sempre convergem de maneira cativante.

Embora os telespectadores esperem ansiosos pelo início de uma nova temporada, a série não tem um começo. *24 Horas* joga seus fãs em crises já começadas, no meio das coisas (*in medias res*). Os personagens e as organizações jamais têm um verdadeiro recomeço. Existe sempre uma ação ou situação anterior que complica o próximo desafio ou oportunidade no horizonte.

Não é de surpreender que *24 Horas* se tornou tão popular não apenas na América do Norte, mas também na Europa, América Latina, Ásia e Austrália. O sucesso da série é enorme e surpreendentemente internacional, apesar da natureza delicada e controversa de seu conteúdo: terrorismo, ações secretas ilegais, reuniões da inteligência, tortura, conflito racial e estereotipagem. Na América do Norte, os fãs da série ultrapassam o espectro político, incluindo celebridades que vão desde Rush Limbaugh, Antonin Scalia e John McCain até Bill Clinton, Rosie O'Donnell e Barbra Streisand.

Há críticas plausíveis a *24 Horas*. Por exemplo, em um artigo publicado em *Guardian*, Slavoj Zizek defende a tese de que a série usa sua característica de tempo real para reforçar a percepção de urgência por parte do telespectador e, portanto, manipula a aceitação da tortura como o único modo de evitar situações perigosas. Outras críticas apontam preocupações quanto ao uso de estereótipos convenientes na descrição de heróis, vilões e um elenco de personagens suspeitos entre eles. Mas pode ser que o interesse por *24 Horas* se estenda para além das fronteiras da política porque a série apresenta, de maneira muito engenhosa, personagens interessantes imersos em situações complexas que provocam na trama reviravoltas e resultados totalmente intrigantes e imprevisíveis. Embora a série não resista a retratar crises terríveis repletas de urgência e alternativas não atraentes, ela com certeza não oferece respostas fáceis a esses problemas, nem uma apresentação unidimensional das causas deles. Quase todas as crises que Jack Bauer ajuda a impedir com o uso de meios questionáveis trazem algum tipo de prejuízo para o próprio Jack e para os que estão à sua volta.

É possível que *24 Horas* recorra a estereótipos familiares, ainda que apenas para testar suas limitações e utilidades. Eu não arriscaria estragar muitas surpresas chocantes de *24 Horas* para os novos espectadores da série. Mas é justo dizer que aqueles que provam ser os verdadeiros vilões e heróis de uma temporada ultrapassam as linhas de raça, gênero, idade e experiência, embora a série não se desvie de seu caminho para criar aparências que estejam de acordo com intuições politicamente corretas. Não obstante, após seis temporadas, *24 Horas* já teve dois presidentes democratas afro-americanos, que eram irmãos. O mais velho, David Palmer, era reverenciado e um personagem amado cujo assassinato provocou ondas de choque em todo o seu eleitorado de *24 Horas*. Em temporadas alternadas, a série apresentou presidentes republicanos caucasianos que eram personagens bem menos atraentes, sendo que um deles foi cúmplice em uma trama contra os Estados Unidos e teve de ser salvo por David Palmer em um momento de crise. É claro que o secretário de defesa republicano James Heller (que tem uma semelhança surpreendente com Donald Rumsfeld) e o astuto estrategista político Tom Lennox foram apresentados como figuras muito competentes e até certo ponto respeitáveis, embora não infalíveis. Os vice-presidentes democratas Jim Prescott e Noah Daniels são retratados como perigosamente ambiciosos e às vezes com visão curta. A conclusão é que os dois partidos políticos principais são apresentados com qualidades misturadas.

Em muitos aspectos, a intensidade dramática e os elementos em tempo real de *24 Horas* ajudam a iluminar problemas e dilemas filosóficos a respeito dos quais os filósofos pensaram por séculos, mas que continuam a ser relevantes em contextos novos e desafiadores. A questão sobre como devemos viver é tão antiga quanto a própria filosofia. Sócrates nos pergunta: "O que é a vida boa?" – uma pergunta controvertida que provocou inquirições, debates e um grande número de respostas por parte dos filósofos por séculos. Mas o modo como consideramos essa pergunta pode implicar respostas a outras questões críticas, tais como o que podemos saber, a natureza da realidade, a extensão e o caráter de nossos comprometimentos éticos e políticos, e talvez até se existe um significado para a vida.

Este livro oferece uma excursão guiada pela UCT e o amplo mundo de *24 Horas* com a ajuda de grandes filósofos – sem a necessidade de uma arma paralisante. Os dilemas em tempo real que personagens como Jack Bauer, David Palmer e Michelle Dessler enfrentam são problemas que nos ajudam a pensar sobre as grandes questões da filosofia. Os autores que contribuíram para este livro provavelmente jamais conheceram Jack Bauer nem Nina Myers, porém eles sabem como nos falar a respeito deles e mostrar o que Aristóteles, Kant ou Nietzsche\* teriam a dizer sobre seus problemas.

O que devemos pensar acerca de ações controversas como tortura, mentira e assassinato? São elas aceitas do ponto de vista ético desde que tenham conseqüências muito boas ou evitem as ruins? Se a resposta for negativa, então existem ações que sempre são erradas, não importando as circunstâncias nem as conseqüências esperadas? Jack Bauer pode ser absolvido eticamente quando suas sessões de tortura o ajudam a salvar o dia? De uma perspectiva ética, é aceitável para Jack *não* usar força nem mentiras em situações graves e catastróficas?

Existe uma guerra justa? Se existir, que condições teriam de ser preenchidas para um justificado uso da força? E quais são as limitações apropriadas à execução dessa força? Existe alguma justificação para uma incursão às escondidas na embaixada chinesa e o subseqüente seqüestro de um de

---

\*N.E.: Sugerimos a leitura de *Nietzsche e Sião,* de Jacob Golomb, Madras Editora.

seus cidadãos? É correto que os chineses tratem Jack Bauer como prisioneiro de guerra por liderar a incursão? David Palmer teria alguma justificativa para desferir um ataque militar preventivo contra um Estado se este tacitamente apoiasse um ataque nuclear, embora fracassado, aos Estados Unidos?

Como saber quando podemos confiar em alguém? Quantas evidências são necessárias para que acreditemos em alguém? Qual é a diferença entre crença e conhecimento? *24 Horas* faz todas essas perguntas filosóficas porque a moeda corrente da UCT é Inteligência. A UCT precisa saber quando confiar em alguém ou suspeitar; quando acreditar em relatórios da Inteligência, como a fita do Chipre, e quando desconsiderá-los. Algumas dessas decisões são tomadas em minutos, se não em segundos, entretanto todas essas decisões assumem uma estrutura epistemológica específica que afirma várias coisas a respeito de evidências, confiança, crenças e conhecimento.

"Você está sem tempo!" Por que o tempo é tão importante para a série? Por que o tempo é tão crítico quanto ao modo como avaliamos determinadas situações? A verdade é que os seres humanos estão sujeitos às limitações do tempo, e o tempo é sempre essencial para a UCT. Mas essa condição aumenta a tensão dramática da série e desafia uma filosofia praticada quando, em momentos de folga, sentamos em uma poltrona fazendo reflexões acerca de dilemas morais. Jack não tem essa poltrona. É raro vê-lo sentado – Jack está sempre em movimento, a menos que esteja preso. Ele sabe que as coisas podem acontecer simultaneamente, que é necessário pensar e agir com rapidez, e que meros segundos podem às vezes representar a diferença entre evitar um desastre nuclear (como na quarta temporada) ou sofrer um (como na sexta temporada).

Os problemas retratados em *24 Horas* são nossos problemas. Embora sejam algumas vezes exagerados, outras atenuados, eles se assemelham muito a nosso mundo para que os levemos a sério. Então, lutemos contra esses problemas com a ajuda dos grandes filósofos. Teremos de atravessar os campos minados da UCT e do mundo de *24 Horas*. Mas não se preocupe! Você não precisará ser um agente de campo.

# 4:00H – 5:00H

# Agradecimentos: Chloe, nós precisamos de você!

Este livro surgiu como o resultado direto do colegiado da UCT. Talvez nenhuma outra unidade antiterrorismo no mundo jamais tenha resolvido publicar um livro de filosofia e terminado o projeto antes que seu pessoal fosse eliminado ou transferido.

Ao contrário da maioria dos operadores da UCT, nós gostamos de trabalhar com a Divisão, especialmente com Bill Irwin, editor sênior da Blackwell; e Jeff Dean, editor sênior de aquisições da Blackwell, que apoiaram essa operação desde o início. Agradecemos também ao nosso Salão Oval e seus habitantes, principalmente o assistente especial Will Kinchlea, cujo grau de segurança teve de ser aumentado para fazer uma varredura da "conversa de alta probabilidade" da Interpol, buscando sinais de problemas. Muitas quebras na segurança foram assim evitadas. Também agradecemos a nossos colegas Brad Faught (MI5) e Scott Veenvliet (CSIS) por compartilhar inteligência e estratégias preventivas. Desnecessário dizer que a UCT não é nada sem os agentes de campo. Uma equipe de agentes altamente qualificados que nos deu um encorajamento e conselhos fundamentais e um indispensável apoio. Nossa gratidão se estende ainda a Glen e Angela Meyer (por se separar por quase um ano das caixas com os DVDs de *24 Horas*); a Siegmar e Patricia Bodach (por partilhar a obsessão); e especialmente a Caroline Davis. Caroline viu centenas de horas de gravações de segurança, forneceu inteligência pericial e, com alegria, participou de incontáveis e longos, mas deliciosos, diálogos acerca das riquezas filosóficas de *24 Horas*. Cada um desses agentes merece um dia de folga na praia – ou pelo menos uma tatuagem Coral Snake grátis!

Acima de tudo, todavia, gostaríamos de agradecer a nossos alunos na Tyndale University College por seu entusiasmo pela filosofia. Eles nos impedem de nos transformarmos em meros agentes burocráticos.

## 5:00H – 9:00H

# AGENTE ESPECIAL
# JACK BAUER

# 5:00H - 6:00H

# O que Jack Bauer faria? Dilemas e teoria morais em *24 Horas*

*Randall M. Jensen*

      No início dos últimos episódios da primeira temporada de *24 Horas*, ouvimos a seguinte frase na voz cansada e sincera de Kiefer Sutherland: "Sou o agente federal Jack Bauer. E este é o dia mais longo da minha vida". De fato, todos os episódios da série competem para o título do dia mais longo na vida de Jack. Os dias de Bauer são longos por uma razão perfeitamente óbvia: eles são abarrotados de vigilâncias, investigações, perseguições, disputas políticas, interrogatórios e combates. No fim de cada temporada, sentimos que vivemos por mais do que apenas um dia com Jack. Mas os dias dele são longos também por outra razão: Jack é sempre forçado a tomar decisões dolorosas e que exigem coragem. Repetidas vezes, Bauer tem de decidir quem vive e quem morre, com freqüência por suas mãos, e tendo a vida de alguém importante para ele em suspenso. Esses dilemas morais representam uma das verdadeiras marcas de *24 Horas*. Eles não apenas nos fazem ficar grudados na tela, mas também nos mostram do que de fato são feitos Jack e os outros personagens da série. Às vezes, vemos algo que podemos admirar e imitar; outras, reagimos com pena ou repugnância.

      Felizmente, não nos encontramos com freqüência em situações nas quais os riscos são tão altos e as opções tão assustadoras. Por vezes, no entanto, a maioria de nós tem de enfrentar dilemas morais que apresentam a mesma *estrutura* daqueles confrontados por Jack, porém em uma escala bem menor, é claro. E se pensarmos em alguns dos muitos dilemas morais de *24 Horas*, teremos a chance de explorar um território com certeza interessante da *ética*, a área da filosofia que tem relação com o que é certo e o que é errado, e o que é bom ou ruim nas questões humanas. Em especial, seremos capazes de pensar acerca da idéia de como todos nós, incluindo Jack Bauer, devemos viver nossas vidas. Uma teoria moral oferece-nos potencialmente um modo de atravessar um difícil terreno moral. Mas um dilema moral pode testar nossos limites – e também os limites de uma teoria moral. Às vezes, como Jack Bauer, podemos nos encontrar em um tipo de "inferno moral", sem um modo claro de escapar.

## Os dilemas de Jack

Nem toda decisão difícil é um dilema moral. Muitas decisões são intimidadoras por causa de razões que pouco, ou nada, têm a ver com moralidade.

Por exemplo, algumas das decisões de Jack são difíceis porque não ficam óbvios quais serão os resultados provenientes das diversas opções que ele tem diante de si; e, portanto, não é claro qual o curso de ação preferível do ponto de vista tático. Aqui o problema não é realmente *moral*, mas *epistêmico*, o que significa que está relacionado àquilo que fazemos e não *sabemos*. Se um agente inimigo – Nina Myers, por exemplo – tem uma valiosa informação, então Jack será forçado a aceitar as exigências dela, talvez a ponto de deixá-la matá-lo. Mas se ela na verdade não tem nenhuma informação importante, ele pode fazer algo completamente diferente, como lhe dar alguns socos, garantindo que vá a nocaute. A estratégia de Jack em lidar com Nina depende, assim, de sua capacidade de perceber o que ela sabe e o que não sabe – e isso não é uma tarefa fácil. Embora o treinamento, a experiência e a afiada intuição de Jack o capacitem a lidar com tal incerteza perturbadora, nós, pessoas comuns, ficamos com freqüência paralisados por nossa falta de conhecimento mesmo em circunstâncias menos desafiadoras.

Entretanto, mesmo que nossa ignorância seja um problema real para nós, e mesmo que a paralisia resultante nos torne incapazes de tomar uma decisão, ainda não estamos nas garras de um dilema moral. Veja, se o problema é a nossa ignorância de certos fatos, a solução é óbvia: mais informações. Um verdadeiro dilema moral, todavia, não é resolvido apenas com uma maior obtenção de dados.

Estamos diante de um genuíno dilema moral quando existe uma razão moral que nos compele a praticar a ação A e também uma razão moral que nos compele a praticar a ação B – e aqui está o x do problema: não podemos praticar as duas. Portanto, um dilema moral é o resultado de um conflito entre razões morais concorrentes. O que é uma *razão moral?* Bem, para começar, é uma razão *prática*, o que significa que é mais uma razão para *fazer* alguma coisa (ou não fazer alguma coisa) do que uma razão para *acreditar* em alguma coisa. E uma razão moral é uma razão para fazer alguma coisa *porque é a coisa certa a fazer*, e não por nenhum outro motivo, tal como *porque impressionará alguém* ou *porque me agradará* ou qualquer outra coisa. Embora os filósofos morais debatam sobre o que *exatamente* conta como uma razão moral legítima, podemos dizer com segurança que as razões morais são concernentes ao modo como tratamos as outras pessoas. Vejamos como razões morais concorrentes criam um dilema moral.

Quando Jack está em uma missão, ele com freqüência tem um *fim* muito importante em vista: está tentando deter um assassinato ou impedir que alguém ative uma arma nuclear, química ou biológica. Esse objetivo propicia a Jack uma superior razão moral – *porque salvará as pessoas de uma ameaça* – que explica por que ele age daquele modo. Contudo, como sabemos, às vezes o único *meio* do qual Jack dispõe para esse fim envolve a prática de ações que nos chocam como moralmente questionáveis, ou até moralmente horríveis. E não é comum pensarmos que temos razões morais para não fazer essas coisas? Chamemos essa situação dilema *meios-fim* – o conflito nasce porque aprovamos o fim que Jack tem em vista, mas desaprovamos seus meios.

Na quinta temporada, por exemplo, Jack está perseguindo um grande carregamento de gás nervoso que terroristas estão planejando usar em solo americano. Milhares e milhares de vida estão em perigo. Ele acabou de capturar Christopher Henderson, seu antigo mentor na UTC, que está de alguma maneira envolvido em tudo isso. Henderson recusa-se a falar, e Jack sabe que as técnicas padrão de interrogatório não funcionarão com ele em razão de seu treinamento. Então, em desespero, Jack atira na perna da mulher de Henderson para tentar forçá-lo a revelar a localização dos recipientes que contêm o gás. Com certeza, apoiamos o fim, deter a liberação do gás e salvar inúmeras vidas, mas também desaprovamos com veemência o meio utilizado por Jack para alcançar o fim: atirar em alguém que é apenas um observador inocente de toda a situação. A moralidade não nos diz que não devemos ameaçar nem atacar pessoas inocentes? Jack parece ter uma razão moral para atirar na mulher de Henderson (*porque salvará milhares de vidas*) e uma razão moral para não atirar nela (*porque ferirá um observador inocente*).

Então, como devemos avaliar a ação de Jack? A resposta não é óbvia, por isso estamos diante de um dilema. *24 Horas* apresenta-nos uma grande quantidade de dilemas meios-fim. Em seus esforços para deter terroristas e salvar vidas, existe alguma coisa que Jack Bauer não faria – ou não deveria fazer? Nós o vimos atirar e matar um homem desarmado (que com certeza não era um bom sujeito, mas que estava preso e não representava uma ameaça a ninguém) e depois cortar sua cabeça! Nós o vimos interrogar pessoas de muitas maneiras cruéis e não usuais. Na terceira temporada, testemunhamos quando ele executa Ryan Chappelle, um agente leal e inocente da Divisão, porque um terrorista assim exigiu. E Jack não faz essas coisas apenas com as outras pessoas. Ele se viciou em heroína para manter seu disfarce; e é desnecessário dizer que sacrificaria a própria vida para alcançar um bom fim. Tudo isso é feito por uma boa causa. Entretanto, será que não existem limites morais para o que pode ser feito, ainda que por uma boa causa?

O segundo tipo de dilema de forte presença em *24 Horas* é o dilema moral *pessoal*. Aqui o conflito está entre o que consideramos a coisa certa a fazer do ponto de vista moral e o que nos sentimos compelidos a fazer por razões pessoais. Por razão pessoal podemos entender aquela que é baseada em nossos projetos, comprometimentos e relacionamentos particulares: as razões do amor, da família e amizade estão no centro do reino das razões pessoais. Observe que essas razões pessoais não precisam ser *egoístas*, pois muitas delas nascem de nosso relacionamento com os outros. *24 Horas* começou um contínuo dilema pessoal já na primeira temporada, quando a família de Jack foi mantida prisioneira por terroristas que queriam forçá-lo a agir de acordo com a vontade deles. Lembre, por exemplo, que Jack foi obrigado a levar uma arma a um lugar seguro e entregá-la a um homem que iria assassinar o senador David Palmer. Com certeza Jack tinha alguma razão moral para não cooperar com os terroristas e não colocar em perigo a vida do candidato à presidência. Mas ele também tinha fortes razões pessoais para fazer o que fosse necessário para salvar a mulher e a filha! E Jack não é o único a ser ver preso em tal situação. Na terceira temporada, Tony Almeida precisa decidir o que fazer quando Stephen Saunders prende Michelle Dessler e pede sua ajuda para escapar; e mais tarde, na quarta temporada, Michelle se vê diante da mesma horrível escolha quando Tony é capturado. No fim, Tony cede às exigências do terrorista para salvar Michelle, explicando: "Eu não tenho escolha. Gostaria de ter, mas não tenho". Porém Michelle se recusa a obedecer aos captores de Tony quando a vida dele está em jogo, porque, como Bill Buchanan afirma, "Você não pode colocar a vida de Tony na frente das vidas de milhões de pessoas". Quem está certo? O que devemos fazer quando somos forçados a escolher entre o amor e as regras da moralidade ou o bem maior?

Seja qual for a natureza exata do dilema, Jack e seus amigos (e até os inimigos) se encontram repetidas vezes presos entre o fogo e a frigideira. Como eles lidam com isso? Podemos aprender algo com eles? Ou, pelo contrário, podemos oferecer a eles algum útil conselho moral, talvez com o uso de uma teoria moral que os ajudará – e a nós – a saber como lidar com um dilema moral? Afinal de contas, nós também enfrentamos dilemas morais meios-fim e pessoais. Nós nos encontramos tentando decidir, por exemplo, se devemos ou não contar uma mentira quando ela impedirá o sofrimento de alguém que conhecemos; ou se devemos ajudar um amigo mesmo quando nosso ato envolverá fazer algo duvidoso do ponto de vista moral.

## A solução utilitarista: não seja fraco!

Nossa primeira reação a um dilema moral é com certeza encontrar um meio de sair dele. Algumas vezes temos sorte suficiente para pensar em uma estratégia criativa de fuga que nos ajude a evitar a tomada daquela decisão moral que parece ser impossível. Outras vezes não temos essa saída e somos obrigados a escolher entre o que parece ser dois males. Mas queremos desesperadamente fazer a escolha certa! Talvez uma boa teoria moral nos capacite a fazer isso. Na verdade, uma teoria moral pode até *eliminar* muitos de nossos dilemas morais nos mostrando que, afinal de contas, existe uma escolha moralmente correta, ainda que seja uma escolha difícil de se fazer.

A teoria moral conhecida como *utilitarismo* afirma que a moralidade pode ser resumida em um único princípio: você sempre deve fazer aquilo que maximiza a utilidade, aqui entendida como felicidade ou bem-estar. De uma perspectiva moral, então, o que de fato importa para o utilitarista é *o maior grau de felicidade para o maior número de pessoas*. E como o seu objetivo principal é maximizar a felicidade (e minimizar a infelicidade), só existe uma grande razão moral utilitarista para fazer qualquer coisa: *que essa ação gere o maior equilíbrio da felicidade sobre a infelicidade.*[1] Como resultado, se o fim em um aparente dilema meios-fim gera mais felicidade que qualquer infelicidade que seja produzida pelo meio, não há na verdade nenhum dilema moral. Para o utilitarista, a objeção moral a atirar na esposa de Henderson, por exemplo, é que isso causará a ela muita dor e sofrimento, e sem dúvida trará outras conseqüências ruins. Mas nesse caso o utilitarista julgaria que *não* atirar nela provocaria ainda maior sofrimento! Por conseguinte, não há dilema. Se não estivermos dispostos a praticar uma ação que maximiza a felicidade apenas porque ela nos parece estar errada, o diagnóstico do utilitarista é que estamos sendo fracos, ou que nos deixamos levar por algo que nada mais é além de um tabu ou superstição moral. Afinal de contas, a moralidade às vezes exige que façamos coisas que não queremos, e que sujemos as mãos ao fazê-las.[2]

Se uma pessoa pratica uma ação que maximiza a felicidade apenas por razões pessoais, o utilitarista afirmaria se tratar de um caso claro de egoísmo ou parcialidade. Um utilitarista poderia muito bem entender por que seria difícil para Jack sacrificar alguém que ama simplesmente porque esse sacrifício maximizaria a felicidade. E um utilitarista poderia até

---

[1]. Os fundadores do utilitarismo (conseqüencialismo) são os filósofos britânicos Jeremy Bentham (1748-1832) e John Stuart Mill (1806-1873). Peter Singer é um conhecido utilitarista contemporâneo.
[2]. Para uma explicação detalhada do fenômeno das "mãos sujas" na moralidade, ver o capítulo seguinte escrito por Stephen de Wijze.

*perdoar* em parte o fracasso de Jack em fazer isso, como Tony Almeida aparentemente o faz na primeira temporada quando afirma que, embora não concorde com os métodos de Bauer, Ryan Chapelle não pode convencê-lo (Tony) a condenar qualquer coisa que Jack tenha feito enquanto sua família era mantida como refém. Mas um utilitarista não vê nas razões pessoais de Jack força moral suficiente para criar um dilema moral quando tanta coisa está em jogo.

O utilitarismo não presume que decisões morais sejam fáceis de ser tomadas. Freqüentemente, vemo-nos face a face com um problema epistêmico: pode ser quase impossível *saber* qual curso de ação levará ao maior grau de felicidade. Assim, Jack pensou que atirar na mulher de Henderson o obrigaria a falar, mas isso não aconteceu. Tudo o que o utilitarismo requer é que façamos o que é *esperado* para alcançar os melhores resultados, e nós nem sempre sabemos o que é esperado. Em outras situações, pode parecer que nossas opções levaram a praticamente o mesmo grau de felicidade. Nesse caso, temos um verdadeiro dilema moral, o único tipo que um utilitarista reconheceria. Suponhamos que os recipientes de gás nervoso tivessem sido colocados em dois prédios, cada um contendo mais ou menos a mesma quantidade de pessoas, por exemplo, e que Jack só tenha tempo para chegar até um dos recipientes. Mas, exceto por situações como essa, o utilitarismo não deixa espaço para dilemas morais. Desse modo, o utilitarismo nos oferece um meio de resolver alguns problemas morais bem difíceis: apenas decida qual curso de ação maximizará a felicidade. E embora possa ser difícil fazer isso, não é algo assustador ou misterioso como alguns sistemas morais o são.

O raciocínio utilitarista soaria bem familiar aos fãs de *24 Horas*. Qualquer pessoa que fale sobre o que deve ser feito em benefício do bem maior está falando a linguagem dos utilitaristas. Pense no episódio de abertura da sexta temporada quando Morris O'Brian diz que se alguém entende o que deve ser feito pelo bem maior, essa pessoa é Jack, que está para ser entregue a um terrorista após ser libertado pelo governo chinês.

E ele está certo, pois as próprias ações de Jack parecem quase sempre motivadas por uma preocupação com o bem maior. Os fãs de *24 Horas* sabem, é claro, que os vilões que falam a respeito do bem maior usam essa linguagem para esconder seus próprios objetivos. Em contraste com essas criaturas totalmente políticas, os verdadeiros utilitaristas são sinceros quando afirmam que algo é feito para o bem maior!

## A solução deontológica: você simplesmente não pode fazer isso!

A pouco conhecida palavra *deontologia* deriva de *deon*, uma palavra grega que significa dever ou obrigação. Assim, não é surpresa ouvir que o objetivo de uma teoria moral deontológica é determinar o que estamos obrigados a fazer e o que estamos proibidos de fazer. Tal teoria é geralmente expressa em uma série de regras ou princípios que, juntos, criam a lei moral.

Diferentes deontologistas defendem diferentes regras, é claro, mas quase todas as teorias deontológicas incluem as proibições de enganar, atacar, matar, e assim por diante. Para um deontologista, uma pessoa moral é aquela que faz a coisa certa pela razão certa, e isso pode ou não levar às melhores consequências.[3] Essa teoria moral também pode nos ajudar a eliminar dilemas morais: Jack deve seguir as regras morais, não importando as consequências.

Na quinta temporada, a UCT decide permitir a liberação de um recipiente de gás nervoso em um *shopping center* cheio de pessoas, porque parece ser o único meio de localizar os terroristas e os outros 19 recipientes. O raciocínio por trás dessa decisão é claramente utilitarista: sacrificar um grande número de vidas para salvar um número ainda maior. Mas Audrey Raines se opõe com veemência a essa decisão no melhor estilo deontológico, afirmando que eles não têm o direito de sancionar as mortes de pessoas inocentes, pois é errado tratar essas pessoas como peões em uma estratégia para derrotar terroristas em vez de considerá-las seres humanos que merecem ser tratados com respeito. Lembre também da repugnância moral fortemente deontológica (ou será apenas fraqueza?) de Kate Warner na segunda temporada quando ela pensa que Jack matou o filho de um terrorista que está interrogando – mesmo sabendo que milhares de vidas estão em perigo.

Jack na verdade não matou o garoto. Ele fingiu que o fez, o que foi uma estratégia boa o suficiente para fazer o pai do menino revelar o que Jack queria. Mas a maioria das teorias deontológicas proibiria Jack de usar engodos, tortura e assassinatos, ainda que a causa fosse boa. Para o deontologista, então, é *sempre* correto do ponto de vista moral agir por princípio, independentemente das consequências para o bem maior ou para aqueles a quem amamos. Se a lei moral proíbe torturar ou atirar em alguém que é inocente, então é errado fazer isso, não importando o que Jack ou qualquer outra pessoa estejam tentando alcançar. Não há nenhum dilema pessoal, nem meios-fim, aqui.

---

3. Immanuel Kant (1724-1804) é a figura-chave na história da ética deontológica.

## Chegando a um meio-termo?

Temos agora dois modos potenciais para lidar com os dilemas morais. Mas parece que tudo o que conseguimos foi deslocar o dilema para o nível teórico, pois agora ficamos divididos entre essas duas teorias, incapazes de aceitar uma ou outra por completo. Será que existe uma maneira de chegar a um meio-termo teórico?

A versão do utilitarismo que estamos analisando é chamada *utilitarismo de ação*, pois avalia as *ações* segundo o grau de felicidade que elas produzem. O *utilitarismo de regra*, por outro lado, determina que conjunto de *regras* gera o maior grau de felicidade, e então requer que vivamos de acordo com essas regras. Assim, um utilitarista de regra consideraria as várias regras referentes à tortura e decidiria que uma delas – que permitisse a tortura em qualquer situação na qual a conseqüência seria *um pouco mais* benéfica que prejudicial – traria maus resultados em longo prazo se a aceitássemos e seguíssemos. Uma política mais restritiva seria, então, mais benéfica para todos nós. A UCT, assim como uma grande quantidade de burocracias, pode muito bem operar seguindo as linhas do utilitarismo de regra.

De forma alternativa, é possível considerar uma versão da deontologia cujos princípios não são absolutos. Suponhamos que a tortura seja proibida pela razão deontológica de que ela trata a outra pessoa apenas como um meio para se chegar a um fim; e, portanto, não devemos torturar alguém simplesmente porque isso levará a um bem maior. Essa razão moral contra a tortura pode em algum momento – chamemos de limiar – ser superada por uma razão utilitarista muito convincente, por exemplo, milhares e milhares de vidas podem ser salvas.[4] Essa forma de teoria deontológica é fundada em princípios morais, mas ela não ignora simplesmente as conseqüências de agir por princípios. Assim, o deontologista dá alguns passos na direção do utilitarista.

Cada uma dessas estratégias de meio-termo torna a teoria moral uma coisa muito mais complicada. E no já muito complicado cenário moral de *24 Horas*, isso é provavelmente uma coisa boa. Entretanto, tais estratégias fazem duas suposições que talvez não desejemos presumir: a primeira é que devemos de fato fazer uma escolha entre o utilitarismo e a deontologia, e a segunda é que, se uma teoria moral funcionar de maneira a eliminar os dilemas morais, isso é uma coisa boa. Mas, como *24 Horas* nos mostra em inúmeras ocasiões, devemos tomar cuidado com aquilo que presumimos!

---

4. Para mais explicações sobre o argumento utilitarista a favor da tortura e seus perigos, ver o capítulo escrito por Dónal P. O'Mathúna.

## Agora é pessoal!

Lembre da terceira temporada quando Jack simula uma fuga da prisão para libertar Ramon Salazar. Eles estão em um helicóptero que segue para Los Angeles. Salazar é um homem muito perigoso, por isso, é claro, o governo americano não quer vê-lo solto. Os auxiliares do presidente David Palmer perguntam a ele se o helicóptero deve ser derrubado. Sua resposta? "Eu não posso dar uma ordem para matar Jack Bauer." Por que o presidente diz isso? Sem dúvida por causa de tudo o que Jack fez por ele e pelo país, e também pela amizade que tem com Jack. Portanto, ele tem fortes razões pessoais para não permitir que a UCT atire em Jack e em Salazar. Mas Wayne Palmer contesta: "Você tem de pensar na segurança nacional, David... Tem de tomar a decisão como se não fosse Jack Bauer naquele helicóptero". Wayne incita o presidente Palmer a considerar o bem maior em vez de um bem pessoal, o que sem dúvida é algo que um presidente deve fazer. É possível que Wayne esteja certo em insistir que o presidente mande derrubar o helicóptero. Um utilitarista concordaria com isso. Afinal de contas, o prejuízo que Salazar causaria se escapasse supera em muito o custo doloroso de matar os dois homens. Possivelmente um deontologista entenderia essa ação como um dever de Palmer como presidente. Podemos concordar. Mas será que podemos dizer que é óbvio que Wayne está certo quando diz ao irmão para tomar a decisão *como se Jack não estivesse envolvido?* Uma moral utilitarista ou deontológica parece nos pedir que tratemos um amigo – alguém a quem somos ligados – como faríamos com qualquer outra pessoa, porque a amizade não tem verdadeiro peso moral.

Uma das queixas contra o utilitarismo e a deontologia é que são *impessoais*. Não é que o amor e a amizade não tenham nenhuma importância para as duas teorias; pelo contrário, esses sentimentos não são suficientemente importantes, e têm importância de modo errado. Consideremos o utilitarismo em primeiro lugar. Suponhamos que Kim Bauer seja mantida como refém em algum lugar e que Jack tente salvá-la. E suponhamos ainda que Jack descubra que um pequeno grupo de cinco pessoas esteja preso na outra extremidade do mesmo prédio grande onde Kim é prisioneira. Quem Jack deve salvar? O utilitarismo não afirma que Jack deve ignorar Kim por completo. Ele pode considerar em sua decisão o fato de que ficaria muito triste com a morte dela. Mas isso não vai pesar muito nas balanças da utilidade quando compararmos às mortes de mais pessoas e à tristeza daqueles que chorarão por elas. O fato de que Jack é o pai de Kim não é muito relevante aqui, do ponto de vista moral. Na verdade, ele tem de tomar a decisão como se não fosse sua filha na outra extremidade do prédio. De uma perspectiva psicológica, sem dúvida, Jack se sente compelido a salvar Kim. Mas isso não é uma compulsão moral, pelo menos não de acordo com o utilitarismo.

Mas espere um pouco. Não é possível que Jack tenha ignorado outras conseqüências ruins, mais remotas, de sua decisão de não salvar Kim? Afinal de contas, o que aconteceria se seu fracasso em resgatar a filha o transformasse em um homem amargurado, incapaz de continuar a salvar o mundo? Uma grande infelicidade pode resultar disso. E se o fracasso de Jack em libertar Kim levasse, de alguma estranha maneira, outros pais a se importar menos com as filhas? Mais infelicidade ainda! Talvez um engenhoso utilitarista consiga inverter a situação de um modo que Jack tenha a permissão de salvar a filha afinal. Ufa! Mas ainda que isso funcione, e não é possível afirmar com certeza, não é a solução que procuramos. O que queremos é que a *preocupação direta* de Jack com sua filha tenha um verdadeiro peso moral, não para que as conseqüências globais sejam um pouco diferentes. O utilitarismo trata as pessoas como unidades de felicidade em um enorme cálculo de utilidade em vez de enxergar cada um de nós como uma pessoa individual, separada do resto. E é por isso que ele é impessoal de uma maneira censurável. De fato, parece quase inumano.

E a deontologia? Aqui, o que governa nossos relacionamentos morais com outras pessoas é o dever e a obrigação. Onde isso coloca o amor e a amizade? Muitos deontologistas entendem que essas relações se apóiam em sentimentos humanos naturais, que precisam ser limitados pela lei moral. Outra opção para um deontologista seria explicar a importância das preocupações pessoais, retratando-as como uma forma de obrigação. Agir com base na amizade seria, portanto, fazer aquilo que somos obrigados a fazer pela lei moral no que diz respeito à amizade. Mais uma vez, ao mesmo tempo em que essa abordagem pode ser bem-sucedida, ela não parece colocar a importância da amizade no devido lugar. Imagine Jack tentando desesperadamente salvar Kim, pensando: "Ela é minha filha! Eu tenho de salvá-la! E nessas circunstâncias o dever exige que eu a salve!" Como observou o filósofo Bernard Williams, a última frase parece ser "um excesso de pensamento".[5] Agir com base no amor e amizade não se encaixa no molde de obrigação e dever.

A Deontologia, como o utilitarismo, parece não apresentar uma explicação plausível e atraente do papel do amor e da amizade na vida moral. Se levarmos as razões pessoais morais a sério, talvez tenhamos um motivo para nos preocuparmos se uma dessas teorias morais nos conta a história toda.

---

5. Bernard Williams, "Persons, Character, and Morality", republicado em *Moral Luck*, do mesmo autor (Cambridge: Cambridge University Press, 1981).

## Algumas pessoas se sentem mais confortáveis no inferno

Jack não é nem um utilitarista, nem um deontologista. Fica relativamente claro que ele não é um deontologista comprometido, pois quebra quase todas as possíveis regras deontológicas, ainda que se arrependa depois. Jack não é o tipo de pessoa que "joga pelas regras", o que sugere que também não é um utilitarista de regra. Mas, com certeza, não é um utilitarista de ação, pois nem sempre persegue de modo implacável o bem maior, independentemente das conseqüências. Às vezes Jack é desviado desse caminho por uma razão deontológica. Ele concorda com Audrey que não podem sacrificar um *shopping center* cheio de pessoas inocentes para salvar um número maior de pessoas inocentes. E na sexta temporada ele afirma com veemência (e de maneira deontológica) a Bill Buchanan que não está tentando salvar Josh apenas porque o garoto é seu sobrinho, mas por se tratar de uma criança inocente e porque essa é a coisa certa a fazer. Todavia, Jack é com freqüência motivado por razões pessoais quando aqueles que ama estão em perigo. Ele não prossegue em sua missão, simplesmente ignorando o destino deles. Mas também não abandona a missão por causa do perigo que eles correm. Então, o que podemos dizer sobre Jack Bauer e as coisas que faz? E o que podemos aprender a respeito da moralidade, observando-o em ação?

A dificuldade que temos em categorizar o comportamento de Jack deve nos levar a perguntar se desejamos o tipo de clareza moral que nossas duas teorias nos oferecem. Queremos que nossa teoria moral elimine ao máximo a possibilidade de dilemas morais? Pode parecer que sim, pois um mundo sem dilemas morais não seria mais racional e moralmente superior? E se existirem dilemas morais, então teremos de abandonar a idéia segundo a qual a afirmação de que *devemos* fazer alguma coisa pressupõe que *podemos* fazer. Pois em qualquer dilema moral de boa-fé existirá alguma coisa que devemos fazer, mas que não podemos. Contudo, o princípio "dever-pressupõe-poder" nos garante que não seremos sempre obrigados a fazer coisas que estejam além de nosso alcance. Isso é tranqüilizador.

Mas, algumas vezes, estar tranqüilo não é uma coisa boa. Em pelo menos alguns dos dilemas de Jack, devemos nos sentir insatisfeitos com qualquer solução moral definitiva. Por quê? Porque nosso mundo é confuso, complicado e trágico; se as coisas são assim, então nossa teoria moral deve enxergar o mundo dessa maneira em vez de pintá-lo como um lugar melhor do que de fato é. Na quarta temporada, Tony Almeida afirma, de forma memorável, que Jack Bauer deve se sentir mais confortável no inferno. Talvez precisemos de nossa teoria moral para nos sentirmos mais confortáveis lá também. Eu sugiro que precisamos de uma teoria moral que reconheça a infernal e profundamente problemática natureza humana. Em outras palavras, queremos uma teoria moral que se recuse a eliminar os dilemas morais e que, pelo contrário, os aceite como uma parte necessária, ainda que infeliz, do cenário moral: uma teoria confusa para um mundo confuso e trágico. Assim é o mundo de *24 Horas*.

Jack Bauer é um exemplo vivo dessa perspectiva moral. Ele não opera motivado *apenas* pelo bem maior, nem *apenas* por uma preocupação em fazer o que é certo por uma questão de princípios, nem *apenas* por uma preocupação com as pessoas a quem ama. Não, ele é movido por *todas* essas coisas. Nenhuma delas tem lugar de destaque nas situações.

Às vezes, Jack é quase dividido ao meio por preocupações concorrentes. Quando isso acontece, ele dificilmente tem tempo para pensar e precisa reagir de modo rápido e decisivo, como seu treinamento o ensinou a fazer. Mas nos raros momentos em que Jack pode ser dar ao luxo de parar e pensar a respeito do que está fazendo e do que fez, o terrível peso moral que a vida coloca sobre seus ombros se faz sentir. Lembremos do fim da terceira temporada, quando Jack entra em seu utilitário esportivo e chora. Lembremos dele olhando para o oceano no fim da sexta temporada. Ou ainda logo depois de atirar no colega agente, e amigo, Curtis Manning, no início da sexta temporada. É claro que em todos esses momentos ele está exausto, tanto física quanto emocionalmente. Entretanto, embora não possamos de fato enxergar o interior do agente Bauer, detectamos nesses momentos um profundo pesar moral. E esse pesar não é apenas um sentimento a ser desprezado porque é irracional. Pelo contrário, é uma expressão emocional do julgamento moral que Jack faz de suas ações, reconhecendo que algumas delas foram moralmente erradas, talvez muito erradas. Isso não quer dizer meramente que algo saiu errado e que Jack agora gostaria de ter agido de modo diferente – o que, sem dúvida, é verdade em algumas situações. Ainda que Jack não tivesse mudado uma única coisa, ele talvez chegue à conclusão de que algumas ações que praticou mereçam uma condenação moral – ainda que se não as tivesse praticado ele também seria passível dessa condenação!

No fim das contas, o que um dia com Jack Bauer nos ensina a respeito da moralidade? Como não é provável que enfrentemos as mesmas situações que ele, Jack não pode ser um bom modelo. E provavelmente também não aprovamos tudo o que ele faz. Bauer não é perfeito. E suas respostas às situações difíceis são tão variadas que resistem a qualquer análise simples. De fato, elas podem muito bem parecer inconsistentes! Mas não é essa exatamente a questão? Às vezes o mundo nos joga uma curva, apresentando-nos a uma situação em que não há uma resposta moral correta – um dilema moral vivo, real, ou "um beco sem saída moral", como diz Thomas Nagel.[6] Teremos de decidir o que fazer, é claro, e faremos isso pesan-

---

6. Thomas Nagel, "War and Massacre", republicado em *Mortal Questions*, do mesmo autor (Cambridge: Cambridge University Press, 1979).

do os vários tipos de razões morais que competem por nossa atenção, sem uma fórmula simples que nos mostre o caminho. Porém, se prestarmos atenção aos ensinamentos de *24 Horas*, não presumiremos a existência de uma opção que nos deixará com a consciência tranqüila e sem motivos para arrependimento. Ironicamente, no mundo de *24 Horas* são os vilões que parecem ter uma visão clara e sem compromisso moral. Mas, sobrevivendo com Jack Bauer aos dias mais difíceis de sua vida, aprenderemos que ambigüidade, conflito e dilemas são parte integrante da vida moral.

# 6:00H – 7:00H

# Entre herói e vilão: Jack Bauer e o problema das "mãos sujas"

*Stephen de Wijze*

*Jack Bauer:* Você é Marshall Goren?
*Marshall Goren:* Sim.
*Jack Bauer:* Oito anos por seqüestrar um menor; dois anos por pornografia infantil.
*Marshall Goren:* É, hei, eu já fiz meu acordo. Testemunho contra Wald e saio livre.
[Jack saca sua arma e atira, acertando o coração de Goren.]
*George Mason:* Meu Deus, Jack! Você enlouqueceu?!
*Jack Bauer:* Você quer encontrar a bomba? Esse é o preço!
*George Mason:* Matando uma testemunha?
*Jack Bauer:* Esse é o problema com pessoas como você, George, não querem sujar as mãos. Arregace as mangas... Vou precisar de uma serra.
(Segunda temporada, 8:00H-9:00H)

Nenhuma ética no mundo pode evitar o fato de que em inúmeras situações a obtenção de fins "bons" está ligada ao fato de que precisamos estar dispostos a pagar o preço do uso de meios moralmente duvidosos – ou pelo menos perigosos –, e enfrentar a possibilidade, ou mesmo a probabilidade, de conseqüências ruins.
Max Weber

Jack Bauer é o herói trágico quintessencial. Por um lado, a coragem sem limites, determinação obsessiva, crueldade assustadora, o auto-sacrifício e a devoção ao dever o tornam o membro mais eficaz da UCT em Los

Angeles. Jack vive de acordo com o que o sociólogo alemão Max Weber (1864-1920) chama "uma ética da responsabilidade", em vez de uma "ética de fins últimos".[7] Por outro lado, a função de Jack como agente da UCT exige que ele lance mão de meios imorais para alcançar fins vitais. Como resultado, Jack salvou inúmeros civis inocentes de horríveis ferimentos e até da morte, impediu guerras desnecessárias, desmascarou a corrupção nos níveis mais altos do governo e se infiltrou nos recessos mais escuros do submundo do crime. Mas essas realizações exigem que ele pratique traições, engodos, tortura e até assassinato – atividades que de modo geral e corretamente condenamos como imorais (para não dizer ilegais). Para que Jack obtenha sucesso ele deve agir errado para agir certo; ele deve "sujar as mãos" no processo. Além do mais, de algumas maneiras importantes, Jack se assemelha aos próprios criminosos e terroristas que tanto odeia e, como conseqüência, sofre o opróbrio moral e o tormento interno que acompanham esse fato.

Isso significa que uma ação eficaz praticada por aqueles que desempenham funções institucionais, como os agentes da UCT, está necessariamente sujeita a um padrão moral diferente (ou a nenhum padrão moral)? As preocupações em alcançar determinados fins superam todas as considerações morais? Neste capítulo, exploraremos o confuso fenômeno das "mãos sujas" e a noção de uma conseqüente "moralidade política". Parece que a obtenção de fins nobres às vezes exige meios imorais. As teorias morais padrão, passando tanto pelo espectro conseqüencialista (certo e errado decididos pelas conseqüências) e o baseado no dever (deontológico), rejeitam a possibilidade de sujar as mãos negando que os meios imorais podem resultar em fins bons e vantajosos, ou insistindo que os meios usados não são imorais. Como veremos, nenhuma dessas respostas convence, e um exame do tipo de situação enfrentada por Jack Bauer aponta para uma explicação melhor desse problema moral e sua solução.

*24 Horas* oferece exemplos claros de dilemas morais e a necessidade, de fato obrigação, de sujar as mãos, imposta aos detentores do poder real. Jack e seus colegas, junto com o presidente dos Estados Unidos e seus conselheiros, vêem-se diante das mais terríveis escolhas possíveis. Como ressalta a filósofa Martha Nussbaum, com base em visões inspiradas nas tragédias gregas, existe uma fragilidade na bondade, pois as pessoas boas podem ser arruinadas moralmente em razão de circunstâncias que estão fora de seu controle, e o que elas são obrigadas a fazer do ponto de vista moral traz à tona o menor de dois terríveis males.[8] Este capítulo

---

7. Max Weber, "Politics as a Vocation" em *From Max Weber: Essays in Sociology*, traduzido para o inglês e publicado por H.H. Gerth e C. Wright Mills (New York: Oxford University Press, 1958).
8. Martha C. Nussbaum, *The Fragility of Goodness: Luck and Ethics in Greek Tragedy and Philosophy* (Cambridge: Cambridge University Press, 1986).

ilustra por que uma "ética da responsabilidade" (o que chamaremos de "moralidade política") é possível, necessária e desejável. Começaremos com uma descrição de um fenômeno conhecido como o problema das "mãos sujas". Trata-se da situação paradoxal e moralmente difícil na qual uma pessoa boa é levada por considerações morais a cometer sérios danos por causa de maquinações imorais ou maléficas de outros. De modo típico, mas não exclusivo, isso acontece na política, em que para alcançar um fim de importância crucial e que vale a pena é necessário praticar ações imorais. Usaremos o termo *política* com referência àquelas atividades que envolvem questões que exigem uso de violência e coerção para serem bemsucedidas. Nesse aspecto, Jack Bauer cumpre um papel institucional semelhante ao de um político, pois ele tem as responsabilidades e o poder de enfrentar ameaças aos cidadãos dos Estados Unidos da América. Veremos que, das visões obtidas a partir de uma análise do problema das mãos sujas, o esboço de uma moralidade política pode ser delineado: uma moralidade que estabeleça os princípios para um caminho intermediário e realista entre os pólos morais contraproducentes do cinismo e da ingenuidade.

## Um alerta importante

Houve muitas críticas poderosas e importantes feitas à série *24 Horas* – com sua apresentação de tortura e assassinato como meios legítimos para que os agentes do governo e os políticos persigam criminosos e terroristas –, principalmente depois do 11 de setembro e à luz do escândalo Abu Gharib. A revista *The New Yorker*[9] publicou que o reitor de West Point, general-brigadeiro Patrick Finnegan, solicitou que os produtores da série reduzissem e moderassem seu conteúdo de tortura. A principal preocupação dele é que a apresentação da tortura é difundida, vista como eficaz e, acima de tudo, como a coisa mais patriótica e inequívoca a fazer quando diante de uma ameaça terrorista. Essa visão preocupa Finnegan porque ela pode ter uma influência danosa sobre os cadetes militares. Ao que parece, as hierarquias militares (com freqüência ávidos seguidores da série) questionam a validade de defender a lei e os direitos humanos quando se deparam com inimigos cruéis e fanáticos, citando as situações representadas em *24 Horas* como as razões desse questionamento.

Outras vozes, como a do filósofo político e crítico cultural esloveno Slavoj Zizek, estão preocupadas com outro tipo de mensagem implícito em *24 Horas*, que indica uma triste e "profunda mudança em nossos padrões éticos e políticos".[10] Zizek argumenta que a série apresenta a tortura de

---

9. Jane Mayer, "Whatever It Takes: The Politics of the Man Behind '*24*'", *in The New Yorker*. 19 de fevereiro de 2007, disponível on-line em <www.newyorker.com/printables/fact/070219fa_fact_mayer>.
10. Slavoj Zizek, "The Depraved Heroes of 24 are the Himmlers of Hollywood", *Guardian Unlimited*, 10 de janeiro de 2006, disponível on-line em <www.guardian.co.uk/comment/story/0,3604,1682760,00.html>.

uma maneira que é fundamentalmente desonesta e, por conseguinte, profundamente prejudicial a nosso bem-estar moral e psicológico. Nas seis temporadas, os notórios e assustadores atos de tortura praticados por Jack são cometidos no cumprimento de seus deveres como uma pessoa honesta e virtuosa. Isso confere a Jack uma "grandeza trágica-ética" peculiar. Embora esteja claro que as terríveis ações de Jack o afligem, ele, ainda assim, mantém sua humanidade e integridade emocional. Zizek e outros afirmam que não é isso que acontece na realidade. Os próprios torturadores freqüentemente se transformam em monstros, tornando-se a personificação do excesso do sistema, por fim destruindo a si mesmos e o próprio sistema que lhes deu legitimidade. O escândalo de Abu Ghraib com as fotos dos carcereiros se divertindo com o sofrimento de seus prisioneiros é uma lembrança recente desse fenômeno.

Ainda que seja importante levar essas críticas a sério, este não é o lugar para responder a elas. Para os nossos propósitos, *24 Horas* oferece um conjunto de situações hipotéticas que provocam uma discussão a respeito do problema das "mãos sujas" e de uma moralidade política. Embora os casos sejam fictícios e exagerados, eles representam um meio útil de destacar alguns elementos-chave para tornar o problema das "mãos sujas" muito interessante de uma perspectiva filosófica. As situações retratadas em *24 Horas* – choques entre valores fundamentais, a necessidade de fazer a escolha menos terrível (em vez de uma escolha entre opções boas e ruins) e o efeito dos papéis institucionais sobre nossas obrigações e deveres morais – ilustram muito bem um aspecto de nossa difícil realidade moral e servem como um dispositivo heurístico para iniciar uma séria análise filosófica. Em nenhum momento, as terríveis ações de tortura ou assassinato são consideradas leves ou casuais. Pelo contrário, o propósito de uma análise das "mãos sujas" é delinear apropriados limites morais para políticos e examinar o que acontece quando esses limites precisam ser violados em situações extremas.

## Necessidade das mãos sujas

Jack age de maneiras horríveis como agente da UCT. Ele mente, mata, tortura e, se as circunstâncias assim exigirem, chega a trair seus colegas, família e amigos, negligenciando-os e/ou submetendo-os a um tratamento monstruoso. (A atitude negligente com sua filha Kim, o interrogatório de sua amante Audrey Raines e a tortura sofrida por seu irmão Graem são exemplos disso.) Jack não gosta de fazer essas coisas. Com relutância e dolorosamente ele aceita a necessidade de praticar tais ações horríveis para proteger os cidadãos dos Estados Unidos. O fracasso de Jack resultará em acontecimentos catastróficos. Ele deixa isso bem claro para o diretor da UCT George Mason, que fica chocado quando Bauer mata Marshall Goren, um pedófilo e seqüestrador que fez um acordo para se tornar uma testemunha do Estado. Jack atira em Goren a sangue frio e corta a cabeça dele, não por um sentido de justiça, mas como uma parte necessária de conquistar, por meio de um blefe, a confiança de Joseph Wald, o líder de uma gangue criminosa que possui informações que podem levá-los a terroristas detentores de armas nucleares. Mason, horrorizado com o assassinato de uma testemunha do Estado, repreende Jack, acusando-o de ter enlouquecido. Jack, frustrado, grita: *"Você quer achar essa bomba? Esse é o preço!"* e depois acrescenta: "Esse é o problema de pessoas como você, George, não querem sujar as mãos".

Jack afirma um ponto já levantado por muitos teóricos políticos (e autores de ficção),[11] desde o mais famoso, Niccolò Machiavelli [Maquiavel]* (1469-1527), até e mais recentemente por teóricos eminentes como Max Weber e Jean-Paul Sartre (1905-1980). Em essência, a questão é: pessoas envolvidas em políticas práticas (*realpolitik*) são muitas vezes obrigadas a escolher entre o menor de dois males, usando violência e outros meios desagradáveis para alcançar seus objetivos. Como conseqüência, pessoas moralmente corretas não conseguem deixar de sujar as mãos na política, e estão certas em fazer isso. Como o filósofo Michael Walzer coloca de forma enigmática, nós queremos que nossos políticos sejam bons o suficiente para a política, mas não muito bons. Se eles forem muito bons e mantiverem as mãos limpas, não conseguirão nos proteger; mas se eles não tiverem escrúpulos quanto a praticar atos como assassinato e tortura, não deveriam receber poderes sobre nós.

O presidente David Palmer é esse tipo walzeriano de político. Ele é um homem bom que detesta se envolver em assassinato e tortura, contudo, em situações extremas, autoriza a prática de tais ações, quando não há outra alternativa, para proteger os cidadãos americanos. Em contraste, o presidente Logan ultrapassa esses limites em razão de uma fraqueza de caráter e uma desenfreada ambição pessoal. Faltam-lhe a integridade e a sensatez exigida daqueles que são bons o suficiente para a política, mas não muito bons. Em paradoxo, para que os presidentes moralmente bons sejam bem-sucedidos na luta contra aquelas pessoas que querem nos ferir, eles devem algumas vezes – como nos lembra Maquiavel – aprender a não serem bons. Sartre ecoa esse ponto de vista na peça intitulada *Les Mains Sales* (Mãos sujas), onde o protagonista diz a seu ingênuo e idealista companheiro: "Bem, eu tenho as mãos sujas. Até os cotovelos. Eu as mergulhei em sujeira e sangue. E daí? Você acha que pode governar com inocência?"

---

11. O problema das mãos sujas foi assunto de muitas obras literárias. Bons exemplos são *Billy Budd*, de Herman Melville; *The Measures Taken*, Bertold Brecht; a peça de Albert Camus, *The Just*; *Waiting for the Barbarians*, de J.M.Coetzee; e *A escolha de Sofia*, de William Styron.
*N.E.: Sugerimos a leitura de *Aplicando Maquiavel no dia-a-dia,* de Fernando César Gregório, Madras Editora.

Esse é o ponto crucial do problema enfrentado por bons homens e mulheres na política ou desempenhando papéis sociais semelhantes. Jack (e isso também se aplica ao presidente Palmer e outros) se vê diante do tipo de escolhas que as pessoas comuns raramente, talvez nunca, enfrentam em sua vida diária. Isso não significa que tais escolhas não possam ocorrer em nossa vida privada. No entanto, o reino natural das escolhas terríveis e a necessidade de usar violência são encontrados com maior freqüência na esfera da política, na qual indivíduos têm responsabilidades específicas e singulares por causa da sua função e *status*. Os políticos, por exemplo, detêm um poder considerável e o dever de usá-lo para fazer o bem e combater o mal. Situações que fazem as mãos ficarem sujas surgem quando a necessidade de combater o mal não pode ser atendida sem o uso de métodos ou ações que são profundamente repugnantes a qualquer pessoa civilizada. Esse ponto é muito bem ilustrado pela terrível e angustiante cena, quase no fim da quarta temporada, em que Jack força o dr. Basin (o médico da UCT) a interromper a operação em Paul Raines (que morre como conseqüência) para salvar a vida de um informante que está muito ferido, Lee Jong. Jack tem que trair Paul (que havia pouco tempo lhe salvara a vida) porque Lee é a única fonte de informação para encontrar o cruel Habib Marwan e a ogiva nuclear desaparecida.

É esse, então, o problema das mãos sujas, que Maquiavel e outros chamaram de "o problema dos fins-meios na política". Os políticos que procuram fazer o bem diante do mal ficam, até certo ponto, enlameados e se tornam cúmplices do próprio mal que buscam evitar. Nessas circunstâncias, o político bem-sucedido deve estar preparado para usar, como armas diárias de governo, "engodo e malícia; violência injusta e agressão repentina; ingratidão nos relacionamentos com aliados e amigos".[12] O cenário das mãos sujas é diferente dos dilemas morais, situações trágicas e ações simplesmente imorais em que os atos do agente são justificados, até obrigatórios – do ponto de vista moral –, mas ainda assim errados e vergonhosos. Essa posição moral um tanto paradoxal, na qual uma pessoa deve agir errado para fazer o certo, surge quando existe uma traição justificada de pessoas, valores ou princípios, em razão das circunstâncias imorais ou más criadas por outros indivíduos ou organizações. Uma pessoa boa é levada por considerações morais (a obrigação de provocar o mal menor) a cometer violações morais (como mentira, tortura e assassinato). As escolhas de Jack em todas as temporadas de *24 Horas* o colocam nessas situações.

Consideremos, mais uma vez, o caso em que Jack força o dr. Basin, apontando-lhe uma arma, a deixar que Paul Raines morra para salvar Lee Jong. Essa situação é diferente do que de modo geral entenderíamos como

---

12. Stuart Hampshire, *Innocence and Experience* (Cambridge, MA: Harvard University Press, 1989).

um dilema trágico em que um paciente morre porque o médico é fisicamente impossibilitado de atender duas pessoas ao mesmo tempo. Nesse cenário das mãos sujas, temos o fator adicional da traição e do uso imoral da força para obrigar o médico a abandonar seu paciente por uma razão não-médica. Contudo, lembremos: os inimigos de Jack são cruéis, dedicados e mortais. O tempo está contra ele; e deter os terroristas é uma prioridade. Por isso, justifica-se o uso da coerção, tortura e até assassinato. Não obstante, ele se torna moralmente maculado ao agir assim. Tortura e assassinato, é bom frisar, sempre permanecem ações imorais e terríveis, ainda que circunstâncias especiais e raras as tornem, no fim das contas, a coisa certa a fazer. Como ressalta o filósofo britânico Bernard Williams (1929-2003), em situações que apresentam esses terríveis conflitos ou dilemas morais, não pode existir uma solução moral para o conflito sem que um resíduo ou poluição moral atinja o agente.[13] Em virtude das escolhas que Jack tem de fazer, ele não pode agir sem ficar maculado do ponto de vista moral. Mais uma vez, paradoxalmente, Jack deve ser elogiado pela coragem e força para fazer o que precisa ser feito, mas também condenado por cometer ações terríveis como tortura, engodo e assassinato.

## Política suja

O fenômeno das mãos sujas sugere que a ação política exige (tanto de uma perspectiva normativa quanto prudencial) que se pratiquem, ou se tolerem, ações consideradas erradas ou más se julgadas a partir de uma moralidade pessoal. Além disso, um líder de sucesso, ou qualquer pessoa envolvida em um papel social difícil e exigente, que requer uma ação decisiva, precisa saber como não ser boa se ela deseja governar com eficiência em um mundo onde tantas pessoas não são boas. De um ponto de vista ético, o que pode ser razoavelmente exigido daqueles envolvidos em tais atividades? O que podemos dizer a respeito da posição moral de Jack Bauer por causa de seu papel como agente da UCT? A natureza de seu trabalho torna as considerações morais desnecessárias ou irrelevantes? Devemos insistir que a moralidade é uma coisa só e que, assim sendo, os limites e proibições morais se aplicam a Jack apesar das consideráveis responsabilidades que lhe cabem e das horríveis escolhas que ele tem de fazer? Ou devemos explorar a possibilidade de uma terceira opção, em que o papel de Jack como agente da UCT o capacita a operar na esfera de uma ética diferente que, em determinados momentos, envolve astúcia, crueldade e violência, ao mesmo tempo se afastando de valores que as pessoas boas buscam promover – justiça, amor, tolerância, bondade, e caridade? Em re-

---

13. Bernard Williams, "Ethical Consistency", em *Problems of the Self* (Cambridge: Cambridge University Press, 1973).

sumo, é correto dizer que Jack age de acordo com uma assim chamada "moralidade política"?

## "Político moral" é um oxímoro?

As respostas às perguntas feitas anteriormente dependem do modo como interpretamos e entendemos o alcance e a importância da moralidade dentro das atividades humanas. E, por sua vez, de nossa decisão se as estruturas morais se aplicam aos domínios da política, como o fazem em outras esferas da atividade humana. Para isso, existem dois paradigmas bem desenvolvidos que ajudam a entender o relacionamento entre a moralidade e a política.

O primeiro, que chamaremos de visão antimoralidade, afirma que as considerações morais não têm nenhum lugar em meio à avaliação da ação política. Por exemplo, Dean Acheson, secretário de Estado do presidente John F. Kennedy durante a crise dos mísseis em Cuba, argumentou que, ao se avaliar a ação política, preocupações prudenciais devem ter preferência. Preocupações morais, ele insistiu, simplesmente não têm nenhuma relação com o problema.

O que está por trás da visão antimoralidade é a forte convicção de que os riscos na política são tão altos que só os resultados, e nada além deles, importam.[14] É certo que quando vemos as escolhas que se apresentam a Jack e as terríveis conseqüências que advirão se ele fracassar, a visão antimoralidade parece atraente. Sua fraqueza fatal, todavia, está no fato de que ela permite aos políticos agir com impunidade se eles acreditarem que os riscos são altos o suficiente. Essa posição permite jogar fora a água do banho junto com o bebê, por assim dizer. Ela gera uma forma perigosa de cinismo moral que de maneira inevitável leva a uma descida escorregadia em que mentira, assassinato e tortura se tornam coisas aceitáveis e comuns. De fato, essa cínica visão realista e a conseqüente descida por um terreno imoral e escorregadio formam o pano de fundo para todos os acontecimentos principais da quinta temporada. Vemos aqui os atos imorais e ilegais e a conseqüente queda do presidente Logan, do chefe de Estado Walt Cummings e de Christopher Henderson (cuja empresa presta serviços para o departamento de defesa), à medida que eles se tornam cada vez mais envolvidos com um grupo obscuro liderado por Graem (que descobrimos mais tarde ser irmão de Jack), com o objetivo de garantir os interesses ligados ao petróleo na Ásia Central. As ações dessas pessoas –

---

14. A Escola Realista de Relações Internacionais (Realist School of International Relations) segue essa linha de raciocínio. Ver Michael Smith, *Realist Thought from Weber to Kissinger* (Baton Rouge: Louisiana State University Press, 1986).

diferente das praticadas por Jack nos cenários de mãos sujas – não têm nenhuma característica redentora.

As preocupações sérias com a visão antimoralidade levam à segunda posição quanto ao relacionamento entre política e moralidade – a Moralidade Inconsútil.* Essa visão argumenta que a moralidade deve ser aplicada por inteiro a todas as esferas da atividade humana, não importando quão alto sejam os riscos envolvidos nem a relevância de metas ou objetivos específicos. O comportamento civilizado nos exige isso e previne a atitude de aceitação de que tudo é permitido entre os políticos. A maioria dos teóricos morais contemporâneos compartilha essa visão a partir de uma perspectiva tanto baseada no dever quanto conseqüencialista. Alguns políticos que ocuparam o cargo mais alto a endossaram de forma explícita. Jimmy Carter insistia: "A política interna e externa de uma nação deve derivar dos mesmos padrões de ética, honestidade e moralidade que são característicos dos cidadãos individuais dessa nação".[15]

O problema com tal abordagem, contudo, é que ela rejeita a possibilidade de que em algumas circunstâncias, ainda que extremamente raras, a insistência em usar apenas meios morais para combater o mal pode resultar em conseqüências catastróficas, que poderiam ser evitadas se não fosse essa fraqueza moral. Com certeza, a missão de Jack de deter a explosão de bombas nucleares ou impedir a liberação do letal gás nervoso em áreas habitadas (apenas duas entre muitas outras possibilidades horrendas) parecem ser casos nos quais não podemos nos apoiar com muita força nas amabilidades morais. Nessas situações extremas, a abordagem da moralidade inconsútil exige que os políticos sacrifiquem as vidas e o bem-estar de cidadãos inocentes em nome da retidão moral. Se isso estiver correto, tal abordagem cria uma forma de ingenuidade perigosa em um mundo onde os objetivos maléficos de outras pessoas nos colocam em situações de considerável risco. Uma coisa é sacrificar o próprio bem-estar e a vida por considerações morais (abraçando a doutrina do pacifismo, por exemplo), mas é algo muito diferente fazer isso quando alguém tem a responsabilidade específica pela vida e o bem-estar dos outros.

O erro fundamental das perspectivas antimoralidade e moralidade inconsútil está em transformar nossa complexa e confusa realidade moral em um único e simples relacionamento entre teoria moral e prática da política de campo. Nos dois casos, o resultado é um julgamento moral destorcido pela insistência em situações que não são politicamente ingênuas ("não importa o que aconteça, sempre use meios morais") ou desnecessariamen-

---

* N. T.: Sem costuras, inteiriço, feito de uma peça só (Dicionário Aurélio, séc. XXI).
15. Citado por Stephen A. Garret em "Political Leadership and the Problem of 'Dirty Hands'", em *Ethics & International Affairs* 8 (1994):162.

te cínicas ("nenhuma estrutura moral é necessária na política"). Assim, uma terceira posição, que defende a "moralidade política", busca corrigir esses erros e oferecer uma explicação que melhor reflete a nossa realidade moral. A terceira posição oferece uma explicação mais matizada e realista sobre o modo como as pessoas boas devem agir (e se sentir a respeito de si mesmas) quando envolvidas na *realpolitik*. Para promover o bem comum, essa visão busca um código moral que permita (e às vezes exija) a violação das proibições morais que se aplicam à nossa vida pessoal.

## Vivendo no mundo da *realpolitik*

Examinemos em primeiro lugar a natureza da política por meio de uma visão de Maquiavel, que afirma que a política é uma atividade *sui generis*, ou única, porque em tal profissão "um homem que deseja agir com virtude em todos os aspectos necessariamente desagrada a muitos que não são virtuosos".[16] A responsabilidade de uma pessoa como Jack é imensa; as vidas e o bem-estar de um grande número de pessoas dependem dele. Por conseguinte, é apropriado que Jack deixe de lado qualquer escrúpulo que possa vir a ter, de uma perspectiva moral; e, como insiste Maquiavel, "aprender a não ser virtuoso, e a fazer ou não uso disso de acordo com a necessidade" (91). O uso eficaz do poder político exige uma busca cruel de objetivos coletivos para o bem geral. Generosidade, caridade e "dar a outra face" resultarão em fracasso. Muitas pessoas, organizações e Estados se aproveitarão de tais virtudes, que consideram covardia e fraqueza moral. O sucesso de Jack nasce de suas virtudes específicas, a saber: sua coragem, resolução, clareza mental, energia ilimitada, habilidade de comando e determinação na captura dos inimigos. Nós o admiramos por essas virtudes e também vibramos com a capacidade que ele tem de se mover com tanto sucesso em um mundo de violência, mentiras e caos. Mas o mundo da *realpolitik* com freqüência exige uma certa orientação que nem sempre é compatível com os valores que apreciamos em nossa vida pessoal.

Seria um erro pensar que o mundo violento e turbulento da *realpolitik* é apenas uma resposta às sociedades do passado e que as visões de Maquiavel não mais se aplicam ao ambiente estável e benigno das democracias liberais. Os problemas de Jack em *24 Horas*, embora exagerados, não são impossíveis, e as sociedades liberais democráticas enfrentam ameaças à sua existência tão terríveis quanto às que se apresentavam às cidades-Estado na época de Maquiavel. Ainda precisamos de homens e mulheres preparados para praticar violência em nome de nossa segurança. A principal

---

16. Niccolò Machiavelli, *O príncipe*, traduzido para o inglês por George Bull. *The Prince*. (London: Penguin Books, 1981) p. 91. As indicações de páginas referentes a Maquiavel são dessa obra.

diferença do período medieval é que as democracias liberais esperam, corretamente, que seus políticos atuem dentro de limites morais e se comportem de uma maneira que os diferencie daqueles que claramente rejeitam qualquer limite moral a seu comportamento. Também queremos que nossos sistemas políticos sejam transparentes o suficiente para que possamos julgar com propriedade o comportamento de nossos políticos. A moral importa, ainda que no mundo da política sua aplicação seja mais complicada do que em outros mundos.

## A moralidade da política

Então o que torna os domínios da política tão diferentes das outras esferas sociais a ponto de exigir a existência de uma moralidade política específica? Destaquemos três fatores importantes. Em primeiro lugar, o mundo da política difere de outros domínios porque o objetivo e a natureza da própria política são especiais. Em seu papel apropriado, a política é o uso de poder coercivo na busca da justiça e do bem geral. A *realpolitik* é a batalha contínua por recursos escassos e a tentativa de garantir segurança e estabilidade em um mundo caótico com poderes limitados. A percepção da *realpolitik* é que, na melhor das hipóteses, as soluções para os problemas serão compromissos esfarrapados, alianças vacilantes, e aceitar a opção menos ruim.

Como Stuart Hampshire explica, os políticos devem ser capazes de viver com "a expectativa de inevitáveis sordidez e imperfeições, desapontamentos necessários, resultados mistos, sucessos e falhas pela metade" (170). Todos esses fatores são sem dúvida evidentes no mundo de terrorismo, espionagem e política brutal de Jack.

Em segundo lugar, a função do político exige a aceitação de deveres e obrigações morais adicionais para agir sempre, e principalmente, com o objetivo de proteger interesses de cidadãos inocentes. Por vezes essa tarefa deve ter precedência sobre o próprio escrúpulo moral dos políticos e seu bem-estar pessoal. Não há dúvida que Jack sofre uma terrível perda pessoal e moral por causa de seu trabalho. Ele continuamente tem de negligenciar e colocar em perigo aqueles a quem ama. Além do mais, sua bondade moral e senso de valor próprio estão sempre em perigo em conseqüência de coisas que ele têm de fazer para ser bem-sucedido. Weber enfatiza esse ponto. Qualquer pessoa que se envolva na *realpolitik* "deve saber que é responsável pelo que ela pode se tornar sob o impacto desses paradoxos" (125). "Aquele que busca a salvação da alma, sua e dos outros, não deve procurá-la em meio às avenidas da política, pois a diferente tarefa da política só pode ser realizada pela violência." (126)

A terceira razão pela qual a prática da política necessita de uma moralidade política é que as características específicas estruturais e funcionais da função política mudam nossos julgamentos morais. O número de pessoas afetadas pelas decisões políticas, a impessoal e burocrática administração da lei e a necessidade de tomar decisões que sempre beneficiarão um grupo em prejuízo de outro precisam de uma ênfase muito maior no raciocínio conseqüencialista em questões públicas. A isso se soma o fato de que com freqüência a política requer que se escolha a menos prejudicial dentre opções ruins, em vez de fazer escolhas claramente boas ou ruins.

A política é aquela esfera em que acontece a incessante luta pelo poder entre Estados e partidos. A tarefa principal dos detentores do poder é combater a anarquia e a violência descontrolada e garantir ao máximo a estabilidade, objetivando promover a justiça e a paz para a grande maioria dos cidadãos inocentes. Na execução dessa tarefa, aqueles que exercem o poder real terão, por vezes, de sujar as mãos afinal de contas. Essa visão não afirma que não há lugar para a moralidade na política. Pelo contrário, diferentemente dos defensores da visão antimoralidade, uma moralidade política busca encontrar o padrão moral realista e apropriado para julgar os políticos. Ainda que sejam forçados a sujar as mãos, a poluição moral resultante não é fácil de ser removida. Ela serve para lembrar aos políticos e a outras pessoas que, mesmo quando agimos pelo bem comum, algumas ações, embora justificadas, ainda deixam uma lembrança moral que evoca corretamente um senso de horror e aversão.

O que podemos, então, exigir daqueles que, como Jack, incorrem nas responsabilidades do poder político e, para obter sucesso, participam de ações imorais e violentas? Recorrendo mais uma vez a Stuart Hampshire, podemos pedir que eles reconheçam o peso da peculiar responsabilidade ao dispor da vida de outros. Em segundo lugar, os políticos devem ter a mente clara, e não dividida, no que diz respeito às suas obrigações de proteger os interesses de seus inocentes cidadãos.

Por fim, podemos esperar que as pessoas envolvidas na *realpolitik* devam estar preparadas a qualquer momento para a ocorrência de incontroláveis conflitos de deveres. Isso envolverá situações que excluem a possibilidade de um resultado decente, em que todas as linhas de ação parecem desonrosas e censuráveis, e não há como evitar as mãos sujas nem as danosas conseqüências morais.

## Jack Bauer: vilão heróico

Concluindo: que julgamentos morais podemos fazer a respeito das terríveis ações de Jack? Precisamos encontrar um terceiro caminho entre a condenação total e o completo silêncio. Precisamos elogiar Jack por sua coragem, sacrifícios e devoção ao dever, e ao mesmo tempo condená-lo de modo inequívoco por seus atos de assassinato e tortura. Paradoxalmente, em tais casos, precisamos louvá-lo e castigá-lo. Além do mais, é necessário reconhecer que pessoas como Jack estão entre o herói e o vilão. Com as ações que praticam eles sujam as mãos e destroem sua própria bondade moral, mas fazem isso pela melhor das razões. Portanto, precisamos, ao mesmo tempo, admirá-las e desprezá-las pelo que fazem. Parece apropriado que no fim de cada temporada, depois de Jack ter salvo o dia e se tornado um herói por fazer isso, nós o vejamos sentindo os efeitos colaterais de seu trabalho – traído, perseguido, esgotado, e empobrecido. Embora nosso bem-estar dependa dos Jack Bauer do mundo para fazer o nosso trabalho sujo, poucos de nós estão dispostos a levar esse tipo de vida – a vida de um herói trágico.[17]

---

17. Agradeço a Jeremy Barris por seus comentários perspicazes e incisivos sobre o rascunho.

## 7:00H-8:00H

# Além do cumprimento do dever

*Richard Davis*

> Você está errado se pensa que um homem que é bom para todas as coisas deve considerar os riscos de vida ou morte.
> 
> Platão, *Apologia*

> Você entende a diferença entre morrer por alguma coisa e morrer por nada?
> 
> Jack Bauer, sexta temporada

Em abril de 2007, 15 marinheiros e fuzileiros navais foram aprisionados e mantidos como reféns por quase duas semanas pela Guarda Revolucionária do Irã. Seu crime? Supostamente ter invadido as águas iranianas. Em 48 horas a TV iraniana exibia para todo o país um depoimento forjado de um marinheiro britânico no qual ele confessava que os ingleses foram os culpados por todo o incidente. Outro marinheiro escreveu uma carta – sem dúvida sob coerção – pedindo ao Reino Unido que retirasse todas as tropas do Iraque. Depois, para reforçar a farsa, os soldados britânicos foram obrigados a desfilar diante do presidente iraniano e a exibir um grande sinal de aprovação (os polegares voltados para cima) antes que pudessem voltar para casa. Se você fosse um dos prisioneiros, o que teria feito? Teria cooperado com seus captores? Ou teria resistido a eles, talvez colocando a própria vida em perigo?

A vergonha sentida pelo povo inglês não foi surpresa. Como disse um comentarista: "A coisa honrosa a fazer teria sido renunciar ao comportamento coagido, denunciar o uso dos prisioneiros para propaganda iraniana e reconhecer que tudo pelo que eles passaram não foi nada comparado aos sacrifícios feitos por outras pessoas". Tristemente, para os 15 de Teerã, "os desejos pessoais tiveram precedência sobre suas obrigações".[18]

De uma maneira muito mais dramática, *24 Horas* confronta seus telespectadores, de forma rotineira, com situações de vida e morte nas quais os personagens da série devem se colocar em grandes perigos, correndo o risco de morrer e, em alguns casos, fazendo o sacrifício supremo. Ryan Chappelle deve concordar com a exigência de sua execução, feita por Stephen Saunders, caso contrário haverá mais ataques do vírus. Se Lynn McGill não fechar um sistema de computador remoto em uma sala cheia do mortal gás neuroparalisante Sentox, Chloe não poderá usar o A/C para limpar as áreas contaminadas e todos na UCT morrerão. Quando os homens de Cheng exigem saber quem é o diretor da UCT, Nadia Yasir hesita e Milo Pressman se apresenta no lugar dela. Ele é morto imediatamente.

Contudo, não há dúvida que Jack Bauer é o agente que mais pratica atos de extremo auto-sacrifício. De fato, se não fosse pelos sacrifícios pessoais de Jack, a cidade de Los Angeles já teria deixado de existir há muito tempo! Uma bomba atômica precisa ser transportada a um deserto e detonada. Jack é voluntário para pilotar o avião. Ele deixa que os homens de Kingsley o torturem em vez de revelar a localização do *chip* contendo os arquivos da fita do Chipre – arquivos que mostram que a fita é uma fraude e que, portanto, não há nenhum fundamento para que o presidente Palmer lance a planejada retaliação nuclear.

Mas não é pedir muito, mesmo a Jack Bauer, que alguém desista de sua vida pela de outras pessoas? Não é exatamente porque Jack vai "além do cumprimento do dever" que consideramos suas ações louváveis e seu caráter heróico? Ele faz o que o dever não exige, e nós o amamos e admiramos por isso. Mesmo assim isso pode parecer paradoxal. Se o que Jack faz é bom, então por que não é algo que ele deva fazer; algo pelo qual poderíamos condená-lo se não fosse feito? Se respondermos: "É o trabalho dele", isso parece diminuir o mérito de suas ações. De modo geral, não consideramos alguém um herói se ele está apenas cumprindo seu dever. Além do mais, se a morte põe um fim absoluto em nós, obscurece nossa existência, como poderia qualquer pessoa ser moralmente obrigada a abrir mão de seu breve flerte com a existência pelo bem de outros – principalmente de desconhecidos?

## Soldados, granadas e heróis

Para considerar essas perguntas, examinemos o modo como os filósofos dividem as ações morais. Afirma-se que uma ação é moralmente obrigatória se for algo que uma pessoa deva fazer, e sua prática é algo bom,

---

18. Robert Sibley, "The Ugly Consequence of Our Narcissism", em *The Ottawa Citizen* (2007).

enquanto deixar de fazê-la é algo ruim. Por exemplo, se Jack promete a Wayne Palmer que não entregará aos chineses uma placa do subcircuito FB – sim, aquela que contém detalhes sobre todo o sistema de defesa russo – em troca de Audrey Raines, então Jack tem a obrigação moral de cumprir a promessa. Ele tem um dever para com o presidente de manter sua palavra. Se não fizer isso, estará sujeito à nossa censura ou desaprovação moral.

Uma proibição moral é o verso de uma obrigação moral. É uma ação que alguém não deve praticar. Sua prática não é apenas uma coisa ruim, é estritamente proibida. É isso que faz de Nina Myers uma das figuras morais mais sombrias e intrigantes de *24 Horas*. De modo inexplicável ela é atraída a fazer o que é proibido. Ela manipula autorizações de segurança da UCT, vende segredos de Estado a terroristas, e, quando Teri Bauer fica sabendo demais, Nina a mata. Ela faz o que não deve, e no fim paga por isso com a própria vida.

Os filósofos também reconhecem uma classe "intermediária" de ações morais. Se uma ação não é obrigatória nem proibida, dizemos que é moralmente permissível: do ponto de vista moral não há problema em praticá-la, mas também não há problema se deixarmos de praticá-la. Ela não é louvável nem condenável. É apenas neutra. A opção de Jack em trabalhar em uma plataforma de petróleo (em vez de trabalhar como um caubói profissional), enquanto se esconde dos chineses, inclui-se nessa categoria. Talvez a maioria das ações que praticamos no reino moral seja dessa natureza.

Assim, temos essa tripla divisão moral: o ato obrigatório, o proibido e o permitido. No entanto, em um artigo muito influente, "Saints and Heroes",[19] o filósofo J. O. Urmson contesta essa classificação. Existe uma quarta categoria que não foi incluída, ele afirma: o ato supererrogatório.[20] É apenas uma palavra criada pela filosofia que significa "ir além do cumprimento do dever". Para ilustrar esse conceito, Urmson pede que imaginemos um soldado que se joga sobre uma granada de mão para salvar os companheiros. A questão que ele propõe é:

> se ele não tivesse se jogado sobre a granada de mão, teria falhado em seu dever? Embora seja evidente que ele é, de algum modo, superior a seus colegas, podemos dizer que os outros deixaram de cumprir seu dever, pois nenhum deles tentou sacrificar a si mesmo? Se ele não tivesse feito isso, poderíamos dizer: "Você deveria ter se jogado sobre a granada?"... A resposta a essas perguntas é obviamente negativa(63).

---

19. J. O. Urmson, "Saints and Heroes", em *Moral Conceptsed*. Joel Feinberg (org.)(Oxford: Oxford University Press, 1969).
20. Urmson na verdade não usa essa palavra para descrever a categoria, mas o termo se tornou o favorito entre os filósofos.

O que Urmson está dizendo é que um ato supererrogatório não é algo que você esteja obrigado a fazer; nem podemos condená-lo se você decidir não fazer. Porém, é permissível e muito louvável.

## Chappelle deve morrer?

Essa questão nos permite ver o caráter de Ryan Chappelle – geralmente considerado ausente em aspectos importantes – sob uma nova ótica. Quando Stephen Saunders descobre que a habilidade de Chappelle em seguir "rastros de dinheiro" o levou a encontrar a conta bancária de Saunders nas ilhas Cayman, ele sabe que é apenas uma questão de tempo para que Chappelle chegue até ele. Então, Saunders exige a execução de Chappelle (em uma hora), ameaçando liberar o vírus – que já está causando destruição no Chandler Plaza Hotel – em centenas de lugares pelo país. É uma corrida contra o tempo para encontrar Saunders antes do prazo final; e um perturbado Chappelle sabe que isso não vai acontecer. Pego tentando sair da UCT, Chappelle é colocado sob vigilância. Momentos antes de Jack executá-lo, ele confessa: "Você agiu bem em me colocar sob vigilância. Eu não estava saindo para fumar, eu estava tentando fugir. Mas eu sei que isso tem de acontecer".

Mas, afinal de contas, se Urmson estiver certo, não devemos censurar Chappelle. O pobre homem está sendo levado a fazer uma coisa que na verdade não é seu dever. Certo, isso tem de acontecer, porém o que significa é que Chappelle deve ser morto (com ou sem seu consentimento), ou os objetivos operacionais não serão atingidos. Eles estão apenas tentando ganhar tempo com o propósito de localizar Saunders antes que ele cumpra a ameaça. Assim, o destino de Chappelle está selado. Podemos objetar que Chappelle tem o dever de sacrificar a vida neste caso; afinal de contas, a Divisão o colocou como responsável pela UCT. Consideremos, por exemplo, o Homeland Security Act (Lei da Segurança Interna) de 2002. A Seção 101 afirma que o Departamento de Segurança Interna dos Estados Unidos existe para "prevenir ataques terroristas dentro dos Estados Unidos". Com certeza, seus funcionários – e por extensão os da UCT – devem ter a obrigação de estar preparados para dar suas vidas por esse fim.[21]

Bem, talvez. Mas o que vemos é que Chappelle deveria saber desde o início que poderia ser morto no cumprimento do dever. Você pode pensar que está apenas seguindo em uma nova direção promissora. Contudo, logo depois descobre que está em uma sala iluminada por plutônio radioativo! (Se você não é Agente de Campo, saia do campo!) Esconder-se embaixo

---

21. Compare com o *Código de Conduta* do Exército dos Estados Unidos, estabelecido por Eisenhower em 1955: "Eu sou um americano lutando nas forças que protegem meu país e nosso modo de vida; estou pronto a dar minha vida em defesa deles".

da mesa em seu escritório com portas de vidro também não ajuda – não se os membros da operação paramilitar de Joseph Wald se disfarçaram de técnicos da companhia telefônica para colocar explosivos dentro da UTC, ou se os mercenários de Cheng, passando pelo sistema subterrâneo de esgoto, estão prestes a desferir um ataque armado às instalações.

Então, talvez aqui exista uma obrigação geral de cumprir o dever, mesmo sabendo que ele pode levar à morte de alguém. Isso não significa que Chappelle tem o dever específico de tirar sua própria vida ou permitir que Jack lhe dê um tiro na nuca – no estilo de uma execução. Até Jack parece perceber isso. Se Chappelle tem o dever de morrer e Jack de matá-lo, então por que suplicar "Deus me perdoe" antes de puxar o gatilho? Se todos estão apenas cumprindo seu dever, o que há para perdoar? E se tivesse sido Kim Bauer quem descobrisse a conta de Saunders em Cayman? E suponha que Saunders exigisse a execução dela? Ela teria o dever de aceitar isso como o fariam os membros da UCT? Isso não é de modo algum claro. E Jack teria concordado que ela também deveria morrer? Bem, todos nós sabemos a resposta a essa pergunta. A questão é: de modo superficial, é um tanto difícil ver como alguém pode ser moralmente obrigado a entregar sua vida pela dos outros. Sacrificar a própria vida parece, para todo o mundo, ir muito além do cumprimento do dever.

## O dever de morrer

Como tudo na filosofia, no entanto, essa conclusão não deixa de ser contestada. Segundo o renomado filósofo de Cambridge G. E. Moore (1873-1958), quando tentamos decidir entre cursos alternativos de ação, o que o dever exige de nós é bem claro: praticar a ação "que gerará mais bem no universo do que qualquer outra alternativa possível".[22] Moore vê uma "conexão" entre a bondade de uma ação e nosso dever em praticá-la. Mas aqui nos deparamos com um problema, pois, quanto ao soldado que sacrifica a si mesmo lançando-se sobre a granada, Urmson afirma: "é evidente que ele é superior... a seus companheiros." E isso sugere que a ação do soldado fez do mundo um lugar melhor do que seria se ninguém tivesse se lançado sobre a granada e todos tivessem morrido. Ele fez o que era o melhor. Como deixar de fazer o que é o melhor (quando podemos fazê-lo) é geralmente considerado condenável, concluímos que fazer o que é melhor é algo obrigatório. Portanto, não existe o ato supererrogatório.

Se pensarmos com cuidado a respeito desse argumento, veremos, todavia, que ele não afirma que sempre existe o dever de sacrificar a própria vida pela dos outros. Para entendermos isso, simplifiquemos o argumento:

---

22. G. E. Moore, *Principia Ethica* (Cambridge: Cambridge University Press, 1948), Sec. 89.

1. É melhor sacrificar a própria vida pelos outros do que não fazê-lo.
2. O dever exige que façamos o que é melhor, desde que possamos fazê-lo.

Portanto,

3. Sacrificar a própria vida pelos outros em vez de não fazê-lo é um dever, desde que possamos fazê-lo.

O problema está na afirmação (1). Como devemos entendê-la? Devemos entender a afirmação (1) como "é sempre melhor sacrificar a própria vida pelos outros" ou "isso às vezes é o melhor a fazer"? Chamemos essa primeira interpretação (1) o Princípio do Sempre Melhor. Agora, o fato é: nosso argumento apenas funciona se esse princípio for verdadeiro. Caso contrário, a conclusão em (3) não pode excluir a possibilidade de que existam atos de auto-sacrifício que vão além do cumprimento do dever.

## Como desmontar uma bomba atômica – ou não!

A questão que nos é apresentada é, então, se o Princípio do Sempre Melhor é verdadeiro. Há razões para não acreditar nisso. Pensemos um instante naquelas distantes e fabulosas horas da segunda temporada. Uma seqüência de sessões de tortura repletas de tensão (do diretor da NSA [National Security Agency/Agência Nacional de Segurança] Roger Stanton; do terrorista islâmico Syed Ali; e de Marie Warner, que sofreu lavagem cerebral) finalmente revela a localização da bomba atômica programada para explodir naquele dia – Aeródromo Norton. Essa é a boa notícia. A má notícia é que o detonador é protegido contra violações; se for desmontado, detonará a bomba em 55 minutos.

Em razão dessas limitações, só existe uma solução possível. A bomba deve ser colocada no avião mais rápido e confiável e depois transportada para o deserto de Mojave. Mas isso não é o pior. Ela deve ser jogada em um local exato: uma depressão abaixo do nível do mar, mas também cercada de montanhas, para conter o efeito radioativo. Infelizmente, o único avião disponível é um Cessna, que não contém o equipamento de bordo necessário para despejar sua carga com o necessário grau de precisão. O piloto terá de explodir o avião.

O que acontece a seguir é notável. Jack toma a decisão unilateral de pilotar o avião sozinho. Quando o presidente pergunta sobre a identidade do piloto, ele mente: "Temos alguns voluntários. Todos bons homens". Na verdade, não há voluntários. Jack não fez o menor esforço para encontrá-los. Nem Tony Almeida pode acreditar nisso: "Jack, deve haver outra pessoa que possa pilotar o avião; alguém que não tenha família, ou pelo menos não tenha filhos!". A resposta de Jack é uma evasiva: "Eu não tive tempo de perguntar, e não posso ordenar que alguém faça isso". Diga isso a Kim

Bauer. Houve tempo de fato, entretanto Jack o desperdiçou falando ao telefone com Tony para descobrir o paradeiro de Kim, e sobre um cofre em seu apartamento onde havia um testamento, uma carta para Kim, e outras coisas. Falando em perder tempo...

O que está acontecendo aqui? Pergunte a George Mason. Ele sabe. Saindo de seu esconderijo na parte de trás do Cessna, George tenta convencer Jack a deixá-lo pilotar o avião, mas só o que consegue como resposta são manifestações de pesar. Após alguma discussão, George consegue expor a verdadeira intenção por trás das ações de Jack:

> Você ainda tem uma vida, Jack. Se você quer ser um herói de verdade, eis o que deve fazer. Volte e junte os pedaços. Encontre um modo de se perdoar pelo que aconteceu à sua mulher. Acerte as coisas com sua filha, e continue a servir a seu país. Isso exige coragem de verdade.

Só o que Jack pode fazer é baixar a cabeça. George acertou o alvo. A intenção principal de Jack não é de fato salvar vidas, embora não haja dúvida de que esse objetivo operacional será atingido também. Ele está tentando escapar, encontrar alívio: de sua culpa, dor pessoal e de seus relacionamentos despedaçados. Admitamos: é uma tentativa de suicídio que traz em si conseqüências felizes para Los Angeles.

Há uma lição a ser aprendida aqui. O Princípio do Sempre Melhor simplesmente não é verdade: nem sempre é melhor sacrificar a própria vida pela dos outros do que não fazê-lo. Não é melhor, por exemplo, quando a prática desse ato consiste em suicídio que deixará sua filha órfã; roubará do país alguém reconhecido como a arma mais eficaz contra o terrorismo (você); e quando você sabe muito bem que outras pessoas estão em melhor posição para fazer o sacrifício – ou seja, desejam fazê-lo e têm muito menos a perder. Em tal caso, o auto-sacrifício não é nem permissível nem louvável – é totalmente imoral.

## Sentox pode de fato "dar nos nervos"

Fica claro, então, que não podemos apenas presumir que qualquer pessoa que dá sua vida em benefício dos outros deve automaticamente ser elogiada por ter ido além do cumprimento do dever. Como acabamos de ver, um ato de auto-sacrifício pode muito bem ser contrário ao dever. Mas também não podemos presumir que jamais temos o dever de fazer o sacrifício supremo. Pois consideremos o que Mike Novick diz a David Palmer para justificar a idéia de um piloto explodindo junto com o avião: "Um homem morre, senhor presidente, para garantir a segurança de milhões". O Princípio Um por Muitos, como podemos chamá-lo, parece afirmar que alguém tem um dever aqui. Mas quem é esse "alguém"? Mais uma vez *24 Horas* nos apresenta um material valioso para reflexão filosófica. Qualquer pessoa que saiba um pouco das coisas reconhece que, quando a Divisão envia alguém para assumir o controle da cadeia de comando, haverá alguns choques. Uma transição como essa tem de ser administrada com tato e delicadeza. Expulsar Bill Buchanan de sua sala e exigir que todos se dirijam a você como senhor McGill provavelmente não é o que Dale Carnegie recomendaria para seu primeiro dia de trabalho. Mas é claro que você não é Lynn McGill. Esse sujeito é uma profecia que cumpre a si mesma. Ele teme que ninguém o respeite e, portanto, seu modo de agir provoca exatamente essa reação. McGill acredita que todos trabalham em segredo contra ele, por isso monitora os telefonemas e exige que todo o trabalho seja vigiado pelo sistema dele. Não é de surpreender que isso acabe gerando reuniões e conversas secretas em todos os lugares para onde ele olha. Por fim, seu julgamento se torna tão prejudicado que ele direciona todos os recursos da UCT para prender Jack Bauer em vez de encontrar o gás neuroparalisante Sentox.

As pressões sobre McGill aumentam quando sua irmã viciada em drogas começa a pedir dinheiro. Quando os dois se encontram, o dinheiro e o cartão de segurança da UCT de Lynn são roubados. Envergonhado, ele não relata o acontecido. Finalmente, confessa e é posto sob vigilância. Você pode imaginar o que acontece. Terroristas usam o cartão de segurança para entrar na UCT e liberar um recipiente de Sentox no sistema condutor de ar. Algumas pessoas morrem, incluindo o adorado Edgar Stiles.

Felizmente, nossos personagens favoritos conseguem se fechar (ou já se encontram) em salas seladas por barreiras, porém um agente corrosivo do Sentox está destruindo as barreiras rapidamente. A tentativa de Chloe de expelir o Sentox das áreas contaminadas fracassa por causa de uma interrupção no computador na unidade de controle A/C. O problema é que a unidade está localizada em uma área contaminada. Espere um pouco! Jack é muito bom em prender a respiração. Ele pode fechar o programa. Lamento. Isso é impossível. Ele já tentou; está muito longe. A única pessoa que está perto o suficiente é Lynn McGill, em uma sala logo abaixo da unidade A/C.

Aqui vai uma pergunta: McGill tem o dever de sacrificar a vida por Jack e seus amigos? Voltando-se para o oficial de segurança que o vigia, ele diz: "Temos de fazer isso, Harry. Vamos morrer de qualquer jeito. Se não fizermos, todos na UCT também morrerão. Temos de fazer." Aqui, mais uma vez, o Princípio Um por Muitos se faz presente. Nessa situação, o "temos de fazer" não é como aquele enfrentado por Chappelle, ou seja, o "temos de fazer" dos objetivos operacionais e auto-sacrifício forçado".[23]

---

23. No capítulo escrito por Scott Calef, ele argumenta que a decisão de McGill é forçada. Todavia, por decisão "forçada" Calef se refere a uma decisão na qual as consequências são as mesmas ainda que ela não seja tomada. Eu não contesto isso. Minha afirmação é bem diferente; ou seja, que a decisão de McGill não é forçada no sentido de ser imposta ou determinada.

Jack não pode forçar nada aqui. Ele está em outra sala, separada do mortal Sentox por um corredor. A decisão é de McGill; depende apenas dele. O "temos de fazer" em questão é o da obrigação moral. Diante das terríveis conseqüências de seus atos, a clara luz da razão retorna a McGill, e ele, com tranqüilidade, aplica o Princípio Um por Muitos a si mesmo. Não se trata mais de "Alguém deve morrer para salvar muitos", mas sim de "Eu devo morrer para salvar muitos". É a coisa certa a fazer. Pois se ele não fizer nada, estará morto em alguns minutos – junto com todos os seus colegas. Além disso, a culpa é dele. McGill, e ninguém mais, colocou-os nessa situação. E ele é o único em posição de fechar o programa.

Para todo o mundo, então, e por mais estranho que pareça, existem esses casos nos quais parece haver um dever real de sacrificar a vida pelos outros. Ainda assim, essa conclusão incomoda alguns pensadores. Por exemplo, segundo o filósofo David Heyd, "cumprir seu dever não confere nenhum mérito ao agente. Ele apenas fez o que devia."[24] Você precisa dar aquele passo adiante, ou nós não o elogiaremos. Bem, aqui eu só posso responder: "Loucura!" As ações de McGill são de fato louváveis – e de uma maneira objetiva. Elas não são forçadas; são livres. Nascem de uma boa intenção, salvar vidas. Não há o menor indício de que McGill esteja apenas tentando aliviar seu sentimento de culpa ou expiar os erros passados. Não que haja alguma coisa de errado nisso! Além do mais, diferentemente de Harry Swinton, o oficial de segurança, não há nada acenando a favor ou contra o julgamento que Jack faz da situação, nenhuma retaliação por sua remoção "traiçoeira" como diretor ativo da UCT, nenhuma fuga do dever em razão do medo ou pânico. Esse sujeito é feito de um material mais duro. Enquanto McGill se abaixa, tocando o chão, cada vez mais próximo do Sentox, a voz de Jack é ouvida no alto-falante: "Quero que vocês saibam que foram bem-sucedidos. As barreiras estão agüentando. Notificarei pessoalmente suas famílias e lhes contarei sobre o sacrifício que vocês fizeram." McGill morre como herói. Não há dúvida quanto a isso.

## Indo além do dever

Não é segredo o fato de que, se você quer aprender a interrogar uma testemunha, salvar reféns ou liderar um grupo de ataque, Jack Bauer é a pessoa a quem você deve procurar. Acredite ou não, ele também pode nos ensinar alguma coisa a respeito da vida moral. A vida moral de Jack não é perfeita, é claro, mas está em movimento, expandindo em amplitude e sutileza. Jack aprende com os erros do passado – mesmo na área do auto-

---

24. David Heyd, "Supererogation", em *The Stanford Encyclopedia of Philosophy* (Edição de outono de 2006), Edward N. Zalta (org.), disponível on-line em <www.plato.stanford.edu/archives/fall2006/entries/supererogation/>.

sacrifício. No mundo de *24 Horas*, há uma pressão constante para adotar os objetivos políticos de presidentes, chefes de Estado, manipuladores e outros que servem a si mesmos. Se você não tomar cuidado, morrerá por esses objetivos. A visão de Jack, semelhante a um polígrafo, que lhe permite enxergar a natureza humana, faz com que ele veja através dos planos imperfeitos e de interesse próprio daqueles que o cercam. Um Bauer já farto de tudo isso, finalmente, declara: "Estou cansado de arriscar minha vida por nada. Não vou mais arriscar minha vida por nada." Algumas coisas não merecem ser feitas. O contato freqüente com a morte de uma certa forma aguça o foco da pessoa quanto ao que realmente é importante. Assim, Jack recusa-se a ser entregue aos chineses só para ajudar o presidente Logan a manter as aparências – "o negócio ocioso da representação",[25] como disse um sábio estóico. Em vez disso, Jack, de maneira sábia, esconde-se.

A pergunta que Jack nos faz é: "Você entende a diferença entre morrer por alguma coisa e morrer por nada?" Será que existe de fato alguma coisa pela qual valha a pena morrer? Não é surpresa que Jack mostre o caminho. Sem um momento de hesitação, ele organiza a troca planejada com os chineses: o subcircuito por Audrey. É claro que Jack não pode entregar de verdade o componente a Cheng, pois isso comprometeria a capacidade defensiva da Rússia, e o presidente Suvarov não teria outra alternativa além da retaliação contra os Estados Unidos, provocando, em conseqüência, um conflito militar global. Ele também não vai agir como McGill, colocando em risco a vida de muitas pessoas. Absolutamente não. Jack sabe que tem uma habilidade rara.[26] Depois que Audrey for devolvida em segurança, Jack vai se assegurar de que uma quantidade suficiente de explosivo C4 seja detonada, de modo que ele e a placa do subcircuito sejam destruídos.

De certa forma, a sua morte planejada é para todos – todos aqueles que perderiam a vida na devastação militar resultante se Cheng conseguisse a placa do subcircuito. Sem dúvida, Jack tem o dever de impedir que isso aconteça. Porém, isso não esgota as complexidades morais do plano. Pois a intenção principal de Jack é oferecer sua vida como resgate por uma pessoa: Audrey – comprar a salvação dela, resgatando-a da tortura e do aprisionamento nas mãos dos chineses; algo que ele experimentou em primeira mão. O sacrifício por Audrey é gratuito. Ele não deriva nem do Princípio Um por Muitos,[27] nem de algum dever específico que Jack tem para com Audrey. Com certeza Jack afirma: "Audrey Raines estava disposta a

---

25. Marco Aurélio, *Meditations* (Mineola, NY: Dover Publications, 1997).
26. Agradeço a Doug Geivett por ter chamado minha atenção para esse fato.
27. Para os puristas: isso seria uma falácia da divisão. Ainda que eu tenha o dever de sacrificar minha vida por um certo grupo *como um todo*, isso não significa que eu tenha esse dever a *cada parte* daquele todo em si.

dar a vida dela para salvar a minha. Eu não posso, e não farei, menos que isso por ela." Mas essa afirmação é feita a Wayne Palmer, e nada mais é que um exagero dramático com o objetivo de mexer com as emoções do presidente e tirar o subcircuito de seu punho cerrado. A realidade é: Audrey só foi procurar por Jack. Ela não arriscou a vida, liderando um grupo de ataque para salvá-lo da prisão. Jack tem a intenção de cumprir seu dever (para com muitos), mas vai além disso, sacrificando-se para que Audrey (um) possa viver. Em razão de uma inabilidade da UCT, o plano de Jack fracassa e ele é poupado de pagar o alto preço. Na verdade, isso não faz diferença; ele traz a palavra "herói" escrita por todo o corpo.[28]

Líderes do culto religioso Cientologia certa vez descreveram o ator Tom Cruise como seu "Cristo"*. "Como Cristo", eles afirmaram, "Cruise foi criticado por seus pontos de vista".[29] Meu Deus! Todos nós, uma vez ou outra, já fomos criticados por isso. Não é isso que torna alguém parecido com Cristo. É melhor perguntar a si mesmo: Eu já estive disposto a sacrificar minha vida para que outros possam viver? Para que pelo menos uma pessoa possa viver? Lamento. No que diz respeito às respostas para tais perguntas, eu prefiro Jack Bauer a Tom Cruise, a qualquer momento.[30]

---

28. No capítulo escrito por Rob Lawlor, ele argumenta que, como Jack não pôde dar "100% de garantia" de que suas ações seriam bem sucedidas, deveríamos considerá-lo um "passivo" e não um herói. Mas isso me parece muito forte; seria como concluir, por exemplo, que não existem heróis. Pois, se pensarmos a respeito, nenhuma de nossas ações vêm com tal tipo de garantia – pelo menos não à primeira vista. Sempre é possível que algum acontecimento (ainda que improvável) desvie nosso plano de ação.
*N.E.: Sugerimos a leitura de *Paixão de Cristo e a Filosofia,* de Jorge J. E. Gracia, Madras Editora.
29. Emily Smith, "Cruise'is Christ' of Scientology", *The Sun*, 23 de janeiro de 2007.
30. Agradecimentos especiais a Glen Meyer por todas as conversas "sacrificatórias" e a Caroline Davis pelas muitas sugestões úteis quanto aos rascunhos.

## 8:00H - 9:00H

# Verdade e ilusão em *24 Horas*: Jack Bauer, Dionísio no mundo de Apolo

*Stephen Snyder*

É impossível descrever com palavras o que é necessário para aqueles que não sabem o que significa horror. Horror. O horror tem um rosto... E você deve fazer amizade com o horror. Horror e terror moral são seus amigos. Se não forem, então são inimigos temíveis. São verdadeiramente inimigos... Você precisa ter homens que são morais... ao mesmo tempo, que sejam capazes de utilizar seus instintos primários para matar sem sentir... sem compaixão... sem julgamento. Porque é o julgamento que nos derrota.

Coronel Kurtz, *Apocalypse Now*

*Precisamos da mentira* para conquistar esta realidade, esta "verdade", ou seja, para viver. – O fato de que as mentiras são necessárias para a vida é, em si, parte do terrível e questionável caráter da existência.

Friedrich Nietzsche, *A vontade da potência* § 853

Jack Bauer conhece a face do horror, a mentira que é necessária para enfrentar a problemática natureza de nossa existência pós-11/09, na qual a segurança se tornou a maior prioridade nacional. Por um lado, o aparato de segurança destinado a nos proteger do terror não pode se tornar sinônimo desse terror. Por outro lado, há dias, talvez apenas alguns, quando o terror deve ser liberado para a sobrevivência da civilização ocidental. Essas medidas temporárias requerem o sacrifício de uma pessoa que pode agir sem julgar, pois "é o julgamento que nos derrota". Mas essa suspensão provisória de julgamento também constitui uma mentira, uma mentira que se esconde debaixo da superfície do mundo ocidental. A verdade por trás da ilusão – a tortura, o engodo, a aposta da vida de uma pessoa como se fosse uma ficha em um jogo – é o terrível preço que pagamos para levar adiante a ilusão.

Desde o seu início, o relacionamento mercurial entre a verdade e a ilusão é manifesto na trama de *24 Horas*. A primeira fissura aparece no primeiro episódio, quando Richard Walsh informa a Jack uma quebra de segurança detectada dentro da UCT. A quebra pode estar relacionada a um atentado contra a vida do candidato à presidência David Palmer. Se a trama for bem-sucedida, o país será jogado em uma grande confusão. Após anos de um aparente progresso na questão da igualdade racial, o assassinato do candidato afro-americano provocaria uma enorme agitação. Walsh deixa claro que a fonte da violação é desconhecida: Jack é o único em quem ele pode confiar. *Não passe essa informação a ninguém; não deixe que ninguém descubra que você sabe o que aconteceu.* Para descobrir a verdade, a ilusão do *status quo* deve ser mantida: a integridade da UCT – a linha de frente dos Estados Unidos contra o terrorismo – deve parecer intacta. Ao mesmo tempo, os agentes infiltrados ameaçam usar os recursos da unidade contra ela mesma e o povo americano. Como se fosse uma reação auto-imune, os pesos e medidas da UCT operam contra Jack em sua tentativa de reparar o dano. Para impedir que o plano dos infiltradores tenha sucesso, Jack deve driblar os mecanismos burocráticos criados para evitar o abuso do poder conferido ao estabelecimento de segurança.

Assim, ao mesmo tempo em que mantém a ilusão da ordem, Jack inicia um processo de tentativa e erro com o objetivo de purgar a UCT de agentes malignos. As ações de Jack exigem que ele não apenas desrespeite o protocolo da UCT, como também desconsidere muitas regras de humanidade. Jack é o terror por trás da máscara do procedimento – a desumanidade exigida para avançar a humanidade.

## Dualidade

Em *A origem da tragédia,* Friedrich Nietzsche (1844-1900) apresenta a dualidade mítica de Apolo e Dionísio.[31] Apolo é o deus do Sol para Nietzsche, o deus das artes visuais. (Esqueçamos por um momento que

---

31. Ver Julian Young, *Nietzsche's Philosophy of Art* (Cambridge: Cambridge University Press, 1992).

Apolo é geralmente representado segurando uma harpa.) Dionísio é o deus da música e da embriaguez. Apolo representa beleza, mas para Nietzsche esse aspecto de Apolo é manifestado mantendo-se as ilusões da vida. Dionísio é o deus do que não é visto. Em oposição à luz de Apolo, a experiência de Dionísio conduz a pessoa para além da noção do eu e da aparência da individuação. Nietzsche usa a clássica oposição entre Apolo e Dionísio como uma metáfora para as aparências do dia-a-dia e o segredo esquecido que está debaixo da superfície. Sob esse pretexto, as camadas de realidade da verdade e ilusão são expressas em sua filosofia.

Nietzsche articula o dualismo de Dionísio e Apolo de dois modos, metafísica e esteticamente. A malha dessa dualidade é tecida na trama de *24 Horas*. A metáfora para a ilusão de ordem na qual vivemos forma a camada metafísica da série. Os elementos apolíneos representam o sistema superior de apoio, fornecendo à sociedade o mecanismo, e a ilusão, para manter uma vida bem ordenada. Esse sistema propicia aos cidadãos de *24 Horas* a confiança necessária para enfrentar a existência cotidiana. O diretor da UCT, empoleirado em sua sala, acima do restante da equipe, e a instituição da presidência são símbolos do processo destinado a garantir a implementação legítima da política de segurança nacional e a função justa do governo. Apesar de sua presença oficiosa, esses ícones da estrutura apolínea são insuficientes. A crença otimista de que sua ordem tem a chave para a estabilidade duradoura provoca uma falsa sensação de satisfação. Diante de crises que ameaçam a ordem apolínea, a promessa de uma estabilidade duradoura, os processos nos quais depositamos tanta confiança, não podem ser cumpridos em seus próprios termos. Dionísio, manifestado na praticidade bruta de Bauer, rompe as limitações apolíneas, revelando sua ilusão.

A ilusão apolínea, para a cultura americana contemporânea, é manifestada na fé no progresso e nas instituições legitimadas por meio do processo democrático. Essas instituições constituem a espinha dorsal da civilização ocidental, criando um alicerce seguro a partir do qual ela pode avançar. Mas também criam um fundamento moral para nossa cultura. Siga esses procedimentos e o resultado será justo. Entretanto, quando os procedimentos funcionais e morais necessários para manter a lei e a ordem se tornam um obstáculo à sobrevivência institucional, os terríveis atos de Jack Bauer permitem o funcionamento das camadas de burocracia do aparato de segurança. Não há nenhum protocolo, nenhuma lei, que Jack Bauer não quebrará para impedir que o dano aconteça. Mesmo os códigos morais da sociedade ocidental, códigos estimados por Jack, são quebrados para manter o firmamento do mundo ocidental. Com certeza é impossível encontrar uma sociedade bem ordenada na terrível verdade "dionisíaca" de Bauer, porém o modelo apolíneo é inadequado. Sem Bauer, não há nenhuma "ilusão salvadora". Por conseguinte, dentro da estrutura de Apolo, o terror de Dionísio nos salva, ainda que por um curto período de tempo. A lição é não abandonar o papel que Bauer precisa desempenhar em nosso mundo.

A justaposição de Dionísio e Apolo, apresentada por Nietzsche, encontra um paralelo estético na cultura do mito que cerca uma eficaz retratação dramática. Na era pós-11/9, o papel dos agentes da Forças Especiais, incluindo o agente sob disfarce, tem uma presença tangível na imaginação popular. Essa faceta da cultura do mito fornece o ingrediente necessário que faz com que o drama se torne real para o espectador. Nos 24 episódios de cada temporada, o desdobramento da trama de *24 Horas* leva o telespectador, com seu consentimento, a um mundo de suspense, medo e talvez à aceitação de que atos horríveis precisam ser praticados para a nossa salvação.

## O mundo das aparências

Apolo, o deus sol, é oposto a Dionísio como o deus que dispersa a escuridão. É Apolo quem traz clareza de pensamento por meio da expulsão daquilo que é irracional.[32] Nesse sentido, os aparatos de segurança da UCT e do mundo ocidental significam a ilusão apolínea: a aparência de segurança e confiança. A confiança nas instituições que nos protegem. Sem elas, seria impossível o progresso da sociedade, pois o medo e a desconfiança marcariam cada um de nossos passos.[33] Mas como observou Nietzsche, existe um otimismo nessa aparência que nos levará ao declínio, pois a promessa não pode ser cumprida em seus próprios termos. Quando o sistema da aparência e a ilusão da eficácia da lei e da ordem são ameaçados, Jack é chamado para corrigir o sistema. O sistema da ordem não pode funcionar sem Bauer, porém não pode abertamente reconhecer a necessidade dos serviços dele. Considere, por exemplo, a decisão do vice-presidente Daniel de não processar Karen Hayes e Bill Buchanan por desobedecerem às suas ordens na conclusão da sexta temporada. O processo contra eles mostraria ao público a fraqueza da presidência em um momento de crise, pois a desobediência deles permitiu a Jack, mais uma vez, evitar uma catástrofe. A claridade de Apolo não poderia existir sem as contradições escuras manifestadas em Dionísio. Todavia, ao mesmo tempo, o reconhecimento das contradições dissiparia a claridade. A segunda temporada começa com a declaração torturada de Jason Park: "Hoje". A mensagem é passada a NSA: hoje, terroristas planejam detonar um dispositivo nuclear em território americano. Essa informação é vital; as vidas de dezenas de milhares de

---

32. Ver Carl Kerènyi, *Dionysos: Archetypal Image of Indestructible Life*, traduzido para o inglês por Ralph Manheim (Princeton: Princeton University Press, 1976).
33. A questão sobre se é possível confiar em algum personagem no mundo de *24 Horas* é abordada no capítulo escrito por Eric M. Rovie.

americanos dependem dela. Nenhum conjunto de procedimentos que governa um povo negaria que obter essa informação é essencial. Mas aqui está a contradição, pois os procedimentos desautorizariam o método de obtenção. Jack Bauer consegue pistas e fatos vitais à missão da UCT, porém os métodos obscuros empregados por ele não podem ser reconhecidos na especiosa luz da aparência.

## Jack como Dionísio

Dionísio é geralmente conhecido como o deus do vinho, uma figura elusiva, associada à embriaguez. Exceto pelo caráter elusivo, Jack Bauer não poderia estar mais distante dessa figura báquica.[34] Mas essa é apenas uma face de Dionísio. As mais antigas manifestações desse deus o compararam a Hades, o deus do submundo.[35] Dionísio regia a escuridão, enquanto Apolo, o deus sol, tinha o domínio sobre a luz. Mas o relacionamento de Dionísio com Apolo não é mutuamente exclusivo, pois Dionísio representa a vida que nasce da escuridão. Dionísio era o deus das colheitas; um sacrifício oferecido a ele garantia a colheita do ano seguinte. O poder de embriaguez de Dionísio, embora às vezes associado à simples bebedeira, em um sentido mais profundo é ligado a seus poderes de liberação extática. Por fim, Dionísio era um deus que lançava sua ira sobre aqueles que se recusavam a reconhecer seu poder divino, pois ele nascera de Zeus e uma mulher mortal. Por isso, alguns não aceitavam sua divindade e sofriam as terríveis conseqüências.

Zeus colocou Dionísio no trono quando este ainda era uma criança, provocando o ciúme em sua mulher Hera.[36] Ela ordenou aos Titãs que matassem Dionísio, e eles obedeceram. Quando os Titãs perseguiam o menino Dionísio, ele os enganou mudando de forma várias vezes. A última assumida foi a de um Touro. Nessa forma mortal, o deus menino foi dilacerado (GB, 451). Zeus salvou Dionísio guardando uma parte do corpo da criança, que, segundo alguns relatos, ele regenerou costurando-a na própria virilha. A ressurreição, que se seguiu ao horrível esquartejamento de seu corpo, faz de Dionísio um símbolo da indestrutibilidade da vida. Essa noção de Dionísio como uma força invencível da natureza, um deus que assume a

---

34. Na terceira temporada, Jack sucumbe ao vício da heroína enquanto opera sob disfarce com os Salazar. Jack supera o problema, mas seu vício se torna uma metáfora dentro de uma metáfora, pois fica evidente que ele usou a heroína para disfarçar a dor que sentia pela perda da mulher.
35. Carl Kerényi, *The Religion of the Greeks and Romans*, traduzido para o inglês por Christopher Holmes (New York: E. P. Dutton, 1962). Essa obra será referida como RGR.
36. George Frazer, *The Golden Bough: A Study in Magic and Religion* (New York: MacMillan, 1951). Essa obra será referida aqui como GB.

forma mortal, capaz de libertar uma pessoa ou praticar horríveis atos de vingança, pode ser vista no personagem de Jack Bauer.

## Por que um deus?

*Bauer é apenas um agente cumprindo seu dever; ele age de acordo com o bem maior para o maior número de pessoas.* Em quantos episódios essa declaração utilitarista é evocada? Se não praticarmos esse ato de tortura, se não suspendermos esses direitos, quantas mortes resultarão de uma explosão nuclear, da fundição de uma usina nuclear, da liberação do gás nervoso ou de uma arma biológica? A lógica é fria e clara: a dor e injustiça infligidas em poucos não podem ficar no caminho das dezenas de milhares de vidas que poderiam ser salvas. A lógica utilitarista, no entanto, é apenas o pano de fundo de *24 Horas*. Ela apresenta as trágicas colisões clássicas entre níveis conflitantes de obrigação social. Bauer está no centro dessas colisões. Suas ações e decisões são o seu sacrifício, cujo peso, com o passar dos anos, se faz sentir. Em nenhum momento isso é mais evidente do que na condição e comportamento de Jack quando retorna da prisão na China. Os sinais de tortura física são visíveis. As mãos dele trazem as cicatrizes das queimaduras. Percebemos, porém, que, embora o corpo de Jack tenha sido torturado, sua psique também ficou profundamente marcada, tanto pela tortura infligida por Cheng quanto pela reflexão sobre seus próprios atos realizados a serviço do Estado.

## Sacrifício

Um pouco antes que os Titãs despedaçassem o corpo de Dionísio, Zeus havia colocado o menino no trono. Isso, segundo algumas explicações, foi um gesto simbólico feito antes da morte de um rei menino, que foi sacrificado no lugar do pai (GB, 451). Assim, Jack é colocado no trono e recebe o poder de um deus. Mas por suas ações é sacrificado, pois, embora o sistema apolíneo precise de Jack para ser bem-sucedido, aqueles que controlam as burocracias não hesitam em renunciar a ele no esforço de manter a aparência da ordem.

A tarefa de Jack é sobre-humana, porém sua forma permanece humana, e as ações por ele praticadas, que servem para unificar a ilusão do Estado, vagarosamente destroem sua humanidade. A primeira temporada começa com um choque de deveres. Agentes subversivos mantêm a mulher e a filha de Jack como reféns. Elas não serão soltas a menos que Jack os ajude no assassinato de David Palmer. Bauer precisa, ao mesmo tempo, trabalhar com os assassinos, salvar sua família e cumprir seu dever para com o Estado. O assassinato é evitado e a família de Jack por pouco é salva. A internalização desses papéis opostos fazem com que a mulher e a filha questionem a capacidade do agente como pai e marido. Nos momentos finais da primeira temporada, Nina Myers, ex-amante de Jack e até então a agente em quem ele mais confiava, mata a mulher dele. O sacrifício está feito; o mundo ocidental está salvo por mais uma temporada, mas Jack pagou o preço.

Quando a segunda temporada começa, Bauer está inativo por 18 meses, incapaz de lidar com a perda exigida por seu sacrifício. De volta ao trabalho, entretanto, ele mais uma vez invoca a escuridão de Dionísio. Um grupo chamado Second Wave [Segunda Onda] está de posse de uma arma nuclear, que planeja detonar em Los Angeles. Seguindo uma pista, Jack interroga a testemunha federal Marshall Goren. Enquanto o diretor da UCT, George Mason, assiste horrorizado à cena, Jack atira em Goren e pede a Mason que lhe traga uma serra. Depois, corta a cabeça de Goren, colocando-a em uma mochila. A "cabeça na mochila" é a passagem de Jack para o círculo interno daqueles que coordenam o Second Wave. A cabeça de Marshall Goren é um presente para o homem contra quem Goren teria testemunhado. O julgamento moral encobre a razão. Com o uso da força, Jack é capaz de dar a UCT as pistas necessárias, o que seria impossível com o uso de outros meios. Sem espaço para o otimismo, Jack possui a clareza de examinar os fatos brutais da situação. Seguir o protocolo da UCT não lhes daria nenhuma pista quanto à localização da arma nuclear. A UCT precisava da lógica escura de Jack. Contudo, a instituição jamais pode perdoar Jack por sua habilidade em trazer clareza de ação às situações presentes. O sucesso obtido lhe custa o apoio daqueles que dirigem o aparato de segurança quando não há mais crise. As expectativas da instituição são direcionadas a manter a ilusão cotidiana; porém, como burocratas, eles não podem aceitar medidas que vão além das regras padrão do jogo, ainda que essas medidas sejam a razão de sua existência. Por isso, várias vezes a vida de Jack se torna objeto de troca. Na segunda temporada, o presidente David Palmer dá garantias antecipadas de imunidade à Nina Myers pelo assassinato de Jack, em troca da promessa de ajudar a UCT a encontrar o dispositivo nuclear que ameaça Los Angeles. Na sexta temporada, a liberdade de Jack é comprada dos chineses pelo presidente Wayne Palmer, para jogar o agente nas mãos dos terroristas, e ser torturado e morto, pela promessa de troca por Assad, um dos terroristas mais famosos do mundo.

Touros eram com freqüência oferecidos em sacrifício a Dionísio porque ele havia assumido essa forma quando os Titãs o mataram. Retornando às formas mais arcaicas do ritual grego, Dionísio apareceria na forma mortal do "Touro-filho" (RGR, 69). Em um ato profano de assassinato, o deus manifesto como touro seria sacrificado. O ritual de *Bouphonia* era realizado para garantir que a colheita não seria destruída pela seca. O sacrifício do touro era visto como uma necessidade religiosa. Mas matar o touro sagrado também era considerado um assassinato. Portanto, seguia-se um julgamento ritual, presidido pelo rei. Durante esse pretenso julgamento, estabelecia-se uma cadeia de culpa. A culpa passava daqueles que afiaram os instrumentos de morte para as donzelas que os entregaram, depois aos executores que de fato usaram a faca e o machado para matar o touro. No fim, a culpa passava para os instrumentos de morte. O machado era exonerado; a faca era considerada culpada e atirada ao mar (GB, 540). De forma análoga, Jack é sacrificado para evitar um desastre. Todos os presidentes sancionam os atos profanos, culpando a faca, por assim dizer, pois a situação que exige o sacrifício de Jack está além do controle de qualquer indivíduo.

## Ressurreição

Jack, a força da natureza, renasce da morte. Perseguido pelos partidários e elementos remanescentes da unidade Coral Snake, Jack é subjugado e pendurado pelas mãos. Na famosa posição de Marsyas, que foi esfolado por Apolo por perder um desafio,[37] Jack é esfolado por Stark, um agente de uma poderosa coalizão que pretende iniciar uma guerra no Oriente Médio para lucrar com o aumento do preço do petróleo do mar Cáspio. A guerra seria instigada com base em evidências fabricadas – uma série de chamadas gravadas ligando a explosão de um dispositivo nuclear no território americano a três governos do Oriente Médio. Um *chip*, de posse de agentes que trabalhavam com Jack, continha as evidências de como as chamadas foram forjadas. Encontrar o *chip* exporia a ilusão usada para justificar a guerra. Jack é torturado e, no processo, seu coração pára. Com o objetivo de recuperar o *chip*, os captores o ressuscitam. O retorno dele ao mundo dos vivos permite que Jack impeça o choque criado por aqueles que lucrariam com uma guerra fundada em uma mentira.

Existe uma série de coincidências traçando um paralelo entre o personagem de Jack Bauer e o mito de Dionísio. Talvez os autores de *24 Horas* tenham lido os mitos gregos. E daí? A resposta é encontrada na perspectiva estética mais praticamente orientada, empregada na analogia de Nietzsche de Apolo e Dionísio. O tema da verdade e ilusão domina *24 Horas*. Segundo Nietzsche, ele deveria dominar nossas vidas. Se isso não acontecer, nós assimilaremos, de modo falso, uma pela outra, deixando suspeita nossa visão de realidade, manifestando o especioso otimismo que leva ao desespero. Nietzsche escreve que os gregos pré-socráticos reconhe-

---

37. Segundo a lenda, Marsyas encontrou uma flauta feita por Atena. Atena não gostou de sua criação e se desfez dela. Marsyas tocou o instrumento com tanta habilidade que desafiou Apolo para um concurso musical, apostando que conseguia tocar melhor a flauta do que Apolo a harpa. O primeiro *round* do desafio terminou em empate, mas Apolo pediu um segundo. Dessa vez, Apolo tocou a harpa de cabeça para baixo, um feito que Marsyas não pôde repetir. A aposta permitia ao vencedor tratar o perdedor da maneira que quisesse. Apolo escolheu amarrar Marsyas em uma árvore e esfolá-lo vivo. A história da aposta desfavorável de Marsyas é vista como um símbolo da oposição entre Apolo e Dionísio.

ciam o terrível dualismo na malha do Universo. O terror dionisíaco que espreitava sob a superfície da existência não podia ser confrontado diretamente, mas podia ser vislumbrado através do véu da arte apolínea. Seu mero reconhecimento amenizaria o otimismo de Apolo o suficiente para tornar o mito viável como um guia sobre como viver. A trama da tragédia, a eficaz obra de arte, deve refletir o cerne do dualismo metafísico do mundo. Mas para apresentar esse dualismo eficazmente, a trama deve ter um meio para mostrar os elementos dionisíacos.

Para Nietzsche, deve existir uma cultura do mito suficientemente real para o público, de modo que tal trama dramática possa se tornar a realidade do espectador. O medo gerado pelos ataques de 11/9 e sua politização criaram um solo fértil para um novo mito. Os agentes do "bem", que devem de maneira altruísta fazer o que for necessário para impedir as intenções odiosas dos terroristas, são os protagonistas ideais desse novo mito.

## Terror

O terror impregna a trama de *24 Horas*. Embora a UCT busque realizar seus objetivos, os métodos dos terroristas se tornam os empregados pela UCT: os meios de uns são os meios da outra. Isso se torna explícito quando Stephen Saunders, um agente britânico do MI-6, considerado morto, reaparece, ameaçando liberar o mortal vírus Cordilla nas cidades mais populosas dos Estados Unidos se suas exigências não forem atendidas. Saunders quer a lista de estrangeiros que trabalham para os Estados Unidos como agentes disfarçados. A publicação dessa lista devastaria a rede de inteligência do país, deixando-o sem defesa contra a espionagem. Tendo enfrentado o trauma do seqüestro de sua família, Jack comanda o seqüestro da filha de Saunders, ameaçando expô-la ao vírus Cordilla se Saunders não revelar a localização do último recipiente do gás mortal. Saunders concorda, mas o ato coercitivo, quando empregado pelos terroristas, é odioso. A mesma ação, praticada pela UCT, é para o bem maior.

A verdade e a ilusão em *24 Horas* dependem de informações. A tortura é usada para conseguir a verdade. De acordo com os mitos da Antiguidade, o poder de enxergar a verdade era obtido violando-se uma lei fundamental. A natureza revela seus segredos por meio de sua violação. A quebra das regras da natureza revoga as leis da natureza. Nietzsche argumenta que a "sabedoria dionisíaca... é um crime abominável contra a natureza; que qualquer pessoa que, pelo próprio conhecimento, joga a natureza no abismo da destruição, deve vivenciar em si mesma a dissolução da natureza".[38] Em *24 Horas*, quebrar as leis fundamentais de nosso país, violar

---

38. Friedrich Nietzsche, *The Birth of Tragedy: Out of the Spirit of Music*, traduzido para o inglês por Shaun Whiteside (New York: Penguin Books, 1993) [Este livro foi publicado em português sob o título *A Origem da Tragédia – Proveniente do Espírito da Música* pela Madras Editora].

os direitos individuais de uma maneira compatível com os próprios demônios que a UCT procura exorcizar, constitui a versão americana contemporânea desse mito obscuro: um preço que precisa ser pago para a verdade da sobrevivência.

Muitos dos fãs de *24 Horas* têm horror à tortura. Alguns argumentariam que o uso dela destrói os padrões morais da América e sua autoridade como uma força moral nas questões mundiais. Além disso, a maioria dos especialistas concorda que ela não fornece informações confiáveis. Então, por que praticá-la? A resposta a essa pergunta, no que diz respeito à política, vai além do objetivo deste capítulo e afirmo que é irrelevante para a trama de *24 Horas*. Na série, o uso do terror não deve ser considerado um endosso político à tortura. O terror é uma arma dramática empregada para tornar a trama real. O fato de que *24 Horas* atrai uma audiência devotada, originária de todo o espectro político, confirma essa afirmação. Se o terror tivesse sido usado para propósitos políticos explícitos, não teria sido um elemento eficaz do enredo. Se o público segue Jack quando ele emprega a tortura pela primeira vez, ainda que considere tal ato repugnante, então seguirá o enredo praticamente a qualquer lugar. Os fãs aceitarão até a possibilidade de Jack cruzar Los Angeles de carro em três minutos.

O terror é o elo entre a essência metafísica ou simbólica do mundo e a estética do teatral. Ele torna o enredo realista sem ser real. O formato dramático de *24 Horas* dá aos espectadores um vislumbre do terror dionisíaco, sem sua experiência direta. É isso que dá força a uma grande trama. É também o que dá ao mito, ao drama e à arte a força de transmitir uma verdade impossível de ser racionalmente expressa.

Apenas através do véu dramático podemos enxergar com segurança o terror destruidor de Dionísio. Apenas na tragédia – e *24 Horas* é uma tragédia, pois Bauer é uma figura trágica – podemos apreciar a destruição do indivíduo. Os atos de Jack não são utilitaristas; são uma forma de altruísmo. Quase sempre pensamos em altruísmo como uma doação desprovida de egoísmo, como as ações de São Francisco, uma renúncia ao interesse próprio e um ato de caridade para com os outros. Arthur Schopenhauer (1788-1860) viu a resposta à pobreza metafísica do Universo no altruísmo – uma negação ascética do individual, uma abnegação que driblaria as motivações contraditórias da *Vontade* por meio de sua renúncia. Nietzsche não era tão sanguinário no que toca à abnegação. Recuar à força os limites da individualidade pode gerar uma "poção mágica" de horrores. A negação dionisíaca da individualidade é como um veneno que é parte de um remédio. Uma quantidade muito grande pode matar; o suficiente trará a cura. Assim, no palco da tragédia, Jack sacrifica sua individualidade e age de acordo com a *Vontade* primária do mundo ocidental, *sem julgamento*, para trazer a redenção para a hora, o dia ou a temporada seguinte.

As conquistas de Jack no mundo da contra-espionagem são correspondidas por uma maldição no reino dos relacionamentos. Audrey Raines, a ex-amante de Bauer, e que se acreditava estar morta, reaparece na sexta temporada. Procurando por Jack na China, ela foi aprisionada e sofreu uma lesão psicológica. Reconhecendo os sintomas, Jack sente que é imperativo ajudar a única pessoa que se sacrificou por ele. Mas quando o pai de Raines, o secretário de defesa Heller, chega a UCT para tomar conta da filha, ele ordena a Jack que jamais procure Audrey novamente: "Você é amaldiçoado, Jack. Tudo o que você toca, de um jeito ou de outro, morre." Como o toque de Midas, o número de mortes que Bauer acumulou durante seu serviço ao Estado é irredimível no mundo dos relacionamentos interpessoais. Quando a sexta temporada termina, Jack aponta uma arma para Heller, exigindo: "Quero minha vida de volta". Heller fala a inexorável verdade: Jack jamais poderá retornar à vida de um mero mortal, pois cruzou uma linha de onde não há retorno. Tudo o que sempre fez foi servir a Heller e às pessoas como ele. Jack Bauer vive como o salvador do Estado, mas, como homem, ele não tem futuro.

A crença na ilusão de que o sistema prevaleceu, que o bem triunfou sobre o mal, repousa no sacrifício de Jack. O peso do mundo está totalmente sobre seus ombros e, como Atlas, ele não estremece. Sem julgamento, Bauer "faz do terror mortal um amigo", para impedir que se torne um inimigo ainda pior. Nessa atuação, Jack sacrifica o que existe de mais humano: a oportunidade de amar, de ter uma família e amigos. Mas este é o super-herói sombrio que se faz necessário na sociedade pós-moderna. A segurança de um super-homem à prova de balas, que representa o melhor da humanidade, não captura a imaginação de uma cultura pós-metafísica que precisa da ilusão dionisíaca para vislumbrar a terrível verdade da existência.

# 9:00H – 10:00H

# O SALÃO OVAL E OS CORREDORES DO PODER

# 9:00H - 10:00H

# O presidente Palmer e a invasão da China: o início de uma guerra justa?

*Jennifer Hart Weed*

O dia 11 de setembro de 2001 provocou medo no coração dos americanos por todo o mundo. A destruição das torres gêmeas do World Trade Center por terroristas anunciava uma nova era na história da humanidade – uma era marcada por debates concernentes à justiça da "guerra contra o terror" e os modos como os Estados Unidos e seus aliados deveriam prevenir outros ataques. Enquanto esses debates ocorrem no mundo real, discussões semelhantes acontecem no "tempo real" de *24 Horas*. Embora seja comum ouvir falar da justiça ou injustiça da guerra (ou das guerras) contra o terror tanto na série quanto no mundo real, as particularidades do que tornaria uma guerra justa não são discutidas de modo geral. Neste capítulo, discutiremos as condições da teoria da guerra justa e as aplicaremos à invasão secreta, e não oficial, do consulado chinês na quarta temporada da série, para determinar se a ordem do ex-presidente David Palmer de invadir o consulado foi ou não o começo de uma guerra justa.

## A invasão do consulado chinês

Na quarta temporada, um terrorista chamado Habib Marwan rouba o dispositivo nuclear que contém a localização e os códigos para todas as armas no arsenal nuclear americano, derrubando o Air Force One e ferindo o presidente Keeler no processo. Em razão dos graves ferimentos de Keeler, o vice-presidente Logan assume como substituto. Logan, por fim, percebe que não está suficientemente equipado para lidar com todas as crises que se desencadeiam no decorrer do dia e, por isso, convoca o ex-presidente David Palmer para agir como conselheiro, apenas até a solução das crises.

À medida que a quarta temporada se desenrola, é revelado que Marwan obteve o controle de uma ogiva nuclear, que ele reprogramará para atacar uma cidade americana. Jack Bauer diz a Palmer que a única chance de salvar o país de uma bomba nuclear é encontrar Lee Jong – um cidadão chinês que vive em Los Angeles – e interrogá-lo sobre o paradeiro de Marwan. Lee é localizado no consulado chinês em Los Angeles. Então, Palmer telefona ao cônsul solicitando que Lee seja entregue aos Estados Unidos para interrogatório. Se as suspeitas de uma ligação entre Marwan e Lee forem verdadeiras, então Lee é culpado de ajudar terroristas nos Estados Unidos e estaria sujeito à prisão e processo. O cônsul se recusa a entregar Lee sem uma autorização do embaixador, que está inacessível. O cônsul também questiona a natureza da evidência apresentada para ligar Lee a Marwan. Como o tempo é essencial, como sempre acontece em *24 Horas*, Palmer autoriza uma ação disfarçada na qual agentes da UCT, liderados por Jack, invadem o consulado e seqüestram Lee. Infelizmente o cônsul é ferido e morto por um de seus próprios homens durante a invasão. Lee também é ferido, mas sobrevive.

Como o consulado chinês é considerado território chinês, Palmer na verdade autorizou uma invasão à China. Ainda que nenhum tiro tenha sido disparado pela UCT, as ações da agência constituíram uma agressão militar que violou os limites e a soberania do território chinês. Embora Palmer e a UCT neguem qualquer envolvimento com a invasão, eles admitem (hipoteticamente) que, se praticada por agentes americanos, ela representaria um ato de guerra. Ao fazer isso, invocam o entendimento do senso comum segundo o qual a violação do território de um país por uma força estrangeira é um ato de agressão, o que por sua vez é um ato de guerra.[39] Portanto, como a invasão do consulado por parte de agentes da UCT foi um ato de guerra, podemos perguntar se foi justo.

## A teoria da guerra justa: a história de dois "Tomás"

A teoria da guerra justa tem suas raízes no pensamento clássico e medieval. Uma das figuras-chave dessa tradição, São Tomás de Aquino (1225-1274), pergunta em sua *Summa theologiae* se é sempre pecaminoso provocar uma guerra. Fazendo a pergunta dessa forma, Aquino reconhece que muitos cristãos presumem que o cristianismo *requer* um comprometimento com o pacifismo. Aquino concorda que pelo menos

---

39. Michael Walzer, *Just and Unjust War* (New York: Basic Books, 1977).

alguns casos de guerra são pecaminosos, mas ele argumenta que nem sempre é um pecado deflagrar uma guerra; algumas guerras são justas. Para que uma guerra seja justa, contudo, as três condições escritas abaixo devem ser preenchidas:

1. A soberania ou o líder do grupo que deflagrará a guerra deve ter autoridade para isso.[40]
2. A guerra deve ser provocada por uma causa justa, ou seja, "aqueles que são atacados devem ser atacados porque de alguma forma merecem isso" (Aquino, IIa-IIae.40.1).
3. Aqueles que deflagram a guerra devem ter a intenção correta, ou seja, eles devem ter como objetivo expandir o bem ou evitar o mal, ou ambas as coisas (Aquino, IIa-IIae.40.1).

Muitas discussões contemporâneas a respeito da guerra incluem uma quarta condição, que Thomas Hurka descreve da seguinte maneira:

4. A destruição causada pela guerra deve ser proporcional ao bem relevante que a guerra trará.[41]

Embora Aquino não inclua a condição de proporcionalidade na discussão, ele a teria aprovado porque ela está de acordo com seu compromisso com a justiça e o avanço do bem.

Desse modo, vista como um todo, se a guerra violar qualquer uma das quatro condições, ela é injusta (Hurka, 35). Todavia, uma guerra pode ser mais ou menos injusta, e assim é útil lembrar que algumas guerras injustas podem ser melhores que outras – ponto que será relevante para nossa discussão acerca da invasão do consulado chinês.

Hurka aponta um raciocínio adicional que aparece na tradição da guerra justa, com respeito à condição de proporcionalidade: a diferença entre *jus ad bellum* e *jus in bello*. *Jus ad bellum* refere-se ao "recurso à guerra", e leva em consideração a justiça de entrar em guerra (35). *Jus in bello* refere-se aos "meios usados para deflagrar a guerra", e leva em consideração a justiça na deflagração da guerra (35). Assim, em referência à quarta condição, deve-se considerar a proporção dos bens e males relevantes tanto no ato de recorrer à guerra quanto na sua provocação. Por exemplo, no que toca ao *jus ad bellum*, um Estado não deve entrar em guerra para promover bens que poderiam ser obtidos por meio da diplomacia (37). O presidente David Palmer deu uma atenção considerável a essa condição

---

40. São Tomás de Aquino, *Summa theologiae*, traduzida para o inglês pelos Padres da Província Dominicana Inglesa (Notre Dame, IN: Ave Maria Press, 1948).
41. Thomas Hurka, "Proportionality and the Morality of War", em *Philosophy and Public Affairs* 33 (2005).

tanto na segunda quanto na terceira temporada, pois se envolveu em discussões diplomáticas em uma tentativa de evitar o conflito armado com outras nações. Ignorar ou evitar soluções diplomáticas na pressa para entrar em guerra significaria violar a condição de proporcionalidade e, por conseguinte, uma guerra provocada nessas circunstâncias não seria justa. Em contraste, a condição de proporcionalidade no que toca ao *jus in bello*, por exemplo, militaria contra o uso de armas nucleares quando armas convencionais poderiam ser usadas com eficácia em uma guerra, porque a destruição causada pelas primeiras supera em muito a causada pelas últimas, sem gerar um bem de mesmo valor. Por isso, o uso de um dispositivo nuclear por parte de Marwan, na quarta temporada, e o uso de múltiplos dispositivos nucleares por parte dos russos, na sexta temporada, violariam a condição de proporcionalidade no que diz respeito ao *jus in bello*. Nos dois casos, não havia razões para recorrer às "armas nucleares" como primeira opção quando as armas convencionais estão disponíveis e são eficazes.

## Condição 1: o ex-presidente David Palmer e a invasão da China

Agora que vimos as quatro condições de uma guerra justa, podemos aplicá-las à invasão do consulado chinês na quarta temporada. Lembremos da primeira condição:

1. A soberania ou o líder do grupo que deflagrará a guerra deve ter autoridade para isso (Aquino, IIa-IIae.40.1).

A primeira condição de Tomás de Aquino ressalta que uma guerra justa é provocada por um chefe de Estado ou um grupo de pessoas que desempenha a função de chefe de Estado. Guerras justas não podem ser iniciadas por cidadãos particulares, servidores civis ou desprezíveis membros da Divisão, como Ryan Chappelle. Na quarta temporada, o ex-presidente Palmer ordena a invasão, mas ele não é o chefe de Estado naquele momento. Embora ele tenha sido chamado por Logan para agir como conselheiro especial, Palmer recebe autoridade limitada sobre os esforços para combater o terrorismo. Ele não foi autorizado pelo Congresso a iniciar uma guerra contra os chineses, nem a invadir a China. Ainda que concordemos com o argumento de Jack de que a invasão foi necessária para impedir um holocausto nuclear em solo americano, as ações de Palmer não preenchem a primeira condição de uma guerra justa. O ex-presidente não tinha autoridade para envolver os Estados Unidos em uma guerra contra a China, nem para ordenar um ato de agressão contra esse país.

E quanto ao verdadeiro chefe de Estado, o presidente Logan? Logan parece ser a causa final dessa guerra injusta porque era dele a responsabilidade de lidar com a crise do terrorismo, ou então renunciar. Ele era o único que poderia ter autorizado a invasão do consulado chinês, depois de passar pelos canais políticos apropriados.

Todos nós aplaudimos quando Logan nomeou Palmer conselheiro, porque Logan não tinha as habilidades para tomar decisões nem as qualidades de liderança. Ele deve ser apontado como o verdadeiro responsável pela guerra injusta.

Aqueles que são partidários da abordagem "o mal menor" na política argumentariam que um Estado democrático é justificado em praticar ou permitir alguns atos maus para impedir que aconteça um mal ainda maior.[42] Essa é precisamente a linha de pensamento seguida com freqüência por Palmer e Jack. É possível argumentar que Palmer está justificado em quebrar algumas regras e condições para proteger o povo americano, mas ainda não podemos considerar essa invasão uma guerra justa. Qualquer justificação dos atos de Palmer deve admitir isso. Como a primeira condição para uma guerra justa não foi preenchida, a invasão de Palmer não foi parte de uma guerra justa. Contudo, ainda é útil analisar as outras três condições para determinar *quão injusta* foi a invasão. Como Hurka explica, guerras injustas podem ser deflagradas por motivos mais ou menos justos (35).

## Condição 2: a causa justa

2. A guerra deve ser provocada por uma causa justa, ou seja, "aqueles que são atacados devem ser atacados porque de alguma forma merecem isso" (Aquino, IIa-IIae.40.1).

Segundo essa condição, a guerra justa deve ser deflagrada por uma razão justa. Assim, aqueles contra quem a guerra é iniciada devem, de alguma forma, merecê-la. Os exemplos mais comuns de causa justa para uma guerra incluem a resistência à agressão (que pode incluir a invasão), a reação a uma ameaça que incluiria uma "intenção manifesta de ferir" e uma situação na qual deixar de praticar o ato aumenta o risco de ferimento (Walzer, 80, 81).

Como sabemos, Palmer e Jack afirmariam que a invasão foi justificada porque os chineses estavam abrigando um terrorista, que era um co-conspirador de um grupo terrorista que planejava um ataque iminente aos Estados Unidos. Abrigar Lee Jong seria análogo a permitir a existência de campos de treinamento de terroristas dentro das fronteiras de outro país. A decisão da China de proteger uma pessoa com ligações terroristas parece fornecer o fundamento para uma ação agressiva, mas apenas depois de se esgotarem as soluções diplomáticas. Palmer reconhece isso, e por essa razão tenta persuadir o cônsul a entregar Lee voluntariamente.

---

42. Por exemplo, ver Michael Ignatieff, *The Lesser Evil: Political Ethics in an Age of Terror* (Edinburgh: Edinburgh University Press, 2005).

Mas o cônsul resiste, questionando a validade da evidência apresentada para demonstrar a ligação de Lee com Marwan, e reafirmando a soberania chinesa sobre os cidadãos em seu território. O cônsul poderia ter oferecido uma solução diplomática, sugerindo que Lee fosse interrogado no consulado por agentes chineses ou americanos. Ainda que ele invocasse a imunidade diplomática para Lee, que não era membro da equipe do consulado, esperava-se a cooperação do governo chinês com os americanos na investigação dos crimes de Lee. Mas os chineses não estavam dispostos a concordar com uma solução diplomática para o conflito; não cooperaram nem em um nível mínimo.

Esgotadas as soluções diplomáticas, Palmer coloca na balança o respeito pela soberania chinesa contra a iminente explosão de uma bomba nuclear nos Estados Unidos, decidindo agir de modo agressivo com o propósito de preservar vidas americanas. Ele conclui que as vidas daqueles que vivem no território americano, incluindo cidadãos e não-cidadãos, têm mais peso que os direitos civis de um cidadão chinês e o respeito à soberania da China. Com base na exigência da condição de causa justa, parece que a ameaça representada por Marwan e Lee a satisfaz.

Como aponta Michael Ignatieff, quando alguém é ameaçado por terroristas, deve agir de modo que equilibre todo um conjunto de importantes valores e princípios éticos, como segurança nacional, respeito pelas pessoas, relações internacionais, etc. (9). Mas se a nação não sobreviver, então todos esses valores e princípios são perdidos. Portanto, a preservação de uma nação, junto com seus valores, é algo que merece ser defendido (10-11). Michael Walzer argumenta de modo explícito que o uso de armas nucleares "explode" a teoria da guerra justa, porque coloca a nação sob "as regras da necessidade" em vez das regras da guerra justa (252-253). Em outras palavras, o líder de um Estado sob a ameaça iminente de um ataque nuclear estaria justificado em reagir a esse perigo que está além de qualquer proporcionalidade. No cenário de *24 Horas*, diante da falta da cooperação chinesa com uma solução diplomática, Palmer decidiu reagir à ameaça nuclear iminente à custa da soberania chinesa. Ao fazer isso, ele preenche a segunda condição da guerra justa.

## Condição 3: a intenção justa

3. Aqueles que deflagram a guerra devem ter a intenção correta, ou seja, eles devem ter como objetivo expandir o bem ou evitar o mal, ou ambas as coisas (Aquino, IIa-IIae.40.1).

A terceira condição para a guerra justa afirma que a guerra deve ter um resultado desejado que seja justo; que promova o bem, ou limite o mal, ou ambos. Isso parece muito simples, mas, na verdade, é bem complicado. É fácil pensar que estamos do lado do bem, porém é muito mais difícil estar de fato do lado do bem.[43] É possível cometer um erro quanto ao lado em que estamos, especialmente diante das situações apresentadas em *24 Horas*, onde existem agentes infiltrados, agentes triplos, intrigas políticas na Casa Branca, chantagens, etc. Além do mais, é possível ter uma correta intenção, como desarmar terroristas injustos, mas ignorar uma informação crucial como o fato de que o presidente Logan está envolvido no apoio ao terrorismo com o propósito de manufaturar um conflito.

Na quarta temporada, a intenção declarada de Palmer é seqüestrar Lee Jong e retirá-lo do consulado desarmado. Palmer não planejava ferir nenhum cidadão chinês no consulado, nem causar danos a este. Na verdade, Jack ordenou que seus agentes não disparassem suas armas, e eles não dispararam. O cônsul e Lee foram feridos por seguranças chineses durante a luta. A intenção de Palmer parece ser boa, pois o objetivo da operação é interrogar Lee para descobrir o que ele sabe a respeito de Marwan e da localização do dispositivo nuclear. Ele não intenciona gerar um longo conflito com a China; ele não deseja matar Lee. O objetivo final de Palmer é evitar a explosão de um dispositivo nuclear em território americano, o que, potencialmente, mataria a todos no consulado chinês, inclusive Lee, além de muitas outras pessoas dentro do raio de ação da arma. Assim, é possível afirmar que Palmer tenciona salvar as vidas dos cidadãos chineses que vivem no consulado e também as vidas dos americanos e não-americanos que vivem na área a ser atingida pela explosão. Essas intenções parecem justas, preenchendo a terceira condição. Uma demonstração assustadora do que poderia ter acontecido se o dispositivo tivesse sido detonado ocorre na sexta temporada, quando uma arma é detonada em Valencia, Califórnia. Prédios explodem, um helicóptero cai e milhares são mortos instantaneamente. Esse é o tipo de mal que Palmer estava tentando evitar ao invadir o consulado para capturar Lee Jong.

## Condição 4: a condição de proporcionalidade

4. A destruição causada pela guerra deve ser proporcional ao bem relevante que a guerra trará (Hurka, 35).

A quarta condição para a guerra justa afirma que a destruição provocada pela guerra deve ser proporcional ao bem resultante dessa mesma guerra. Como já discutimos, esquecer a diplomacia na pressa para entrar em guerra violaria a condição de proporcionalidade no que se refere ao *jus ad bellum*. Ademais, a proporcionalidade referente ao *jus in bello* também deve ser considerada.

---

43. James Turner Johnson, "Threats, Values, and Defenses: Does the Defense of Values by Force Remain a Moral Possibility?", em *Just War Theory*, Jean Bethke Elshtain (org.) (Oxford: Blackwell, 1992).

Em relação ao *jus ad bellum* na quarta temporada, teria sido melhor se uma solução diplomática para o conflito entre os chineses e os americanos tivesse sido encontrada. Mas um fator que contribui para essa situação, como em muitas apresentadas em *24 Horas*, é o tempo. O limite de tempo é quase um personagem na série, pois exerce considerável influência sobre o modo como e quais decisões são tomadas. No cenário da invasão, o conhecimento de Palmer de que a bomba explodirá em breve elimina a possibilidade de dar ao cônsul chinês tempo ilimitado para encontrar o embaixador, examinar a evidência contra Lee e determinar se permitirão ou não que ele seja interrogado pelos americanos. Por sua vez, os chineses poderiam ter cedido, apressando o processo de tomada de decisão ou convidando representantes da UCT para interrogar Lee em solo chinês. Eles poderiam ter se oferecido para interrogar Lee, porém se recusaram a entrar em acordo. Assim, o fracasso da diplomacia não é apenas culpa dos americanos, nem o ataque é inteiramente preventivo. Os chineses também carregam a responsabilidade pela quebra das negociações diplomáticas. Além disso, como afirmam Walzer e Ignatieff, uma ameaça nuclear iminente força uma resposta da nação sob ataque que vai além da proporcionalidade normal. Apesar do perigo do ataque, Palmer ainda respeita a condição de proporcionalidade tentando alcançar uma solução diplomática para o conflito. Ele vai além do que se esperaria ou se exigiria no caso de uma iminente ameaça nuclear. Portanto, a condição de proporcionalidade relativa ao *jus ad bellum* não é violada pelos americanos. Com respeito ao *jus in bello*, como o cônsul é ferido e morto, esse elemento de destruição deve ser levado em conta no que diz respeito ao conflito armado. Embora a morte do cônsul não tenha sido causada pelos agentes de Jack, foi a invasão que provocou o uso de força militar para defender os chineses, e, por isso, o ato de guerra contribuiu de forma significativa para a morte do diplomata. Mas como Jack ordenara aos homens que não disparassem suas armas, a morte do cônsul foi claramente não intencional. Ademais, como ressalta Hurka, a responsabilidade moral de um mal resultante pode ser diminuída por outra "escolha interveniente" individual (50). Assim, ainda que a invasão do consulado tenha provocado o conflito no qual o cônsul foi morto, foi a decisão interveniente dele de oferecer resistência armada que provocou sua morte. Como a força invasora não atirou contra a força de defesa do consulado, esta não era obrigada a responder ao fogo. Os chineses reagiram com maior força do que a que foi dirigida contra eles durante a invasão, e, por conseguinte, têm uma certa responsabilidade moral pela morte do cônsul.

Quando pesamos a morte do cônsul contra a morte de milhões de americanos, em particular à luz da destruição testemunhada em Valencia na sexta temporada, a primeira parece ser um mal bem menor. De modo semelhante, as vidas de todos os seres humanos dentro da área de alcance da explosão nuclear, incluindo os habitantes do consulado chinês, constituem um bem maior que a infeliz morte do cônsul. Logo, no que diz respeito à condição de proporcionalidade *jus in bello*, a destruição causada pelo conflito e a morte do cônsul parecem ser superadas pela preservação da vida de milhões de americanos e não-americanos que vivem dentro do raio de ação da arma. Com respeito ao *jus ad bellum* e ao *jus in bello,* o ex-presidente Palmer parece agir de forma justa.

## Elogios a Palmer

A teoria da guerra justa apresenta quatro importantes condições que devem ser preenchidas para que uma guerra seja considerada justa. Essas condições nos levam a examinar mais de perto qualquer incursão armada para verificar quem a ordenou, por que ela foi ordenada e como é conduzida. Como a invasão do consulado chinês foi ordenada pelo ex-presidente Palmer, ela não é um ato de uma guerra justa. Todavia, no que se refere às outras condições da guerra justa, parece claro que o presidente Palmer deflagrou uma guerra injusta por motivos um tanto justos. Apesar de não receber o crédito moral por ter iniciado uma guerra justa, ele pode ser elogiado por esgotar as soluções diplomáticas antes de partir para o conflito e também por limitar, de maneira consciente, a destruição causada pela invasão. Como acontece com freqüência em *24 Horas*, pessoas boas praticam atos injustos na busca pela segurança nacional. Mas Palmer não "anula as regras da guerra" só porque seu país se encontra diante de um ataque nuclear iminente. Palmer leva em conta a proporcionalidade no que diz respeito ao possível recurso da guerra e à real deflagração dela. Como resultado, ele tenta minimizar a morte e destruição provocadas pelo conflito, ao mesmo tempo em que tenta preservar milhares de vidas humanas. Diante da escolha entre confiar na liderança do presidente David Palmer e recorrer a outras alternativas, um fã de *24 Horas* dá a melhor resposta: "Eu votaria em David Palmer a qualquer momento".

## 10:00 H – 11:00 H

# Jack Bauer como anti-Eichmann e carrasco do liberalismo político

*Brandon Claycomb e Greig Mulberry*

[Jack Bauer organizou o seqüestro da filha do bioterrorista Stephen Saunders, Jane. Ele a interroga acerca do pai.]

*Jane:* Em primeiro lugar, eu mal conheço meu pai; e seja lá o que for isso, sei que é ilegal. Você não tem o direito de me manter aqui. Solte-me agora, eu não fiz nada de errado.

*Jack:* É melhor você me ouvir com atenção, Jane. Seu pai está envolvido em atividades terroristas contra os Estados Unidos da América; hoje de manhã ele matou centenas de pessoas e ameaçou matar mais milhares. Eu imagino como é difícil para você acreditar nisso, mas pode estar certa: você vai cooperar conosco. Há muita coisa em risco, e não há muito tempo.

*Jane:* Eu não vou fazer nada. Quero falar com um advogado. [Jack, um tanto distante de Jane, volta-se para olhar rapidamente para ela, avaliar sua exigência e o momento presente. Ele suspira, indicando desprezo; toma um drinque, depois se move vagarosamente em direção à moça.]

*Jack:* Não há nenhum advogado. Há apenas você e eu.

## A que preço?

Jack Bauer não se importa nem um pouco com os direitos constitucionais das pessoas. Os dedicados telespectadores de *24 Horas*, que há muito não são mais tão ingênuos quanto Jane, instantaneamente entendem o suspiro do agente; e sabem até que ponto ele está disposto a ir para conseguir a cooperação de Jane. A exigência dela em ter um advogado presente, a afirmação de que Jack não tem direito de seqüestrá-la e mantê-la presa e sua insistência de que não é obrigada a dizer nada aparecem quase como uma comédia de humor negro diante da disposição de Jack em desprezar qualquer barreira, legal ou não, que possa ficar entre ele e seu objetivo.

Os fãs de *24 Horas*, incluindo os autores, com certeza apreciam não apenas a ação constante e complexa da série, mas a capacidade de Jack Bauer de submeter essa ação à sua vontade. Um homem de ação, Bauer parece não ter escrito nenhum tratado sobre filosofia política. No entanto, discernimos em suas palavras e feitos uma perspectiva consistente que indica a curiosa mistura de antiautoritarismo e antiliberalismo. O que acontece quando um superagente federal rejeita sua obrigação de obedecer a ordens que não aceita e às leis e diretrizes da tradição americana do liberalismo político? Em *24 Horas*, pelo menos, o mundo é salvo – muitas vezes. A que preço? O estudo das similaridades e dessemelhanças entre Jack e outros dois grandes antiliberais nos ajudará a responder a essa pergunta.

## Eichmann

O liberalismo político, que veremos neste capítulo, é definido por seu compromisso com a lei e com o debate justo entre discordantes conceitos do bem. (Liberalismo nesse sentido não deve ser confundido com liberal, oposto a conservador, no sentido em que os termos são usados na política americana contemporânea. Tanto os liberais quanto os conservadores defendem o liberalismo no sentido que estudaremos aqui.)

Em seu cerne, o liberalismo consiste em criar um espaço onde as pessoas possam debater acerca do que deve ser feito. A rejeição dessa filosofia por parte de Jack nos faz lembrar da obra do filósofo político do século XX, Carl Schmitt. Segundo Schmitt, a essência da ação política é diferenciar os amigos dos inimigos. Ao tomar posições políticas, a pessoa necessariamente atrai outras que apoiarão ou se oporão a seu estilo de vida. Para Schmitt não há como escapar desse fato da existência humana; só podemos obscurecê-lo fingindo, como ele acredita que fazem os liberais, que o acordo é sempre possível, que o debate é sempre potencialmente produtivo.

Exploraremos os paralelos entre as visões de Schmitt e Bauer mais adiante, porém a ligação já deve estar evidente. Jack não tem paciência com nenhuma das restrições impostas pela lei a seus planos de salvar americanos inocentes. Aos desafios que levariam a discussões reais acerca do que os heróis de *24 Horas* deveriam tentar atingir, ele responde de maneira típica com o repetitivo refrão moral da série: "Não temos escolha". Pelo menos em situações de crise, Jack Bauer não é nem um pouco liberal.

Podemos analisar o iliberalismo de Jack de modo mais profundo comparando-o a Adolf Eichmann. Eichmann foi o oficial responsável pela solução final dada pelos nazistas ao "problema judeu". A filósofa política Hannah Arendt fez um estudo do julgamento de Eichmann em Israel, em 1961, onde articulou seu novo conceito do mal. O ex-oficial nazista se defendeu alegando que quando organizou a deportação e o extermínio em massa dos judeus ele estava apenas cumprindo seu dever, seguindo ordens. Enquanto a promotoria tentava destruir a defesa de Eichmann mostrando que ele foi um agente mais ativo e envolvido com a solução final do que admitia, Arendt condenou o acusado com base em sua própria defesa. Tomando as próprias palavras dele, Arendt argumentou que Eichmann exemplificava o que ela chamou de mal "banal". Por agir irrefletidamente, recusando-se a ver sua situação a partir da perspectiva dos outros, ou a assumir a responsabilidade pelas ordens que cumpriu, Eichmann abdicou de seu papel como um ser ético. Por servir como uma engrenagem em uma enorme máquina burocrática, dizendo a si mesmo que não tinha escolha, ele facilitou a ocorrência de um grande mal.

A obediência de Eichmann e a recusa em pensar por si mesmo se mesclam à explicação da política dada por Schmitt. Ele acreditava que o estilo de vida que apoiava estava em risco e, por vontade própria, tomou parte em um esforço extremo para erradicar seus inimigos. Eichmann também apresenta um forte contraste com Jack Bauer. Em um certo sentido, os dois não podiam ser mais diferentes. Enquanto Eichmann obedeceu a ordens cegamente, Bauer segue apenas os ditames de sua própria concepção do bem. Por exemplo, quando, na quinta temporada, ele recebe ordens para permitir que terroristas liberem um vírus mortal em um *shopping center*, pois assim eles não suspeitariam que estavam sob vigilância e, no futuro, ataques mais mortais poderiam ser impedidos com maior facilidade, Jack simplesmente se recusa a cumpri-las e, na mesma hora, formula um plano diferente, mais arriscado, com chances de salvar um número ainda maior de vidas. Cada temporada exibe muitos casos semelhantes e, de fato, em *24 Horas* é mais fácil encontrar exemplos de Jack abertamente descumprindo ordens do que as seguindo; e é por essa razão que o chamamos "o anti-Eichmann".

Porém, examinando mais de perto, não fica evidente que Bauer seja na verdade mais propenso a reflexões, no sentido colocado por Arendt, que Eichmann. Pelo contrário, Jack raramente mostra alguma dúvida ou paciência com uma verdadeira discussão. Ele é, de maneira cega e iliberal, tão subserviente a seus princípios quanto Eichmann o era a seus comandantes. Seja seqüestrando pessoas inocentes em suas casas, tomando reféns em postos de gasolina, coordenando uma operação secreta de dentro da UCT, assassinando seu chefe ou simplesmente eliminando o há muito estabelecido, código de narrativa americano, onde aquele que tortura uma pessoa em um filme ou na televisão define claramente seu papel como "o vilão", Jack jamais exibe o tipo de auto-questionamento ou envolvimento em uma conversa real que possa ser considerada um debate moral. Jack Bauer não discute planos para determinar objetivos claros; ele fala com os outros para convencê-los da exatidão de seu ponto de vista e para que coordenem suas ações com as dele.

## Sem acordo

Um objetivo orienta *24 Horas*: salvar vidas americanas inocentes. Uma grande parte do drama da série nasce de personagens que se encontram divididos entre esse princípio e o dever de proteger aqueles a quem amam – a mulher e a filha de Jack, na primeira temporada; Michelle Dessler, na terceira; a mãe de Edgar Stiles, na quarta e assim por diante. No fim das contas, porém, a série afirma sem sombra de dúvida que o dever exige que esses servidores públicos estejam prontos a se sacrificar, e àqueles que lhes são caros, para proteger a maior quantidade possível de cidadãos americanos. É surpreendente ver até que ponto a série não questiona esse princípio com um apelo a concepções liberais das regras da lei e do valor do livre debate. Existem exceções, que tendem a envolver o presidente Palmer. A última metade da segunda temporada é centrada nos esforços de David Palmer para impedir que seu gabinete, declarando-o incapaz de governar, realize o que acaba por se transformar em uma ação militar injustificada contra um país do Oriente Médio cujo nome não é mencionado; enquanto Wayne Palmer, na sexta temporada, se recusa a reagir à explosão nuclear em solo americano suspendendo *habeas corpus* e outros direitos afins, como insistem alguns de seus conselheiros, e afirma que fazer isso seria inconstitucional e ineficaz. Além desses exemplos contrários, contudo, *24 Horas* quase sempre define seus "bons sujeitos" pela disposição deles em aceitar o compromisso inflexível de Jack com o princípio de salvar vidas americanas inocentes a qualquer custo. Todos os outros, incluindo os agentes federais e os oficiais de polícia, que com sinceridade acreditam estar agindo pelo bem de seu país e em nome da justiça, operam como oponentes.

Essa dinâmica se manifesta com maior clareza na rotatividade dos associados de Jack que ocorre durante as diferentes temporadas e mesmo no meio de uma temporada. Embora alguns personagens, como Audrey Raines e Chloe O'Brien, fiquem ao lado de Jack em praticamente todas as situações sem exceção e, por conseguinte, tendam a argumentar a partir de uma perspectiva "baueriana" nos inevitáveis debates que ocorrem na UCT em todas as temporadas; outros, como Tony Almeida, Michelle Dessler, e o secretário de defesa Heller, alternadamente se colocam como aliados ou rivais de Jack durante a série. De modo surpreendente, do ponto de vista de *24 Horas*, esses antagonistas estão consistentemente do lado dos anjos à medida que concordam com Jack; e com a mesma consistência funcionam com obstáculos dramaticamente intrigantes quando discordam dele.

Por conseguinte, esses bons sujeitos não ligam para autoridade ou regras, algo que os diretores da UCT demoram a aprender, não importando quantas vezes Chloe desrespeita e desobedece às suas ordens para apoiar a mais recente campanha solo de Bauer.

A dedicação de Bauer, mais a seus princípios do que a seus compatriotas, anima a série. No primeiro episódio da primeira temporada, Jack ataca seu supervisor George Mason apenas porque está convencido de que este está escondendo informações que podem permitir a UCT desbaratar a trama para assassinar o senador Palmer. Quando questionado sobre essa decisão, Jack apresenta um argumento contra fazer acordos:

> Você pode olhar para o outro lado uma vez e isso não é um grande problema... só que isso faz com que fique mais fácil ceder da próxima vez; e logo tudo o que você fará é ceder, porque acredita que é assim que as coisas são feitas.

A ironia é que Jack não vê como essa análise se aplica ao próprio comportamento dele e daqueles que o acompanham. Para alguém que tenha assistido às muitas temporadas de *24 Horas*, é quase curioso relembrar como na primeira temporada outros personagens questionam a prontidão de Jack em desconsiderar a necessidade de mandados de busca e outros protocolos legais. Mais tarde na série, seus aliados mais próximos não precisarão mais perguntar se passar por cima desses detalhes é algo justificável. A razão pela qual Jack não reconhece esse fato como um compromisso é que ele não consegue conceber a lei como algo que vale a pena preservar. A única coisa que importa é definir os inimigos da América e lidar com eles de imediato e da maneira apropriada. Entendida como uma narrativa heróica, *24 Horas* apresenta uma interminável batalha entre os princípios liberais e os de Schmitt, na qual o lado do herói vencedor apóia estes últimos.

Nas situações mais extremas, Jack vê seu dever com tanta clareza que se dispõe a ameaçar ou prejudicar americanos inocentes para salvar outros inocentes. Além do mais, Jack nega qualquer responsabilidade por fazer isso. Por exemplo, na quinta temporada Bauer fica preso no compartimento de bagagem de um avião. Quando o piloto tenta cortar o ar do compartimento para sufocá-lo, ele sabota os controles do avião. O piloto pergunta: "Que diabos você pensa que está fazendo? Você vai matar a todos no avião!". Jack responde: "Isso depende de você". Quando o piloto ainda se recusa a atender às exigências de Bauer, este diz: "Então, você será responsável por tudo o que acontecer".

Ainda na quinta temporada Jack enfrenta seu antigo compatriota Christopher Henderson na casa dele. Henderson admite que sabe mais sobre o plano para liberar o gás nervoso na população local do que revelará, e ironicamente desafia Jack a torturá-lo para obter a informação. Em vez disso, Jack atira na mulher de Henderson, Miriam, ferindo-lhe a perna. Ele percebe que a atingiu acima da rótula, mas diz: "Se você me obrigar a atirar novamente, ela ficará em uma cadeira de rodas para o resto da vida. Não me force a fazer isso". A contínua recusa de Henderson em revelar a informação deixa Jack irritado: "Você não se importa com ninguém". Desnecessário dizer que essa é uma interpretação que se aplica ao próprio Jack. Ao mesmo tempo em que interpreta de maneira precisa a falta de consideração de Christopher Henderson para com as outras pessoas, Jack não reconhece que ele mesmo está pronto a ferir alguém sabidamente inocente para servir àquilo que acredita ser um propósito superior. Ademais, ao que parece, Bauer decide não atirar em Miriam de novo apenas porque conclui que isso não levará Henderson a confessar.

É evidente que Jack está tão envolto em seu senso de dever quanto estava Eichmann. Por diversas vezes ele se dispõe a sacrificar a si mesmo, e a outros, com o objetivo de proteger aquilo que mais estima, sentindo que sua escolha nesses casos é clara e que não há de fato nenhuma outra saída.

A única tensão perceptível nos cálculos de Bauer aparece quando ele tem de escolher entre salvar uma grande quantidade de americanos inocentes e defender seus amigos mais íntimos e aqueles a quem ama, em especial a mulher Teri, a filha Kim e a namorada Audrey Raines. Mesmo diante de escolhas impossíveis entre salvar o país e cuidar da família, a luta de Jack parece ser totalmente interna. Ele procura por outras pessoas, e pode até negociar com elas se for obrigado a isso, mas na verdade não considera a visão dos outros acerca do bem um rival legítimo de sua própria opinião.

De fato, Jack Bauer parece ser incapaz de pensar a partir da perspectiva de outras pessoas, ou de dar o devido valor aos objetivos delas. Os objetivos de Jack raramente estão relacionados a seu bem-estar, e, na realidade, ele repetidas vezes se oferece como um potencial sacrifício para outros. Entretanto, a marca de paternalismo altruísta em Jack, seu modo de tomar conta das outras pessoas, mesmo contra a vontade delas, não são considerados "pensamentos" no sentido proposto por Arendt. Pensar a partir da perspectiva dos outros requer que estejamos abertos aos valores deles, que estejamos dispostos a, pelo menos em princípio, nos comprometer não apenas com os meios pelos quais um fim será alcançado, mas com o próprio fim. Uma retrospectiva de todas as cenas em *24 Horas* nas quais Jack Bauer tenha voltado atrás em uma discussão seria de fato muito rápida! A cena mais indicativa da disposição de Jack em debater suas idéias aparece na quinta temporada, quando o secretário Heller "explica" sua discordância com o plano de Jack desferindo-lhe um soco na traquéia. Heller, uma figura "baueriana", sabe que uma força superior pode parar Jack, ou pelo menos atrasá-lo, mas que a argumentação de outra pessoa jamais o fará.

## Jack sozinho

Como fica Jack em tudo isso? Sozinho. Como muitos outros heróis masculinos da ficção americana, Bauer parece destinado a jamais desfrutar por completo o prazer idílico da terra feminizada que defende. O arquétipo desse personagem era Ethan Edwards, personagem de John Wayne no faroeste de John Ford *Rastros de Ódio* (1956). Wayne representa um veterano da Guerra Civil que passa anos seguindo os rastros dos índios comanches que seqüestraram sua sobrinha. Na conclusão bem-sucedida da longa luta de Ethan para restaurar seu clã, o filme termina com a cena da porta da cabana da família se fechando. Edwards fica do lado de fora, para sempre separado do espaço tranqüilo que seus esforços preservaram. Temporada após temporada, Bauer encontra-se do mesmo modo separado das mulheres a quem ama. O assassinato de Teri no fim da primeira temporada é o melhor exemplo dessa dinâmica, que também é aparente nas outras temporadas, desde o inexplicável rompimento com Kate Warner entre a segunda e a terceira temporadas, passando pela gradual separação de sua filha Kim, até a captura de Jack pelos agentes chineses no fim da quinta temporada, no exato momento em que ele e Audrey Raines começavam a recapturar a inefável felicidade que a série indica que poderiam compartilhar se Jack não tivesse sido, literal e figurativamente, afastado dela por seu dever. *24 Horas* é aberta, então, quanto aos custos pessoais que Jack Bauer, seus amigos e familiares têm de pagar pelos intermináveis esforços do agente em proteger seu país – do terrorismo, de forma explícita, e do liberalismo, de forma implícita. O preço pago por esses esforços pela tradição política americana é, acreditamos, igualmente alto.

## Jack não é nenhum Hobbit

A compressão temporal de *24 Horas* é essencial para o tipo de entretenimento de ritmo rápido que a série oferece aos telespectadores. A narrativa de decisões momentosas, tomadas de segundo a segundo, convida os fãs a sentir que as regras da lei e o devido processo não têm um lugar legítimo no mundo real. Segundo Schmitt, toda decisão política e legal é, por fim, fundada em uma discrição ilimitada. A insistência do liberalismo no cumprimento pelas regras da lei apenas disfarça esse processo de decisão; a dura assertiva da vontade em nome da autopreservação de um estilo de vida que constitui a real natureza da existência política. O código moral homérico de Schmitt, da distinção primordial entre aqueles que estão conosco e os que estão contra nós, cabe confortavelmente em Bauer, que após identificar amigos e inimigos age de modo decisivo para proteger os primeiros e destruir os últimos.

De maneiras sutis e não sutis, *24 Horas* sugere que estamos em uma era de crises fundamentais que exigem o abandono da jurisprudência liberal e do ingênuo otimismo do humanismo liberal acerca da natureza humana. A série insiste que características liberais básicas, como o desenvolvimento do consenso, a acomodação de opiniões diversas e a proteção contra o poder arbitrário, são inexeqüíveis no mundo pós-11/9. Os terroristas inimigos da América, segundo a lógica, identificaram seus antagonistas e estão comprometidos a destruí-los. Como Pogo não disse: "Encontramos o inimigo, e são eles". Do mesmo modo, Jack Bauer tem a visão clara quanto ao que é necessário para proteger a América desses ataques terroristas, e seu *status* como herói e centro moral da série nos encoraja a considerar os valores e instituições liberais anacrônicos. A história é atraente, contudo questionamos sua lição. Nossa última comparação com uma história muito diferente de esforço maniqueísta indica esse problema.

Em um momento crucial em *O senhor dos anéis,* de Tolkien, o *hobbit* Frodo oferece o anel do poder à bondosa e sábia rainha dos elfos Galadriel. Há muito sonhando com essa oportunidade, ela se delicia por um instante com o pensamento de destruir os inimigos dos povos livres da Terra do Meio, antes de rejeitar esse convite ao poder ilimitado. A divisão de Tolkien desse mundo fictício em campos do bem e do mal é mais completa do que em *24 Horas*; porém sua narrativa apresenta a reversão da divisão moral de *24 Horas*, presente em seus próprios "bons sujeitos". Na Terra Média, a marca dos grandes heróis é sua recusa ao poder absoluto; na UCT, os verdadeiros heróis são aqueles que não reconhecem nenhum limite a seus esforços. Não importa quão antiautoritário ou anti-Eichmman Jack Bauer venha a ser, sua conquista do equivalente ao anel do poder em *24 Horas* e o desprezo que demonstra para com quaisquer limitações à imposição de sua vontade ameaçam destruir o próprio estilo de vida que ele luta para preservar. Quando são derrubadas todas as barreiras aos desejos dos mais poderosos, o que, além da boa vontade deles, os impedirá de nos dominar? É esse fato fundamental do poder que leva os esforços legais e culturais do liberalismo a impedir que mesmo as pessoas boas tomem decisões pelas outras. O rompimento dessas limitações por parte de Bauer é o seu ato mais perigoso.

# 11:00H - 12:00H

# O pepino de Palmer: por que ele não conseguiu engoli-lo?

*Georgia Testa*

Uma bomba nuclear foi programada para explodir na área de Los Angeles e acredita-se que ela matará um milhão de pessoas. A única pessoa, além dos terroristas, que sabe a localização da bomba é Nina. Todavia, o avião onde ela e Jack estão viajando é derrubado. Antes que a equipe de resgate da UCT chegue até eles, Nina consegue tomar a arma de Jack e ameaça matá-lo. Ela exige falar com o presidente Palmer ao telefone e afirma que revelará a localização da bomba somente se Palmer lhe garantir imunidade pelo que ela está para fazer – matar Jack. Para isso, ela quer que os soldados da UCT se afastem.

Jack diz a Palmer que ele deve dar a Nina o que ela quer: Bauer oferece sua vida. Após alguma hesitação, o presidente concorda com a terrível barganha de Nina, porém oferece imunidade a ela apenas se a bomba for encontrada, garantindo assim que Nina diga a verdade. Mas ele fica perturbado com a decisão. O presidente segura as lágrimas e Mike, seu auxiliar, conforta-o afirmando que ele fez a coisa certa

Mas foi de fato a coisa certa? E por que ele hesitou? Com certeza a decisão não foi fácil para Palmer. Talvez tenha sido tão difícil porque ele sabia que era a coisa certa a fazer, mas que envolveria a morte de Jack. Ou pode ser ele que estivesse tentando decidir o que fazer. Uma coisa, porém, é certa: ele não estava remoendo teorias morais para tentar identificar qual seria a coisa certa a fazer! Mas nós faremos isso. Exploraremos os tipos de considerações que poderiam estar influenciando a decisão de Palmer e as inseriremos em teorias morais que poderiam explicar sua importância. Essas teorias nos ajudarão a avaliar se a decisão de Palmer foi, no fim das contas, correta.

Imagino que alguns de vocês pensam que simplesmente porque Jack ofereceu sua vida – disse a Palmer que desse a Nina o que ela queria – a decisão de Palmer é correta. Jack concordou em ser morto e isso resolve a questão. Mas isso, na verdade, como veremos em mais detalhes adiante, não é tão óbvio quanto parece.

## Conseqüencialismo

De acordo com o consequencialismo, as conseqüências de uma ação determinam se ela é certa. A ação da qual se espera que resulte o bem maior no mundo é a ação certa. Identifiquemos o bem como o valor da vida.[44] Como isso afeta a decisão de Palmer? A escolha dele é salvar as vidas de quase um milhão de pessoas ou a vida de uma só – Jack. Se cada vida tem importância em si e de maneira igual às outras, então decidir pela vida de muitos resultará em um bem maior do que salvar Jack.

Pensando dessa forma, portanto, a decisão de Palmer seria correta. De fato, é ridiculamente simples, especialmente porque a cooperação de Nina é muito provável. Podemos ter certeza de que Nina quer viver e ser livre e, por isso, ela cumprirá sua parte na barganha. Assim, não precisamos incluir o fator da incerteza, que pode afetar o cálculo conseqüencialista sobre qual é a melhor ação.[45] Então, por que Palmer hesitou?

## Problemas com o conseqüencialismo I: Rígida imparcialidade

Digamos que Palmer hesitou porque sabia o que tinha de fazer, mas era algo muito difícil para ele. Por quê? Porque ele gosta de Jack. Jack não é uma pessoa qualquer. Jack salvou a vida de Palmer e eles têm um relacionamento de amizade. Isso importa. Mas o raciocínio conseqüencialista

---

44. Poderíamos do mesmo modo focar no bem-estar. É correto presumir que cada pessoa a ser morta pela bomba tem uma medida positiva de bem-estar em sua vida, de onde se conclui que a perda da vida delas reduzirá a soma geral de bem-estar existente no mundo em uma quantidade muito maior do que o fará a perda da vida de Jack. Portanto, seria correto praticar a ação que salvará a vida de muitos. Contudo, o foco no valor da vida parece mais prontamente captar o dilema de Palmer.
45. As probabilidades complicam as coisas. O bem que resultaria de uma ação bem-sucedida precisa ser ajustado pela probabilidade de que a ação será um sucesso. Por isso, quando falamos em probabilidades, talvez fosse o caso de salvar a vida de poucos, porque há uma grande chance de salvá-los e uma chance remota de salvar a vida de muitos. Agindo assim, teremos uma boa chance de salvar alguns.

é imparcial: o bem ou a vida de uma pessoa não são mais importantes do que os de outras pessoas. Por isso, não temos a permissão de pensar que a perda de quem amamos é mais importante que as outras. Entretanto, o comprometimento com os outros, os laços de amor e afeição, são vitais ao valor que damos à vida. É indispensável a tais relacionamentos que *não* sejamos imparciais em todas as coisas. Assim, o conseqüencialismo está errado quando exige que violemos esses comprometimentos e sejamos imparciais.

Posso imaginar muitos de vocês dizendo: "Veja, há *um milhão* de vidas em risco e Palmer deve salvar essas vidas e não Jack. A imparcialidade *é* necessária." Mas e se a escolha de Palmer fosse salvar *Keith*, seu filho ou um milhão de pessoas? Duvido que você estaria tão certo quanto à imparcialidade de Palmer nessa situação. Podemos explicar a disparidade da seguinte forma: embora Palmer se importe de verdade com Jack, o relacionamento entre eles não é íntimo o suficiente para justificar a parcialidade; por isso, salvar Jack em vez de milhões de pessoas não é uma alternativa válida. Mas o relacionamento entre o presidente e o filho representa um comprometimento de ordem totalmente diferente. Ao avaliarmos se um relacionamento pessoal justifica um comportamento parcial, devemos levar em consideração a intimidade e a natureza desse relacionamento, e não apenas a extensão do bem a ser alcançado se formos imparciais.[46]

Seria muito difícil analisar tudo isso com exatidão. Precisaríamos de diferentes graus de intimidade e diferentes graus de quantidade de bem geral, de modo que este superasse os relacionamentos pessoais de diferentes graus de intimidade. Aqui nossas intuições são obscuras. Só conseguiremos fazer avaliações grosseiras, como a de que a intimidade do relacionamento Jack-Palmer é inferior à do relacionamento Keith-Palmer; e o primeiro, mas não o segundo, pode ser superado pelo bem da salvação de um milhão de pessoas. Detalhes mais precisos da graduação precisariam ser estabelecidos caso a caso. Mas será que mesmo essa análise grosseira fornece uma explicação plausível para a disparidade de nossas reações diante da escolha entre Jack e um milhão de inocentes, e Keith e um milhão de inocentes? Examinemos mais de perto a situação envolvendo Keith. De acordo com a sugestão dos diferentes graus, ficamos em dúvida se o bem representado pela salvação de um milhão de pessoas é grande o suficiente para justificar o sacrifício de Keith, por causa da natureza do relacionamento entre pai e filho. Talvez fosse necessário um número maior de vidas em perigo. Mas a presunção subjacente é que *haverá* uma certa quantidade de vidas – uma certa magnitude de bem – que justificará sacrificar Keith. Todavia, outros podem pensar que Keith deve ser salvo porque

---

46. Alguns relacionamentos, mais pela própria natureza que pela intimidade emocional, impõem o dever de cuidar; esse é o caso do relacionamento entre pai e filho.

não há um bem grande o suficiente para justificar seu sacrifício. A natureza do relacionamento pai-e-filho significa que a consideração com o bem maior não se aplica aqui.

Então, existem alguns relacionamentos, ou compromissos parciais, que jamais devem ceder às considerações conseqüencialistas. Essa conclusão retira alguns relacionamentos da graduação que sugeri antes e deixa menos espaço para as considerações conseqüencialistas, embora talvez deixe espaço suficiente para explicar por que Jack deve ser sacrificado apesar de sua amizade com Palmer.

## Problemas com o conseqüencialismo II: o fim justifica os meios

Para o conseqüencialismo, o fim justifica os meios: seja qual for a ação que resultará no bem maior, ela é a ação certa a ser praticada. Por conseguinte, se o único meio de salvar um milhão de pessoas for dar a Nina imunidade pelo assassinato de Jack, é isso que Palmer deve fazer. Mas as pessoas não têm um direito moral básico de não serem assassinadas? Um direito à vida? Jack não tem o direito de não ser morto ainda que sua morte salve milhares de outras vidas?

Os não-conseqüencialistas afirmam que cada indivíduo importa em si mesmo e, por isso, o fato de que uma ação venha a ferir alguém é razão suficiente para que não seja praticada, ainda que venha a beneficiar um grande número de pessoas. Segundo essa visão, o bem-estar individual tem prioridade sobre o bem-estar coletivo. Os direitos refletem esse ponto de vista porque agem como limites às nossas ações; eles restringem o que podemos fazer aos outros, mesmo na busca de um bem maior.[47] Um direito à vida, entendido como um direito a não ser morto, é, portanto, essencial. A permissão dada a Nina para matar Jack desrespeita o seu direito à vida. Se é errado matar alguém porque isso seria uma violação do direito à vida, então seria errado dar a uma pessoa permissão para matar outra.

É claro que respeitar o direito de Jack significaria violar o mesmo direito à vida de um milhão de pessoas. Assim, se levarmos os direitos a sério, não deveríamos permitir a violação do direito de Jack para impedir

---

47. Para uma explicação mais detalhada desse tipo de não-conseqüencialismo, que coloca limites ao que podemos fazer em nome do bem maior, ver Frances Kamm, "Nonquensequentialism", em *The Blackwell Guide to Ethical Theory*, Hugh LaFollette (org.) (Oxford: Blackwell, 2000). Há uma corrente mais forte de não-conseqüencialismo que nega qualquer importância às considerações conseqüencialistas. Ver Robert Nozick, *Anarchy, State, and Utopia* (New York: Basic Books, 1974); e John Taurek, "Should the Numbers Count?" em *Philosophy and Public Affairs* 6 (1977).

que um número maior de direitos idênticos fosse violado? Não. Levamos os direitos a sério como limites às ações se as limitarmos do modo que eles nos exigem. O direito à vida exclui o assassinato. Portanto, respeitamos o direito à vida de uma pessoa aceitando que seu assassinato é proibido, mas que a permissão para que alguém a mate também é igualmente proibida.[48]

Mas isso apresenta um problema. Ao que parece é errado permitir que Jack seja morto – isso violaria seu direito à vida – e assim salvar um milhão de pessoas. Mas suspeito que muitos de vocês pensarão que, mesmo sendo uma tragédia a morte de Jack – pois ele importa em si mesmo – , Palmer deveria salvar as outras pessoas. Ele estaria errado em salvar Jack. Como equacionamos isso com o não-conseqüencialismo?

## A doutrina do duplo efeito (DDE)

A Doutrina do Duplo Efeito (DDE) lida com nossas intuições de que, algumas vezes, fazer o bem *é* o que importa. Segundo a DDE, temos a permissão de agir de uma maneira que resulte no bem maior ainda que cause sérios danos a outros, danos que seriam proibidos em situações normais – como a morte. A DDE faz uma distinção entre ferir como um meio de gerar o bem maior, e ferir como um efeito colateral inevitável da geração do bem maior. Podemos não praticar a primeira ação, mas podemos praticar a segunda. No entanto, algumas condições devem ser preenchidas:

1. A ação deve ser errada em si.
2. Os efeitos ruins da ação – ou danos – não são intencionais, mas apenas previstos.
3. A condição de proporcionalidade: o efeito positivo deve ser suficientemente grande para superar os efeitos negativos. A sua criação deve valer a pena e ele deve ser muito maior que o efeito negativo.[49]

Então, a DDE aprovaria a decisão de Palmer? A decisão satisfaria a condição de proporcionalidade. Mas, para salvar um milhão de inocentes, Palmer deve conseguir a informação com Nina. E, para conseguir essa

---

48. Ver Frances Kamm, "Nonconsequentialism, the Person as End-in-Itself, and the Signficance of Status", em *Phylosophy and Public Affairs* 21 (1992).
49. A condição de proporcionalidade também desempenha um papel na avaliação da moralidade da guerra. Para mais detalhes, ver o capítulo escrito por Jennifer Hart Weed neste livro. Para uma breve discussão sobre as diferentes interpretações da DDE, ver Alison McIntyre, "Doctrine of Double Effect," em *The Stanford Encyclopedia os Philosophy* (Edição do verão de 2006), Edward N. Zalta (org.), disponível on-line em <www.plato.stanford.edu/archives/sum2006/entries/double-effect/>. Para tratamento detalhado, ver *The Doctrine of Double Effect*, P.A. Woodward (org.) (Notre Dame: University of Notre Dame Press, 2001).

informação, ele deve autorizá-la a matar Jack. Deixar Nina matar Jack é o meio para conseguir a informação que, por sua vez, é o meio para salvar milhões de vidas. A morte de Jack é, portanto, um meio para fazer o bem. Não é um efeito colateral inevitável da permissão dada a Nina para assassiná-lo. Se, por exemplo, após Palmer dar a permissão, Jack for teletransportado por uma nave espacial, tornando impossível para Nina executá-lo, ela não revelaria a informação que Palmer deseja. A morte de Jack só seria um efeito colateral inevitável – não necessário para alcançar o bem final – se Nina revelasse a informação ainda que não pudesse matá-lo, mesmo tendo autorização do presidente. Como esse não é o caso, a DDE não aprova a decisão de Palmer.

Para complicar ainda mais, o ato que Palmer está contemplando – dar a Nina permissão para matar Jack – seria errado em si, como já vimos.

## Consentimento

Como sabemos, Jack diz a Palmer que dê a Nina o que ela quer; ele dá ao presidente permissão para que este autorize Nina a matá-lo. Será que isso resolve os nossos dois problemas: dar permissão para que Nina mate Jack é errado, e matar Jack significa usá-lo como um meio? Precisamos explorar a idéia de que alguma coisa que normalmente seria errada se torna permissível, do ponto de vista moral, pelo consentimento.

A eutanásia voluntária é um exemplo em que o ato de matar se torna permissível pelo consentimento. Poderíamos dizer que a pessoa renuncia a seu direito à vida. Mas o que importa aqui é que ela renuncia em benefício próprio, com o objetivo de pôr fim a seu próprio sofrimento e, por isso, nós a matamos para ajudá-la. Em contraste, Jack deve ser morto para beneficiar a outros. Desse modo, o papel do consentimento não fica tão claro. Vejamos outro exemplo. O famoso caso de Armen Meiwes que matou uma pessoa com o consentimento dela. Meiwes foi condenado por homicídio culposo e não doloso por causa do consentimento. Assim, embora o consentimento tenha feito uma diferença moral, ele não tornou o assassinato moralmente permissível: apenas fez dele um erro menor. Contudo, o caso foi julgado de novo e dessa vez Meiwes foi condenado por homicídio doloso – o consentimento não fez diferença.

Não obstante, o caso Meiwes é ilustrativo. A vítima consentiu em morrer para satisfazer as fantasias sexuais de Meiwes, e possivelmente dela mesma. Então, ela escolheu morrer em benefício de outra pessoa. Todavia, parece razoável afirmar que encontrar satisfação sexual na morte de alguém, ou sendo morto, é uma perversão do valor do sexo e, portanto, é errado matar por essa razão, mas também é errado *consentir* em ser morto por essa razão. Não havia um bem final reconhecido pelo qual a vítima de Meiwes concordasse em ser morta. Por conseguinte, não havia base para aceitar o consentimento como uma permissão legítima para fazer algo que é normalmente errado – tirar a vida. Também havia dúvidas se a vítima estava em seu juízo perfeito, significando que esse consentimento não poderia ser uma circunstância excludente, ainda que, em princípio, o consentimento faça uma diferença moral.

Mas essas características objetáveis não se fazem presentes no caso de Jack. Enquanto os motivos de Nina são perversos, o que importa nesse caso são os motivos de Jack e Palmer, pois Jack dá a Palmer, e não a Nina, permissão para fazer algo que normalmente seria errado. Em primeiro lugar, Jack consente em morrer por algo que é reconhecidamente bom – a vida de outros. Em segundo lugar, Palmer também quer fazer o bem – salvar muitas vidas. Em terceiro lugar, não há razão para acreditar que Jack não esteja em seu juízo perfeito. Desse modo, as razões pelas quais o consentimento não fez uma diferença moral no caso Meiwes (os motivos ilegítimos, a falta de um bem final atendido pela morte e as dúvidas quanto à validade do consentimento da vítima) não estão presentes no caso de Jack. Isso sugere que temos boas razões para afirmar que o consentimento de Jack faz uma diferença moral: significa que a ação de Palmer em dar a Nina permissão para matar Jack não é errada em si.

Entretanto, e o nosso segundo problema, o fato de que a DDE proíbe ferir ou matar como *meio* para atingir um fim? Palmer ainda pode estar errado em causar a morte de Jack por essa *razão*. Mas Jack permite que o presidente deixe Nina assassiná-lo, porque ele sabe que esse é o único meio de salvar um milhão de vidas. Ele consente em ser morto como modo para fazer o bem. Isso torna permissível para Palmer dispor da vida de Jack dessa maneira? Não, segundo aqueles que afirmam que a DDE se aplica de modo igual às ações e decisões nas quais usamos *a nós mesmos* como meio que pode causar dano ou morte e àquelas em que usamos *outros* como meio, causando-lhes danos ou a morte. A idéia é que quando usamos a nós mesmos desse modo deixamos de nos respeitar como pessoas. Por isso, o consentimento de Jack é irrelevante. Ele não pode consentir em ser usado dessa maneira. Mas isso é plausível?

Nosso país (ou as democracias ocidentais) é fundado no princípio de que as pessoas têm o direito de decidir por si mesmas o que farão com suas vidas e que valores adotarão ou que fins buscarão.[50] Mas se respeitarmos esse direito devemos deixar que ele se estenda aos julgamentos de uma pessoa quanto às causas pelas quais ela deve sofrer ou morrer, simplesmente porque isso faz parte do que está envolvido no processo de fazer

---

50. Esse princípio é tão básico que tanto os liberais quanto os libertários, que têm visões muitos diferentes em relação ao que seria um Estado justo, consideram essencial que as pessoas sejam livres para fazer esses tipos de escolha por si mesmas. Ver John Rawls, *A Theory of Justice* (Oxford: Oxford University Press, 1972), e Nozick (1974).

escolhas pessoais de fins a serem alcançados e como alcançá-los. É claro que podemos estar errados no que diz respeito às coisas boas ou que mereçam o sacrifício pessoal, ou mesmo se nosso sacrifício resultará no bem que desejamos. Em tais casos, nossa morte ou sofrimento não são justificados. Talvez isso signifique que não temos o direito de nos ferir nesses casos, e que os outros tenham o direito de nos impedir de causar nossa própria morte ou sofrimento. Porém, a menos que estejamos errados quanto ao bem resultante, segundo a visão que apresento aqui, é permissível ferirmos a nós mesmos ou entregar nossa vida em nome desse bem.[51]

É errado tratar *outra pessoa* como um meio se a envolvermos em *nosso* plano; tratá-la como algo útil para alcançar fins que *nós* decidimos serem bons, sem levar em consideração se *ela* compartilha nossos objetivos ou julgamentos quanto ao que é bom.[52] Nesse caso, torna-se irrelevante a opinião da outra pessoa quanto ao fato de o bem buscado valer ou não o sacrifício dela. Isso é errado porque deixamos de considerar os outros como pessoas que têm o direito de decidir *por si mesmas* o que farão com suas vidas, que valores adotarão, que fins buscarão e, de acordo com seus próprios julgamentos, quais causas merecem a realização de sacrifícios pessoais. Se lhes impusermos tal escolha, nós as trataremos apenas como *meios*. Mas, se as tratarmos como meios apenas quando *elas também* julgam que o fim vale o sacrifício e, assim, escolhem ser um meio para alcançar o bem, então as respeitaremos como pessoas. Nesses casos, embora as tratemos como meio, também as tratamos como pessoas, ou seja, não as consideramos *apenas* um meio. É errado considerá-las apenas um meio porque, agindo assim, deixamos de reconhecer que a escolha de sofrer ou morrer como um meio para alcançar um bem é, por direito, delas, e apenas delas. Só podemos usar outra pessoa como meio para um fim se ela escolher ser usada desse modo.

Jack faz essa escolha. Ele diz a Palmer: "Dê a Nina o que ela quer" ou "Use-me como um meio". E agora sabemos por que não seria errado para ele fazer essa escolha. Mas é essencial saber que Jack *acredita* que salvar a vida de um milhão de inocentes é um bem pelo qual vale a pena morrer, que isso está de acordo com os valores *dele*. Não seria o tipo certo de escolha – feita pela razão certa – se ele a tivesse feito porque acreditava ser isso o que se esperava dele, ou que, desse modo, as coisas ficariam mais fáceis para Palmer.[53] Ele deve ser capaz de responder "sim" à per-

---

51. Alguns filósofos afirmam que o auto-sacrifício pode até ser obrigatório em algumas situações. Para argumentos e exemplos ver o capítulo escrito por Richard Davis.
52. A interpretação esboçada aqui segue a de Warren S. Quinn, "Actions, Intentions and Consequences: The Doctrine of Double Effect, em *Philosophy and Public Affairs* 18:4 (1989).
53. Assim como o consentimento em ser morto na eutanásia voluntária não justifica matar uma pessoa se a anuência for dada porque ela acredita que é isso que se espera dela, ou porque tornará as coisas mais fáceis para os outros.

gunta "É isso que você quer *realmente*? Você acredita que vale a pena morrer por essa causa?" Será que ele poderia responder "sim"? É plausível pensar que, em razão do fato de Jack ter devotado sua vida de trabalho à segurança do país e ter com freqüência arriscado sua vida para salvar outros, ele acredite que seja uma causa pela qual valha a pena morrer. Ou seja, ele escolhe entregar a própria vida porque, *para ele*, a vida dos outros vale a pena.[54]

## Palmer fez a coisa certa?

De acordo com a DDE, podemos não ferir uma pessoa como meio para alcançar um bem; só podemos feri-la como um efeito colateral. Mas eu argumentei que só é errado ferir alguém como um *mero* meio para alcançar um bem se fizermos isso sem o seu consentimento ou permissão – sem o envolvimento voluntário dela. Se a DDE for revisada para incluir essa noção, ela autorizará Palmer a permitir que Nina mate Jack e fique impune, conseguindo assim a informação necessária quanto à bomba, o que salvaria um milhão de vidas, pela simples razão de que Jack consente ou dá permissão a Palmer para usá-lo dessa maneira; e esse consentimento preenche as condições exigidas para um consentimento válido.[55]

Mas a discussão ainda não acabou, pois a revisão que sugeri conflita com a exigência da DDE de que não *desejemos* os efeitos prejudiciais de nossas ações. Os efeitos que nossa ação objetiva produzir são efeitos desejados. Quando agimos para alcançar um bem maior, nós o fazemos com a intenção de produzir esse bem maior. Todas as medidas que tomamos como meios para alcançar esse bem são tomadas para que ele seja realizado e, por isso, são intencionais.[56] Ainda que pratiquemos apenas uma ação – como o faz Palmer –, sabendo ou esperando que ela produza uma cadeia de eventos que trará o bem maior, nós a praticamos por essa razão. Isso significa que desejamos os efeitos que levam ao bom resultado. Assim sendo, a morte de Jack é intencional para Palmer, pois ele pratica a ação de garantir imunidade a Nina porque isso trará o resultado esperado dessa morte cujo efeito adicional será a revelação, por parte de Nina, do local onde está a bomba, o que, por sua vez, terá o efeito final de salvar um

---

54. Podemos imaginar que mesmo que uma arma não estivesse apontada para ele, Jack decidiria sacrificar a própria vida. Se ele acreditasse que precisava desativar uma bomba nuclear desconectando o detonador da parte principal do mecanismo, mas que o detonador explodiria, matando-o, ele faria isso para impedir a morte de milhares de pessoas.
55. Em referências subseqüentes ao consentimento, argumentarei que as condições para o consentimento válido se aplicam e que a causa ou fim pelo qual a pessoa consente em ser sacrificada são bons.
56. Ver Phillipa Foot, *Virtues and Vices* (New York: Oxford University Press, 2002).

milhão de vidas. É evidente que Palmer lamenta com sinceridade o meio que tem de usar para salvar essas vidas, pois envolve a morte de uma pessoa, de quem ele gosta. Mas seu pesar não muda o fato de que a morte de Jack é um meio para alcançar um bem e, portanto, intencionada.

Mas será que isso significa que devemos abandonar a revisão da DDE aqui esboçada? Isso depende de quão persuasivo você considerar meu argumento a favor dessa revisão. Depende do fato de você ser ou não persuadido pela alegação de que é moralmente errado usar as pessoas como meios apenas quando o fazemos sem o consentimento delas. Aceitar a revisão da DDE exigirá que rejeitemos a alegação de que jamais devemos ter a intenção de ferir. Mas por que pensar que *jamais* devemos ter a intenção de ferir? Tentei apresentar um argumento para uma exceção a essa regra.[57] E existe pelo menos mais uma exceção. É permitido matar em legítima defesa: aqui temos um exemplo de quando é permitido desejar o mal do outro. Em muitos casos de legítima defesa, a morte do atacante é intencional porque esse é o único meio que temos de nos salvar. Então, por que não aceitar uma regra segundo a qual nós *geralmente* não devemos ter a intenção de ferir? Afinal de contas, bem poucos princípios morais que reconhecemos são absolutos e sem exceção (se é que existe algum).[58]

Então, Palmer fez a coisa certa segundo a DDE revisada? Em um certo sentido, não. Em alguns casos, uma reflexão moral revelará que apenas uma ação é moralmente permitida e, por conseguinte, que há *uma* coisa certa a fazer. Ou que você é *obrigado* a fazer essa coisa, pois qualquer outra seria errada. Em outros casos, no entanto, uma reflexão moral pode identificar um certo número de ações como moralmente permissíveis. Portanto, não existe apenas *uma* ação que seja *a* coisa certa a fazer. Esse é o caso da DDE. Ela não diz que *é possível* ferir alguém como um efeito colateral da geração de um bem maior, mas não seria errado deixar de praticar a ação que prejudicaria os outros. A versão revisada afirma que *é possível* ferir outras pessoas como um meio para alcançar um bem maior, se elas derem o consentimento; mas você não agiria errado se decidisse não tratá-las como um meio. Resumindo, Palmer estaria moralmente autorizado, mas não obrigado, a tratar Jack como um meio. Nesse sentido, portanto, Mike estava errado. Palmer não fez *a* coisa certa, à qual nos referimos acima, pois a DDE revisada não *exige* que ele sacrifique Jack. Porém Palmer também não agiu errado. Ele fez *uma* coisa certa.

---

57. De fato, podemos entender a versão de Quinn da DDE, na qual meu argumento é baseado, como uma afirmação de que não é o intento de ferir que deve ser evitado, mas sim o uso de pessoas de maneiras prejudiciais sem o consentimento delas. Isso gera uma revisão radical da DDE. Para explicações mais detalhadas, ver Kamm (1992).
58. No que diz respeito à eutanásia, as pessoas discordam se a morte é um mal e, portanto, se há a intenção de fazer mal.

De modo alternativo, se você for mais persuadido pela justificação conseqüencialista para o sacrifício de Jack, então seria correto afirmar que Palmer fez *a* coisa certa, pois o conseqüencialismo *exige* que pratiquemos a ação da qual esperamos o surgimento do bem maior. Nos dois argumentos que apresentei, espero que tenha ficado claro por que foi tão difícil para Palmer engolir a decisão tomada.

Mas ele teve de engoli-la? Jack morreu? É claro que não, como sabemos. Jack engana Nina e a faz se mover na direção da linha de fogo de um atirador da UCT. Eles receberam ordem de Palmer para não atacar, mas ficar em posição. O atirador fere Nina, que derruba a arma. Indefesa, ela é presa e Jack vive para enfrentar mais um dia – e muitos outros![59]

---

59. Agradeço a Rob Lawlor pelos úteis comentários a este capítulo.

# 12:00H – 15:00H

# QUARTEL-GENERAL DA UCT

## 12:00H – 13:00H

# A ética da tortura em *24 Horas:* assustadoramente banal

*Dónal P. O'Mathúna*

    A sexta temporada de *24 Horas* começa com uma chocante exibição dos resultados da tortura. Nosso herói, Jack Bauer, sobreviveu por dois anos em uma prisão chinesa. O geralmente orgulhoso e desafiador Jack sai vagarosamente de um avião, algemado e sujo. Uma rápida espiada nas cicatrizes que traz nas costas e nas mãos revela que ele passou por algo terrível. Mais adiante, na mesma temporada, Audrey Raines também retorna da prisão chinesa. A tortura deixou-a amedrontada, ferida e extenuada – uma mulher destruída.
    A tortura choca-nos. Essa é uma razão pela qual se torna difícil justificá-la. "Olhando para o ato físico da tortura, quase todas as pessoas sentiriam horror e repugnância dos torturadores."[60] Aqueles que testemunham a tortura em *24 Horas* – mesmo outros agentes antiterroristas – geralmente demonstram horror. Tal reação é típica e esperada, o que torna perturbador o fato de que, na segunda temporada, o presidente David Palmer nem ao menos pisca quando a tela em sua mesa mostra Roger Stanton, diretor da Agência Nacional de Segurança, ser torturado. Stanton grita quando é eletrocutado descalço em uma balde com água. O agente informa-o que a dor vai ficar pior, muito pior. Como pode alguém infligir tal dor a outro ser humano?

---

60. Elaine Scarry, *The Body in Pain: The Making and Unmaking of the World* (Oxford: Oxford University Press, 1985).

A ética preocupa-se com o modo como tratamos uns aos outros. Uma abordagem chamada *deontologia* diz que jamais devemos tratar as pessoas como meros meios para alcançar nossos objetivos. A tortura com certeza parece fazer isso: reduzir os seres humanos a simples meios para obter a informação que desejamos.

Voltando ao aeroporto, os chineses estão negociando Jack, entregando-o aos americanos, que por sua vez o entregarão a terroristas, também como objeto de um acordo. Bill Buchanan, amigo e chefe de Jack, e agora diretor da UCT, é informado pelos chineses que Bauer permaneceu em silêncio por dois anos. A tortura a ele infligida, não importa qual, simplesmente não funcionou. Não alcançou nenhum resultado.

O *utilitarismo*, outra abordagem à ética, foca a atenção nos resultados. Algo é justificável do ponto de vista ético se levar a um bom resultado para um grande número de pessoas: o bem maior para a maior quantidade de pessoas em longo prazo. Um argumento utilitarista é que a tortura pode ser justificada se salvar um grande número de pessoas, ou evitar um grande mal. Então, a tortura funciona? Ela salva uma grande quantidade de pessoas?

Jack será entregue ao terrorista Abu Fayed, que dará a UCT informações vitais sobre o paradeiro de Hamri Al-Assad. Assad deflagrou uma guerra de 20 anos de terrorismo nos Estados Unidos, e acredita-se que ele está por trás de uma recente onda de atentados suicidas em solo americano. Fayed quer Jack para vingar seu irmão que, segundo afirma, foi torturado e morto por ele em Beirute. A tortura traz implicações duradouras, deixando em Fayed um ódio profundo e desejo de vingança.

Uma terceira abordagem à ética, *a ética da virtude*, observa o impacto das ações sobre o caráter e as virtudes delas. A guerra e a violência mudam as pessoas, porém a tortura parece ser particularmente destruidora do caráter individual, e não apenas para quem foi torturado. A tortura de Jack começa com a tentativa frustrada de Fayed de lhe cortar os dedos das mãos. Que *tipo* de pessoa faria isso? Bem, Jack, por exemplo. Mais tarde nós o vemos cortar a ponta do dedo do cônsul russo, usando um cortador de charutos, para descobrir onde as bombas estão localizadas. Na segunda temporada, ele se recusa a dar analgésicos a Marie Warner para diminuir a dor do ferimento de bala. Em vez disso, empurra a bala para o osso forçando-a a revelar onde o dispositivo nuclear está escondido. Entretanto, Jack é o herói. Ele não apenas combate o terrorismo, ele navega com sucesso pela desordem moral à sua volta. Sua bússola moral está quase sempre certa – ou pelo menos gostamos de acreditar que sim. Se Jack às vezes recorre à tortura, talvez existam boas razões para isso.

## Contexto cultural da tortura

Segundo a *Convenção contra a Tortura e Outros Tratamentos ou Penas Cruéis, Desumanos ou Degradantes*, das Nações Unidas,

"Nenhuma circunstância excepcional, seja estado de guerra ou ameaça de guerra, instabilidade política interna, ou qualquer outra emergência pública, pode ser invocada como justificação para a tortura".[61] Assinada por mais de 130 nações, essa convenção se fundamenta nos trezentos anos de proibição de punições cruéis e incomuns contida na Declaração Inglesa de Direitos e nos duzentos anos de proibição contida na Constituição dos Estados Unidos.[62] Somente governos totalitários ou terroristas ainda praticam a tortura. Mesmo que *eles* façam uso dela, *nós* não devemos fazer o mesmo.

A tradição militar apóia a proibição da tortura. O documento *Criando um Código Militar de Conduta* [*Devising a Military Code of Conduct*], do século XIX, afirma: "a moderna lei de guerra não mais permite o uso de violência contra prisioneiros com o objetivo de extrair informações desejadas ou puni-los por darem informações falsas".[63] Essa posição ética tem raízes muito profundas. O romano Cícero, Santo Agostinho no século V, a era do cavalheirismo no século XIV e o *Código Militar* entendem que a guerra é justificada apenas se necessária para alcançar a paz. O *Código Militar* proíbe a tortura e a crueldade, porque "a necessidade militar não inclui nenhum ato de hostilidade que torne o retorno à paz desnecessariamente difícil" (TEW, 579). Esse é precisamente o tipo de hostilidade que aflige o agente da UCT Curtis Manning, que não consegue superar o ódio que sente por Assad, porque este torturou e decapitou seus companheiros durante a Guerra do Golfo. De forma trágica, o ódio de Manning e seu desejo de vingança forçam Jack a atirar nele, preservando a vida de Assad.

O mundo de *24 Horas* sugere que as opiniões a respeito da tortura podem ter mudado. Regularmente surgem alegações de que os Estados Unidos e seus aliados permitem o uso da tortura na guerra contra o terror. Fotografias de prisioneiros encapuzados, prisioneiros nus amedrontados diante de cães ferozes e homens de cujos corpos pendem cabos elétricos falam alto sobre a realidade da tortura. Mike Novick, chefe de gabinete do presidente Palmer, afirma que a morte durante a tortura é algo semelhante a aceitar baixas civis em bombardeios: "Algumas pessoas podem ter de morrer para salvar milhões". A tortura em *24 Horas* reflete o que o mundo se tornou, mas também faz com que seja mais fácil aceitá-la na prática. Uma pesquisa realizada pela BBC News em 2006 revelou que quase um terço das 27 mil pessoas entrevistadas em 25 países concordaram que "os

---

61. Escritório do Alto Comissariado pelos Direitos Humanos, *Convenção contra a tortura e outros tratamentos ou penas cruéis, desumanos ou degradantes*. 10 de dezembro de 1984, disponível on-line em <www.unhchr.ch/html/menu3/b/h_cat39.htm>.
62. Michael Wilks, "A Stain on Medical Ethics", em *The Lancet* 366 (Agosto de 2005).
63. *The Ethics of War: Classic and Contemporary Readings*, Gregory M. Reichberg, Henrik Syse, e Endre Begby (orgs.) (Oxford: Blackwell, 2006), p. 571. Essa obra será referida como TEW.

terroristas representam uma ameaça tão grande que, agora, os governos deveriam ter permissão de usar um certo grau de tortura, se com isso conseguirem informações que salvem vidas inocentes".[64] Nos Estados Unidos 36% tinham essa opinião; 43%, em Israel; 42%, no Iraque; 24%, na Grã Bretanha; e 14%, na Itália. Os países que convivem com violência política têm uma tendência maior a aprovar a tortura para prevenir ataques terroristas. Contudo, uma grande maioria no mundo (59%) ainda é a favor de uma proibição total, entendendo a tortura como algo inerentemente imoral que enfraquece o respeito pelos direitos humanos.

## Definindo a tortura

É difícil definir a tortura com precisão. Às vezes aqueles que foram interrogados de forma apropriada alegam que foram torturados. E com freqüência aqueles que torturam de verdade alegarão que estavam apenas conduzindo um "interrogatório coercivo". Se as distinções são legítimas ou apenas um jogo de palavras, isso traz importantes conseqüências para os prisioneiros. Na quinta temporada, é evidente que Christopher Henderson está sendo torturado quando é amarrado a uma cama de hospital e recebe injeções de pentatol, um suposto soro da verdade. Henderson é um agente que caiu em desgraça, suspeito de ter ligações com terroristas. Em um método típico de tortura, ele é amarrado, ficando incapaz de resistir ou se defender. Nesse aspecto, também não podemos nos esquecer de Roger Stanton, Marie Warner e muitos outros. A dor intensa aproxima a pessoa da perda da consciência e da morte.

Certamente, *24 Horas* também nos mostra situações nas quais a dor é infligida – durante uma luta ou tiroteio, por exemplo –, mas que não são classificadas tipicamente como tortura. Nesses casos, cada pessoa envolvida na luta pode, pelo menos, defender-se. A dor também pode ser provocada para o bem da outra pessoa, como em alguns procedimentos médicos. A tortura inflige dor por razões que nada têm a ver com o bem daquele que é torturado. A tortura também deve ser distinta da coerção. A princípio, Jack tenta coagir Henderson a revelar a informação, usando vários métodos para extraí-la. Antes, na quinta temporada, terroristas exibem reféns ao vivo pela televisão em uma tentativa de coagir o governo a cumprir suas exigências. Esses atos são repulsivos, mas não constituem tortura. Sob coerção a pessoa ainda consegue tomar a decisão racional de fazer o que lhe é exigido. Sob tortura, a dor suprime a racionalidade. A pessoa dirá ou fará qualquer coisa para parar a dor. A coerção tem como objetivo fazer com que a pessoa cumpra as exigências; a tortura busca fragmentar a pessoa.

---

64. "One-third support 'Some Torture'," *BBC News*, 19 de outubro de 2006, disponível on-line em <www.news.bbc.co.uk/2/hi/in_depth/6063385.stm>.

A tortura começa quando a persuasão, o suborno ou a coerção não funcionam (ou não são nem tentados). O alvo da tortura é a própria autonomia, e essa prática tenta subjugar o controle racional que a pessoa torturada tem de suas próprias decisões. Ela faz isso "aterrorizando a vítima até a submissão. Assim, há uma grande afinidade entre a tortura e o terrorismo. Na verdade, a tortura é uma tática terrorista."[65] O torturador usa drogas, privação da percepção sensória normal, dor severa, confusão, ou qualquer outra coisa para obter o controle total sobre a vítima. O objetivo não é apenas conseguir a informação, mas também "fragmentar a pessoa". "O objetivo consciente da tortura é transformar a vítima em alguém isolado, subjugado, aterrorizado e humilhado. A tortura busca arrancar da vítima todas as qualidades da dignidade humana valorizadas pelo liberalismo."[66]

David Sussman argumenta que "a tortura é singularmente 'cruel' e 'inumana': a mais profunda violação possível da dignidade de um ser humano".[67] O corpo da vítima torna-se um objeto a ser manipulado e controlado pelo torturador e usado contra a vontade dela. Parte da natureza distorcida da tortura é o modo como até as emoções da pessoa se voltam contra ela.[68] Na sexta temporada, Morris O'Brian é torturado para armar os dispositivos nucleares dos terroristas. Jack não pode acreditar que Morris "cedeu" e traiu a causa. Morris é afastado, sentindo uma humilhação profunda; porém foi ele quem sofreu a maior violação.

A tortura não é apenas um espancamento físico; é um estupro violento da alma da pessoa. Morris é tomado pela culpa, principalmente quando recorda o que fez. Estudos revelam que as pessoas torturadas são assombradas durante anos com sentimentos de autodestruição, dificuldades em se reintegrar às famílias e uma inabilidade para assumir o controle de suas vidas.[69] A recuperação não é fácil quando o torturador usou "a vivacidade da pessoa para destruir as coisas pelas quais ela vive" (Scarry, 38). Alguns sobreviventes de tortura apresentam danos psicológicos tão sérios que não são mais capazes de tomar decisões racionais.

A prática da tortura geralmente envolve uma combinação dos seguintes elementos: inflição intencional de extremo sofrimento físico ou psicológico; restrição da pessoa a uma posição indefesa; redução substancial do

---

65. Seumas Miller, "Torture", em *The Stanford Encyclopedia of Philosophy* (Edição do verão de 2006), Edward N. Zalta (org.), disponível on-line em <www.plato.stanford.edu/entrie/torture>.
66. David Lubam, "Liberalism and the Unpleasant Question of Torture," *Virginia Law Review* 91 (2005): 1430. As indicações de páginas referentes a Lubam são dessa obra.
67. David Sussman, "What's Wrong with Torture?", em *Philosophy and Public Affairs* 33 (2005).
68. A origem da palavra "tortura" vem da idéia de torção, como em "tortuoso"; tortura significava qualquer coisa que fizesse o corpo se contorcer de modo incontrolável.
69. Robert Oravecz, Lila Hárdi, e László Lajtai, "Social Transition, Exclusion, Shame and Humiliation", em *Torture* 14 (2004): 4-15.

exercício da autonomia da vítima; manipulação do sentido de tempo e espaço da vítima; e um ataque à vontade da pessoa, com o objetivo de quebrar sua resistência. Embora seja difícil definir a tortura, ela é facilmente reconhecida quando a vemos. A tortura é muito diferente de um espancamento físico ou de uma mentira manipuladora. Ela vai além da dor, que pode rasgar a pele; a tortura busca romper a alma.

As razões para essa prática variam, cada uma provocando diferentes considerações.[70] A tortura pode ser infligida por satisfação pessoal, quando o torturador é um sádico ou psicopata. Ela pode ser usada para aterrorizar pessoas levando-as à submissão, como fizeram alguns ditadores. Em *24 Horas*, o foco está na *tortura interrogatória,* em que os prisioneiros são torturados para revelar informações. A tortura interrogatória com foco no passado tenta extrair dos prisioneiros confissões sobre atividades passadas. Em *24 Horas*, vemos principalmente a tortura interrogatória com foco no futuro, empregada para arrancar informações acerca de um acontecimento futuro. Aqueles que acreditam que a tortura interrogatória com foco no futuro é justificável do ponto de vista ético, de modo geral afirmam que os outros usos da tortura permanecem antiéticos.

## Argumentos a favor da tortura

As cenas de tortura em *24 Horas* são um comentário estendido do principal argumento usado para justificar essa prática do ponto de vista ético: o clássico "argumento da bomba-relógio" de Henry Shue.[71] O estilo inovador da série, com seu ritmo frenético e ação em tempo "real", contribui para que nos lembremos sempre de que as horas estão passando. O tempo está sempre se esgotando, e isso tem implicações constantes no que deve ser feito. Na quinta temporada, a Segurança Interna envia Karen Hayes e Miles Papazian à UCT para resolver seus problemas. Miles afirma que Karen deve autorizar a tortura de Audrey Raines para conseguir informações a respeito do ataque terrorista do gás nervoso. Miles usa aspectos centrais do argumento da bomba-relógio: "Não temos a prerrogativa de tempo. A inteligência indica que um ataque é iminente – dentro de uma hora. Dezenas, talvez centenas, de milhares de americanos estão em perigo. E recebemos a informação que Audrey Raines sabe algo sobre isso."

O argumento da bomba-relógio é basicamente utilitarista. As boas conseqüências da descoberta da informação necessária superam as más conseqüências da tortura. Encontrar e desativar a bomba evitará muitas mortes e ferimentos; o dano resultante de infligir dor no agressor, ou de

---

70. Vittorio Bufacchi e Jean Maria Arrigo, "Torture, Terrorism and the State: A Refutation of the Ticking-Bomb Argument," em *Journal of Applied Philosophy* 23 (2006).
71. Henry Shue, "Torture", em *Philosophy and Public Affairs* 7(1978).

negar sua dignidade, ou violar seus direitos, é um preço baixo a pagar em comparação. Não obstante, Bill Buchanan defende Audrey, alegando que ela merece um tratamento diferente. Karen responde: "Se ela for culpada, não merece nada". Implícita no argumento da bomba-relógio está a afirmação de que a pessoa pode perder seu direito a não ser torturada quando as conseqüências de não obter a informação são muito sérias.

A tortura, no entanto, é uma das várias estratégias não aceitas nas democracias liberais ocidentais. A guerra contra o terror ajudou a promover uma nova filosofia política muito utilitarista. Na quinta temporada vemos a lei marcial ser introduzida. Por trás das cenas na sexta temporada, os direitos das pessoas com quaisquer ligações com Oriente Médio ou o islamismo são restringidos. A gravidade da ameaça terrorista justifica o que não seria usualmente tolerado. O chefe de gabinete Tom Lennox assume uma abordagem muito utilitarista da ética, dizendo a Karen Hayes, agora conselheira da Segurança Nacional: "A segurança tem seu preço. Acostume-se a isso, Karen."

*24 Horas* retrata, de maneira chocante e dramática, a necessidade urgente da tortura e sua aparente legitimidade. As agências atuais de execução da lei são colocadas em situações difíceis. Tradicionalmente, essas agências lidavam com o crime após ele acontecer e procuravam evidências para a condenação do criminoso. Regras ditam os procedimentos de busca e apreensão de propriedade e como as confissões devem ser obtidas – se a condenação é o resultado desejado. Mas a ordem na UCT, e na guerra contra o terror, muda tudo isso. Agora o objetivo é prevenir ataques terroristas, e arrancar informações de suspeitos capturados pode ser algo muito útil. Na segunda temporada, o líder terrorista Syed Ali é torturado para revelar a localização de uma bomba nuclear. Sob tortura, Roger Stanton indica o mesmo local. *24 Horas* dá vida ao argumento da bomba-relógio.

O argumento ganha força mesmo quando uma bomba explode. Não vimos o horror, a dor e a devastação da explosão nuclear na sexta temporada. A nuvem de cogumelo sobre uma cidade moderna transmitiu de modo claro a idéia. Se a tortura tivesse impedido essa tragédia, isso não seria uma justificação suficiente? Fritz Allhoff, um utilitarista que aceita essa visão, acredita que ela é tão óbvia e racional que não precisa ser defendida. "Se alguém deseja discordar da permissibilidade da tortura nesse caso [bomba-relógio], simplesmente não sei o que fazer além de levantar minhas mãos em um gesto de exasperação." Ele considera qualquer argumento contrário "totalmente implausível".[72] Mas tais argumentos existem, e vários são representados em *24 Horas*.

---

72. Fritz Allhoff, "A Defense of Torture: Separation of Cases, Ticking Time-bombs, and Moral Justification", em *International Journal of Applied Philosophy* 19 (2005).

## Argumentos contra a tortura

O principal argumento contra a tortura é que ela trata os seres humanos de maneira indigna. A tortura não é apenas dolorosa; é humilhante, degradante e aterrorizante. A pessoa é tratada como um objeto. Ao introduzir seu argumento da bomba-relógio, Shue admitiu: "Nenhuma outra prática, a não ser a escravidão, é tão condenada, de modo universal e unânime, na lei e convenção humana" (1978: 124).

A maioria das pessoas se choca quando vê, lê ou pensa a respeito do que um ser humano pode fazer a outro durante a tortura. Considere as pessoas em *24 Horas* que se contorcem de dor quando drogas usadas durante a tortura fluem em suas veias. Na segunda temporada, Jack grita próximo ao rosto ensangüentado do terrorista Syed Ali, e depois se abaixa e parece quebrar os dedos dele. Na quarta temporada, Jack corta o dedo do cônsul russo para descobrir onde estão os dispositivos nucleares. Essas cenas provocam uma reação emocional que é em si parte do argumento contra a tortura. "Se tratamos uma pessoa de uma maneira que geralmente consideramos chocante, nós não a tratamos como uma pessoa – ou, pelo menos, não a consideramos uma pessoa se a tratamos assim contra a vontade dela e sem que dessa ação lhe resulte algum benefício".[73] Apenas o choque que sentimos não é um argumento suficiente contra a tortura, mas nos alerta para o fato de que algo está muito errado.

Prisioneiros são deixados nus, com frio, com fome, em lugares úmidos, ou são privados do sono; alguns são forçados a ficar em pé durante dias; suas celas são tomadas por barulhos, luzes claras ou total escuridão; outros são colocados em posições sexualmente degradantes ou humilhantes; seus ícones religiosos são profanados. Tais práticas são defendidas como técnicas de interrogatório necessárias; meios para alcançar importantes fins.[74]

*24 Horas* não retrata esse lado da tortura, embora ele esteja presente como pano de fundo, como quando vemos as cicatrizes na mão de Jack na sexta temporada. O argumento da bomba-relógio que permeia a série mostra a tortura como uma escolha racional, um mal necessário quando o tempo é essencial e os riscos são imensos. A tortura em *24 Horas* é sã e um tanto "asséptica", refletindo-se no argumento da bomba-relógio. "A tortura com o objetivo de obter informações e salvar vidas parece quase heróica. Pela primeira vez podemos pensar em torturadores gentis em vez de tiranos." (Luban, 1436)

Além de Jack, o agente Burke é o principal torturador da UCT. Um homem bonito, cujo personagem nunca é desenvolvido, embora ele apareça

---

73. Michael Davis, "The Moral Justification of Torture and other Cruel, Inhuman, or Degrading Treatment", em *International Journal of Applied Philosophy* 19 (2005).
74. Mark Bowden, "The Dark Art of Interrogation", em *Atlantic Monthly* 292 (1993).

em todas as temporadas. Talvez nós não desejemos saber que tipo de pessoa ele é e preferimos pensar nele como o estereótipo do "torturador gentil". Mas o que ele faz enquanto está esperando pelo chamado para entrar em cena e torturar alguém? Talvez esteja em casa com a família; recebe o chamado, despede-se da filha com um beijo e diz: "Sinto muito, querida, papai tem de ir ao escritório". Talvez ele tenha de voltar rapidamente de um treinamento em Guantanamo. Ou talvez esteja na UCT, lendo as últimas pesquisas sobre "soros da verdade" ou praticando novas técnicas em cobaias.

O argumento da bomba-relógio sugere que os torturadores se materializam quando surge a necessidade. *24 Horas* mostra que isso não é verdade. Foi Christopher Henderson quem ensinou a Jack seus métodos. O agente Burke tem treinamento e equipamento para dar suporte a seu trabalho. Se a tortura for aceita, a sociedade precisará de um "quadro profissional de torturadores treinados" apoiados por pesquisas biomédicas e desenvolvimentos legais (Luban, 1445). Esse treinamento dificilmente será tão limpo quanto o retratado em *24 Horas.*

As investigações em Abu Ghraib mostram que os torturadores devem ter recebido um "treinamento sistemático" em técnicas de tortura desenvolvidas em outro lugar.[75] Esse treinamento transforma homens e mulheres jovens em torturadores que desumanizam suas vítimas. A prática da tortura não devasta apenas a vítima, ela arruína a vida do torturador. Estudos realizados com torturadores revelam que eles apresentam uma variedade de problemas psicológicos e sociais, com freqüência recorrendo ao abuso de drogas e álcool.[76] O pai de um torturador militar grego disse no julgamento do filho: "Eu tinha um bom menino; todo mundo dizia isso. Vocês podem me dizer quem transformou meu filho em um torturador, destruindo-o e à minha família psicologicamente?" (Haritos-Fatouros). Os relacionamentos dos torturadores também sofrem; até seus colegas militares olham para eles com desprezo, como se eles estivessem "maculados" (Arrigo, 554). Portanto, *24 Horas* não é realista quando mostra que Burke, e principalmente Jack, não são afetados pela tortura. No mundo real, a tortura muda os torturadores, com freqüência os desumanizando. A destruição deles deve ser incluída em qualquer cálculo utilitarista.

Fundamental ao argumento utilitarista é a presunção de que a tortura funciona. Quando o presidente Palmer vê Roger Stanton resistir à tortura,

---

75. Mika Haritos-Fatouros, "Psychological and Sociopolitical Factors Contributing to The Creation of the Iraqi Tortures: A Human Rights Issue", em *International Bulletin of Political Psychology Online* 16 (2), fevereiro de 2005; disponível on-line em <www.security.pr.erau.edu/browse.php>.
Citações subseqüentes são apresentadas no texto sob o nome do autor.
76. Jean Maria Arrigo, "A Utilitarian Argument Against Torture Interrogation of Terrorists", em *Science and Engineering Ethics* 10 (2004).

ele observa com confiança que "todo mundo acaba cedendo". Mas Jack agüentou dois anos de tortura chinesa; e Henderson não cedeu na UCT. Na sexta temporada, quando Bauer tortura seu próprio irmão, Graem, com drogas e um saco plástico sobre sua cabeça, ele revela algumas informações, mas não os detalhes cruciais. Mais tarde, quando o general Habib também parece sucumbir à tortura, ele encontra um meio de alertar seu colega Fayed. Às vezes, a tortura funciona, mas na maioria das vezes isso não acontece (Arrigo, 549-550). Das pessoas torturadas legalmente na França, desde o século XVI até meados do século XVIII, entre 67% e 95% não confessaram. Os nazistas usaram todos os tipos de tortura contra o movimento da resistência e, mesmo assim, conseguiram poucas informações. Estima-se que apenas 5% dos prisioneiros de guerra americanos torturados pelo Vietnã do Norte prestaram as declarações antiamericanas exigidas deles. Steve Biko suportou anos de tortura na África do Sul.[77] Até aqueles que acreditam que alguns tipos de tortura são éticos admitem que ela só funciona "às vezes",[78] e que "há muitos casos de tortura que são totalmente ineficazes em todos os sentidos".[79] Outros afirmam que a idéia de que a tortura funciona é "uma daquelas falsas crenças da 'psicologia popular'" (Arrigo, 563).

O argumento da bomba-relógio se fundamenta no fato de o agressor estar preso. Porém, uma vez que a tortura é aceita, ela se espalha a outros suspeitos. Na quarta temporada, Paul Raines é torturado porque seu nome aparece no contrato de aluguel de um prédio usado por terroristas. Isso faz dele o "principal suspeito" e passível de tortura. Jack o mergulha em água e prende cabos elétricos em seu peito para forçá-lo a revelar algumas informações – mas com certeza não a localização da bomba. Na quinta temporada, Audrey Raines é torturada, porém ela era inocente, vítima de uma trama elaborada por terroristas. De acordo com a história passada "um programa de tortura interrogatória... pode prever que pelo menos três quartos dos suspeitos de terrorismo podem ser presos por engano" (Arrigo, 557). Na verdade, as autoridades jamais têm certeza de que prenderam a pessoa certa. E quando a tortura é aceita para um raro caso extremo, sua aplicação se expande. A história recente na guerra contra o terror mostra que a tortura foi aceita como parte de "uma expedição de busca mais genérica por qualquer informação que possa ser usada para ajudar a 'desbaratar' a organização terrorista" (Luban, 1443). Esse é com certeza o cenário

---

77. Steve Biko e Millard W. Arnold, *The Testimony of Steve Biko* (London: M.T. Smith, 1984).
78. Uwe Steinhoff, "Torture – The Case for Dirty Harry and against Alan Dershowitz", *Journal of Applied Philosophy* 23 (2006).
79. Sanford Levinson, "The Debate on Torture: War Against Virtual States", em *Dissent* (verão de 2003). Ver o capítulo escrito por R. Douglas Geivett, para uma discussão detalhada quanto a tortura ser um meio eficaz de obter informações.

de *24 Horas*, em que a tortura é empregada com cada vez mais freqüência e cada vez menos justificação.

Em geral, o argumento da bomba-relógio é visto por alguns como uma "ilusão perigosa" e uma "fraude intelectual" (Luban, 1452). Os detalhes desse argumento estão tão distantes da realidade que ele tranqüiliza as pessoas fazendo-as acreditar que é realista e convincente. Na realidade, o terrorista comprometido com a causa dificilmente cede; ele sabe que deve suportar a tortura por pouco tempo até a bomba explodir. Alguns terroristas não têm medo da morte. Syed Ali é desafiador diante das ameaças de Jack, dizendo que acordou sabendo que morreria naquele dia. Jack afirma que o fará morrer de uma maneira mais dolorosa do que ele possa imaginar. Syed responde que isso só lhe trará maior prazer no paraíso.

Ao propor o argumento da bomba-relógio, Shue compara a tortura ao câncer: "Há evidências consideráveis da tendência metastática da tortura" (2003, 143). Desde então ele mudou sua posição, concluindo que seu próprio argumento é artificial e não realista. "As justificações para a tortura navegam na fantasia", ele escreveu em 2003.[80] Shue agora pensa que seria mais sensato acreditar que um terrorista dedicado à causa, se torturado na manhã de 11/9, teria mentido quanto a seus planos em vez de dizer a verdade. Mas além desses argumentos, ele declara que "a razão principal para não infligir agonia a outro ser humano é que isso é degradante para todos os envolvidos: todos se tornam menos humanos" (2003, 91).

O impacto da tortura expande-se para além daqueles diretamente envolvidos. A permissão dessa prática coloca todo o sistema democrático e liberal de justiça, a lei e a ordem de cabeça para baixo. "Em seu perfil básico, a tortura é a inversão do julgamento, o reverso da causa e efeito. Enquanto um estuda evidências que podem levar à punição, a outra usa a punição para criar evidências." (Scarry, 41) A tortura vai além da presunção de inocência e do direito a um julgamento justo. Ela se coloca contra a dignidade humana como inerente e aplicável a todos os seres humanos – até criminosos e terroristas. Tal prática destrói a crença de que todos têm direitos básicos, incluindo o direito de não ser tratado de modo cruel, inumano ou degradante. A abordagem utilitarista defende a tese de que a dignidade humana é algo que se conquista; ela é conferida por outros e, portanto, pode ser retirada. Segundo essa visão, a dignidade de algumas pessoas pode ser violada pelo bem da sociedade.

Essa idéia se torna parte de um debate que ocorre na sexta temporada acerca de propostas para reduzir liberdades básicas. O presidente Wayne Palmer e Karen Hayes rejeitam tal noção, argumentando que a erosão gradual dos direitos individuais e da dignidade humana levará à derrocada dos fundamentos sobre os quais uma sociedade justa é construída. A tortura

---

80. Henry Shue, "Response to Sanford Levinson", *Dissent* (verão de 2003).

desempenha um papel-chave na erosão de valores essenciais. "Qualquer Estado que crie unidades de tortura interrogatória perderá sua legitimidade moral e, por conseguinte, destruirá a obrigação política de seus cidadãos." (Bufacchi e Arrigo, 366)

## Não é tão simples

Em várias situações, *24 Horas* retrata de maneira dramática por que é tentador considerar a tortura algumas vezes aceitável do ponto de vista ético. Torturar a pessoa com o dedo no botão parece a coisa certa a fazer para impedir uma destruição. Mas, de maneira geral, as coisas não são tão simples assim. A tortura não fez com que Fayed revelasse a localização das bombas nucleares. Enganaram-no quando o fizeram pensar que fora resgatado. A tortura quase põe o plano a perder no momento em que o general Habib alerta Fayed sobre ele. A ultrapassada investigação policial, a boa sorte, e um tiroteio bem ao estilo de Hollywood – e não a tortura – salvaram o dia.

Ao mesmo tempo, a série mostra muitos dos problemas com a tortura. Ainda que o argumento da bomba-relógio seja aceito, a prática da tortura expande-se com rapidez. Outras pessoas, muitas delas inocentes, são pegas na teia da tortura interrogatória. Quando os prisioneiros falam, podem ou não estar dizendo a verdade. A vítima dirá qualquer coisa para parar a dor. Os benefícios não são tão óbvios e os custos vão muito além da pessoa torturada. A vida do torturador é com freqüência arruinada, e o programa corrompe os sistemas militar, policial, político, médico e legal envolvidos. Por fim, a sociedade como um todo sofre o impacto. A paz depois do terrorismo é algo difícil de se imaginar, mas a tortura a tornará ainda mais difícil. Lugares como Argélia, África do Sul, Chile, Grécia, Israel e Irlanda do Norte demonstram as dificuldades da reparação social depois que a tortura é institucionalizada (Bufacchi, 367).

Em vez de violar a dignidade de alguém em tentativas (freqüentemente vãs) de conseguir informações por meio de tortura, outra abordagem é recorrer à dignidade da pessoa. Recusando-se a negar a dignidade dos outros, um modo melhor é proposto. Isso pode ter seu preço. O sistema de justiça atual corre o risco de deixar algumas pessoas culpadas escaparem sem punição em vez de punir erroneamente um inocente. Do mesmo modo, uma sociedade que se recusa a torturar *pode* deixar algumas pessoas mofando na prisão enquanto bombas explodem. Contudo, não há garantias de que mesmo a tortura as obrigará a revelar a localização das bombas. O uso da tortura arrisca provocar a devastação causada pela bomba além de nossa própria corrupção moral e degeneração social.

A banalidade da tortura em *24 Horas* deveria nos chocar a ponto de nos fazer perceber quão fácil e rapidamente ela se torna aceitável. A série dramatiza a necessidade dessa prática, mas também mostra seus problemas.

Todavia, a tortura em *24 Horas* permanece compatível com o confortável entretenimento da TV. As imagens de Abu Ghraib e os testemunhos de pessoas que foram realmente torturadas são angustiantes e grotescos. Não devemos jamais nos esquecer disso, nem ser seduzidos pelas imagens simplistas que falseiam o mundo real. A tortura em *24 Horas* e o caso da bomba-relógio são artificiais e assépticos. No entanto, a série fornece um importante modo de explorar a ética da tortura. Devemos fazer isso abertamente e com muito, muito cuidado. Negar os direitos fundamentais e a dignidade de qualquer pessoa é uma proposição perigosa e degradante.[81]

---

81. Agradecimentos a Pat Brereton, John Keane e aos editores pelas valiosas sugestões feitas neste capítulo.

# 13:00H – 14:00H

# Lealdade e a "guerra de todos contra todos" em *24 Horas*

*Eric M. Rovie*

É quase impossível acreditar nas aparências quando você está lidando com renegados, traidores, terroristas, agentes infiltrados e contra-espiões. Em um mundo onde todos (exceto Jack, é claro!) estão dispostos a traí-lo, há pouco espaço para confiança e ainda menos para lealdade. Jack foi traído pela amante, pelos companheiros, por seu antigo mentor, seu pai, irmão e até pelo presidente dos Estados Unidos, seu empregador! Quase todos os personagens principais da série foram traídos, acusados falsamente, aprisionados, torturados ou mesmo mortos por alguém que acreditavam ser um amigo. Tudo isso nos leva a fazer uma pergunta filosófica acerca do mundo de *24 Horas:* O que podemos aprender sobre confiança e lealdade com Jack Bauer e seus colegas? A série apresenta uma visão um tanto pessimista do mundo, por isso tomemos algumas opiniões do filósofo pessimista Thomas Hobbes (1588-1679), buscando responder à pergunta: "Jack pode confiar em *alguém*?"

## O que é lealdade?
## O que é confiança?

Comecemos examinando a natureza da lealdade. Quando uma pessoa é leal a alguém ou a alguma coisa, ela mantém uma disposição de se manter fiel e comprometida com aquela pessoa ou coisa, apesar dos desafios que possam surgir ao longo do caminho. Mais importante, quando alguém é leal, deve, presumivelmente, defender ou apoiar a pessoa que foi acusada de agir de modo errado. Uma esposa leal, por exemplo, deve presumir (a não ser que existam fortes evidências em contrário) que seu marido não a trai, apesar dos rumores a respeito da traição. Porém, devemos ter o cuidado de não perder nosso controle da realidade. Se a mulher pega o marido em flagrante, traindo-a, não seria desleal negar o que ela viu com os próprios olhos. Ela pode estar disposta a perdoar o marido, mas isso é outra questão. É claro que às vezes a "traição" não é o que parece. Quando Kim Bauer ouve uma conversa aparentemente inapropriada entre seu namorado, Chase Edmunds, e a analista da UCT Chloe O'Brien, parece evidente que ela tem o direito de questionar a fidelidade dele. Ao mesmo tempo em que se surpreende ao descobrir que Chase tem uma filha, Angela, e que Chloe o ajuda a cuidar dela, Kim fica feliz em saber que não há nada romântico entre os dois. A lealdade não exigiria que Kim simplesmente presumisse, a despeito da aparente evidência de que Chase e Chloe estavam tendo um caso, que o rapaz jamais a trairia. Em um determinado momento, a suspeita deve aparecer. Por isso, queremos evitar o tipo de lealdade irrefletida, com freqüência descrita como lealdade cega, a favor de uma presunção de fé e comprometimento, ainda quando essa fé é testada.

Observemos que a lealdade pode se aplicar a muitos níveis e a muitas entidades. É possível ser leal a indivíduos, grupos de pessoas, entidades abstratas, ideologias, sistemas políticos, líderes políticos, clubes, times, animais e até mesmo a objetos inanimados. Na prática, minha lealdade ao St. Louis Cardinals é bem diferente da que eu tenho para com minha filha Jillian, mas o conceito geral é o mesmo. Eu apoiarei ambos, independentemente dos problemas que possam me causar, a menos que uma razão muito forte e convincente me force a retirar meu apoio. Existe uma linha muito tênue entre lealdade e fanatismo. Se meu amor pelo Cardinals me levar a negligenciar meus deveres como filósofo, professor, pai ou bom cidadão, isso significa que devo ter cruzado um tipo de linha. Se, por exemplo, eu atacar um torcedor do Cubs com um taco de beisebol porque adoro o Cardinals, isso não significa que sou leal. Pelo contrário, sou um homem fanático, anti-social e descumpridor da lei.

De modo geral, a lealdade é considerada uma virtude, embora seja uma virtude que pode ser anulada por outras considerações.[82] De fato, é

---

82. Ninguém menos que Donald Trump afirmou que se trata de uma virtude. Na verdade, Trump alega que a lealdade é a *maior* virtude (<www.donaldtrump.trumpuniversity.com/default.asp?item=109435>), e, como ele é o presidente da Trump University, suponho que devemos acreditar nele. Entre outras figuras, menos autoritárias, que endossaram a idéia da lealdade como virtude (mas não necessariamente a maior) estão Sócrates, Aristóteles, Marco Aurélio e os autores de muitos dos textos do Antigo Testamento.

importante considerar com o que podemos contrastar a lealdade, senão com algo tão insidioso quanto a lealdade cega ou o fanatismo. Atentemos para o fato de que a lealdade pode prejudicar a imparcialidade que, em muitos casos, é uma virtude (ou estado de espírito) útil para a promoção da justiça. A lealdade presumida de um juiz a seus amigos ou parentes, por exemplo, impedi-lo-ia de presidir julgamentos que os envolvessem. Seria difícil para um juiz permanecer imparcial o suficiente para garantir um julgamento justo se seu filho estivesse envolvido no processo; e isso nos permite impor restrições aos julgamentos que certos juízes podem presidir. Um juiz cujo filho é réu do processo teria de se afastar do caso voluntariamente, ou ser forçado a isso. Mas, se a lealdade conflitar com a imparcialidade, não ficaremos atolados na lama? A resposta pode ser "sim" e "não": idealmente, podemos precisar das duas virtudes em nosso arsenal de traços de caráter, como também podemos ser obrigados a escolher uma delas em certas ocasiões.[83] Então, no fim do dia, precisamos pelo menos considerar a natureza da lealdade, por que devemos tê-la e por que ela pode ser uma coisa perigosa. Em breve, veremos como ela afeta o mundo de Jack Bauer, mas, antes, algumas palavras sobre a confiança se fazem necessárias.

Deveria ser óbvio que a confiança estivesse ligada à lealdade. Pelo menos, seria difícil ser leal a alguém ou a alguma coisa em que não confiamos. Entretanto, não é fácil definir ou descrever a confiança. Alguns afirmam que confiança é depositar a fé em estranhos.[84] Confiar em alguém dessa forma é, por assim dizer, acreditar que essa pessoa agirá de modo consistente com nossas expectativas, embora pareça óbvio que isso não se aplica apenas a estranhos. Confiar é, até certo ponto, um ato de previsão: confiar é presumir que você tem boas razões para acreditar que algo acontecerá.[85] É acreditar que você tem uma razão para esperar que as ações, comprometimentos ou atividades futuros de alguém (ou de alguma coisa) atenderão às suas expectativas. Acreditar que uma coisa acontecerá não significa que essa coisa é boa. Se eu disser que acredito que o cão enjaula-

---

83. Aristóteles nos sugeriria usar *phronesis*, ou a sabedoria prática, para decidir se devemos ser leais ou imparciais em determinadas situações.
84. Eric Uslaner, *The Moral Foundations of Trust* (New York: Cambridge University Press, 2002).
85. Existem, é claro, enormes problemas com a natureza da previsão. Devemos saber distinguir entre afirmações fundamentadas em previsões e afirmações com base no conhecimento: dizer que temos certeza de que nosso amigo é leal é provavelmente um exagero. Devemos dizer que é bem provável, em razão do que conheço a respeito dele, que meu amigo permaneça leal. Mas não podemos *ter certeza* desse fato a menos que tenhamos uma janela aberta aos acontecimentos futuros. O filósofo David Hume, entre outros, tem muito a dizer acerca desse tipo de argumento lógico (lógica *indutiva*). Ver David Hume, *An Enquiry Concerning Human Understanding*. Publicado por Tom Beauchamp. (Oxford: Oxford University Press, 1999) Em particular a Seção IV.

do vai morder alguém quando for libertado, não estou encorajando o comportamento agressivo do cachorro, mas apenas afirmando o que penso que acontecerá. Jack Bauer, por exemplo, pode ter certeza de que não se pode acreditar em nada que Nina Myers faça ou diga, por causa de seu passado de trabalhar para lados opostos.

Quando usamos a confiança em um sentido mais positivo, (quando digo "confio a você as chaves da minha casa") dizemos que estamos afirmando não apenas que eu previ o que você fará, mas também que é algo que aceitarei que você faça, ou que eu quero que você faça. No sentido mais fraco, confiança significa dizer que eu prevejo que você não vai fazer algo que eu não quero que seja feito. Ou seja, ao lhe entregar as chaves da minha casa, acredito que você não vai me roubar quando eu viajar no fim de semana. Quando Wayne Palmer ajuda Jack (suspeito de estar envolvido no assassinato do irmão de Wayne, o presidente David Palmer) a descobrir informações a respeito do assassinato de David, e depois o ajuda novamente a encontrar evidências da conspiração, Wayne parece operar com um alto grau de confiança. Embora Jack e Wayne não se conheçam muito bem, o fato de Wayne acreditar na promessa de Jack de que ele elucidará o assassinato de David é um exemplo desse sentido positivo da confiança.

Não estou dizendo, é claro, que lealdade e confiança não estão de algum modo relacionadas. De fato, é possível que a confiança seja a base sobre a qual a lealdade é construída (mas eu não vou endossar explicitamente essa visão aqui). Assim entendida, é procedente o argumento segundo o qual não é possível ter lealdade sem um certo grau de confiança. Eu não posso ser leal a um amigo, a menos que tenha alguma razão para acreditar que ele está assumindo suas responsabilidades em nosso relacionamento, não falando de mim pelas costas, não furtando minhas coisas e não sendo um assassino serial que pratica o canibalismo. Também deve ficar claro que é possível ter confiança sem ser leal. Eu posso fazer um acordo para pagar alguém para pintar minha casa, e acreditar que o pintor (um estranho para mim), na verdade, pintará a casa depois que receber o pagamento.[86] Eu não tenho nenhum senso de lealdade para com esse pintor desconhecido, mas posso ter confiança (em grande parte baseada no recurso legal que tenho à minha disposição se ele não fizer o trabalho).

---

86. Uma razão pela qual essa confiança pode existir, como observa Hobbes, é porque nós temos uma rede de proteções legais e políticas que permitem aos consumidores fazer acordos assim. No estado de natureza de Hobbes, que discutiremos em breve, essa confiança provavelmente não existiria.

## Fique atento, Jack

Existe lealdade no mundo de *24 Horas*? É possível confiar em alguém? Provavelmente não! Ainda que existam pelo menos alguns personagens que parecem ser um tanto confiáveis (lembre que apenas quatro pessoas – o presidente David Palmer, Chloe O'Brian, Tony Almeida e Michelle Dessler – foram confiáveis o suficiente para saber que Jack ainda estava vivo, após a representação de sua morte no fim da quarta temporada), uma das razões pelas quais *24 Horas* é uma série excitante é que você nunca tem certeza se os principais personagens são confiáveis. Embora seja difícil imaginar Jack traindo seu país (e talvez Chloe ser desleal a Jack), todos os outros personagens são presas fáceis para uma traição. E devemos levar em consideração que a prioridade da lealdade de Jack é para com o país e não a uma pessoa específica. Afinal de contas, ele matou seu supervisor, Ryan Chappelle, na terceira temporada, para impedir um ataque de armas biológicas em Los Angeles. Fica claro que para Jack seu dever é com os cidadãos de Los Angeles (e o presidente David Palmer, que aprovou a execução) e não com seu superior na UCT. Afora seu relacionamento íntimo com David Palmer, Chloe O'Brien e sua filha Kim, o principal objeto da lealdade de Jack parece ser seu país e seu trabalho, protegendo os Estados Unidos do terrorismo.

Assim, ficamos com a seguinte questão: O que a filosofia pode nos dizer a respeito da natureza da lealdade e da confiança no mundo desordenado de *24 Horas*? Podemos aprender algo com os filósofos para ajudar Jack Bauer? Para encontrar uma resposta, vamos recorrer ao primeiro grande filósofo inglês, Thomas Hobbes.

## Hobbes, confiança e *24 Horas*

Uma grande parte da filosofia política de hoje se apóia nos ombros de Thomas Hobbes e, em particular, em sua famosa obra *O Leviatã*, publicada pela primeira vez em 1651.[87] Reduziríamos a importância de Hobbes se

---

87. Há muitas edições do clássico de Hobbes disponíveis, mas a versão de *Cambridge Texts in the History of Political Thought*, traz muitos elementos úteis, como ensaios perspicazes, um índice cuidadoso e uma concordância com outras edições populares. Thomas Hobbes, *Leviathan* (New York: Cambridge University Press, 1991). As indicações de páginas referentes a essa edição do O Leviatã serão incluídas entre parênteses no texto. Existe também uma versão muito boa de partes do texto, editada por Jonathan F. Bennett e disponível on-line em <www.earlymoderntexts.com>. A versão de Bennett apresenta o texto modificado e "traduzido" para o inglês contemporâneo. Considerando a complicada linguagem, gramática, e pontuação da obra de Hobbes, a versão de Bennett é um bom ponto de partida. As citações feitas por mim no texto serão extraídas da edição de Tuck.

88. Para uma visão sagaz da vida de Hobbes, suas contribuições a todas as áreas da filosofia, e influência sobre a filosofia contemporânea, ver A. P. Martinich, *Hobbes* (New York: Routledge, 2005).

afirmássemos que ele foi exclusivamente um filósofo político. Suas contribuições estendem-se a todos os subcampos da filosofia, mas com certeza ele é mais conhecido pela teoria do contrato social encontrada em *O Leviatã*.[88] Para Hobbes, os seres humanos ficam em condições melhores quando se reúnem em grupos, abrindo mão das liberdades absolutas das vidas isoladas sem a sociedade (o famoso termo empregado por ele para descrever esse mundo pré-social é o estado de natureza) e entregando a execução do bem-estar da sociedade a um soberano poderoso e temido.[89] Segundo Hobbes, nós "desistimos" de nossas liberdades "por meio de um contrato" para garantir a segurança, porque um mundo no qual todos estão livres de todas as regras é também um mundo onde enfrentamos perigos, lutas e discussões constantes. Por isso, a teoria de Hobbes da sociedade política é uma "teoria do contrato social". Como o filósofo coloca, a vida antes da sociedade é absolutamente livre, mas também "solitária, pobre, sórdida, brutal e curta" (89). Para proteger a nós mesmos, abrimos mão de muitas de nossas liberdades e, em troca, recebemos proteção contra os perigos, pelos esforços do soberano. Muito mais poderia ser dito acerca dos argumentos de Hobbes para a sociedade política, e das considerações morais ligadas a essa teoria política, mas não abordaremos esses temas aqui. Em vez disso, consideremos a natureza da visão de Hobbes quanto à natureza da confiança e lealdade, à luz de sua teoria política, relacionando-a a *24 Horas*.

    Hobbes realmente acreditava que, após a celebração do contrato social, o soberano e seus súditos passariam a confiar uns nos outros? A resposta mais uma vez parece ser "sim" ou "não". Por um lado, seria tolo dar a alguém poder absoluto sobre sua vida se você não confiasse nele. Por que entregar sua liberdade a alguém que pode brutalizá-lo na primeira oportunidade? Mas, por outro lado, Hobbes deixa a porta aberta para a possibilidade, ainda que mínima, da existência de recursos disponíveis para os súditos que são maltratados pelo soberano. Como ele diz: "A Obrigação dos Súditos para com o Soberano deve durar o mesmo período de tempo, e não mais, que o poder pelo qual o Soberano é capaz de proteger os Súditos." (153). E quando Hobbes menciona a "relação mútua entre Proteção e Obediência", ele parece reconhecer que os cidadãos que não recebem a sua parte da transação (liberdade por segurança) podem perder a inclinação de obedecer ao soberano (491). Mais grave ainda, Hobbes afirma que o governo negligente dos príncipes é naturalmente punido com rebelião e morte, o que atribui ao soberano a responsabilidade de governar bem (254).

---

89. Esse soberano teria de ser tão temível e aterrorizante quanto o monstro marinho (leviatã) descrito na Bíblia; um ser destemido e com poderes ilimitados. Ver *O Livro de Jó*, capítulo 41.

Podemos ser céticos quanto ao argumento de Hobbes e o conceito geral de confiar em nosso governo. Como telespectadores de *24 Horas*, podemos ser bem cínicos no que diz respeito a quanta lealdade podemos depositar em nosso governo, considerando que os oficiais do alto escalão (incluindo o presidente!) colocam as mãos em lugares muito sujos. Não devemos presumir que pelo menos uma pessoa em qualquer gabinete presidencial está, de algum modo, envolvida em uma trama maléfica contra o país? Talvez estejamos certos em ser cínicos, porém há mais um ponto que apóia o argumento de Hobbes a favor da sociedade política, e está relacionado às razões por que as pessoas devem manter suas promessas. Nos capítulos 14 e 15 de *O Leviatã*, Hobbes apresenta algumas das leis da natureza que se aplicam a todos os homens[90] para seu próprio benefício e preservação. A importante lei da natureza para nossos propósitos é a terceira: "os homens têm de cumprir os Pactos que celebraram, caso contrário, os Pactos são em vão, e apenas palavras Vazias" (100). É possível substituir o termo Pacto, usado por Hobbes, pelas palavras mais comuns "promessa" ou "acordo". A quebra de um acordo constitui uma ação injusta, um erro moral.[91] Mas que razão, além da crença de Hobbes, temos para acreditar que isso é uma lei da natureza? Existe alguma razão real para se cumprirem as promessas? Há pelo menos duas boas razões para isso, segundo o filósofo:

1) *Não se contradizer.* A pessoa não deve contradizer o que prometeu fazer. Se prometemos passear com o cachorro de alguém, e depois decidimos não fazê-lo, somos intelectualmente inconsistentes; e Hobbes acredita que todos os homens se esforçam para evitar esse tipo de inconsistência (93). Qual o sentido em dizer uma coisa e não se manter verdadeiro às palavras que dissemos? Seria ainda pior prometer fazer algo sabendo que não temos a intenção de manter a promessa! Hobbes chama esse falso fazedor de promessas de "Tolo", mas podemos considerar essa pessoa alguém que mente para conseguir vantagens na sociedade.

2) *Medo.* Quebrar uma promessa traz conseqüências. Se eu prometo a você que vou levar Sparky para passear e não faço isso, você, no mínimo, ficará bravo comigo. Na pior das hipó-

---

90. Hobbes não estava preocupado com a distinção de gêneros em sua discussão sobre as leis da natureza. Para nossos propósitos, quando Hobbes usar o termo *homens* podemos presumir que se refere a seres humanos racionais. Ainda que ele tenha deliberadamente deixado as mulheres de fora dessa categoria, nós as incluiremos.
91. Thomas Hobbes, *On the Citizen (De Cive)*, Richard Tuck e Michael Silverthorne (orgs.) (New York: Cambridge University Press, 1988).

teses, nossa amizade acabará. Hobbes diz que "o direito e a força" são com freqüência suficientes para forçar os partícipes a cumprir sua parte no pacto celebrado (96). Há alguns casos nos quais não existem remédios legais formais para aqueles que sofreram a quebra de uma promessa, é claro, como no nosso exemplo do passeio com o cachorro. Mas Hobbes ressalta que uma pessoa conhecida como quebradora de promessas "não pode ser recebida em nenhuma Sociedade" e corre o risco de ser isolada e se tornar um pária social por seu comportamento errado (102).

Assim, o cumprimento de nossas promessas parece estar ligado tanto às obrigações internas da coerência intelectual quanto às preocupações externas com os resultados de uma promessa quebrada. Ao que parece, temos razões muito fortes para cumprir os pactos que celebramos, segundo a teoria moral e política de Hobbes. Podemos aplicar essa lição a *24 Horas?*

## O estado de natureza está vivo e bem em Los Angeles

Consideremos, mais uma vez, o relacionamento geral entre promessas e confiança, e entre confiança e lealdade. Seria difícil confiar em alguém que sabidamente não cumpre suas promessas. Então, é certo presumir que um elemento importante da "previsão" embutida na confiança é que sabemos que a pessoa em quem confiamos "cumprirá o pacto celebrado", como diria Hobbes. Um histórico de quebra de promessas leva com certeza a uma potencial negação da confiança; e um relacionamento de confiança implica acreditar que a pessoa em quem depositamos a confiança cumprirá todas as promessas feitas em uma situação quase ideal.[92] Se o cumprimento de uma promessa é parte de ser confiável, então podemos seguir para a lealdade. Definimos a lealdade como a disposição em se manter fiel e comprometido com uma pessoa ou coisa, a despeito dos desafios potenciais que venham a surgir ao longo do caminho. Assim entendida, a lealdade requer confiança, como vimos, embora alguém possa confiar com facilidade sem nenhuma lealdade preexistente. O que esse relacionamento

---

92. Note que mudanças na situação não alteram o fato de que você *fez* a promessa. Elas podem apenas mitigar o grau de responsabilidade pela quebra da promessa. Seu eu prometo a você que vou levar Sparky para passear, mas quando estou indo para sua casa sou atropelado por um caminhão e preciso ser hospitalizado, eu ainda terei faltado com minha palavra, mas serei facilmente perdoado. Se, por outro lado, no caminho eu resolvo parar em um bar e tomar algumas cervejas, e acabo desmaiando em um beco, dificilmente serei perdoado. Uma promessa ainda é uma promessa, mas algumas circunstâncias podem justificar o perdão enquanto outras não o fazem.

de mão tripla entre confiança, lealdade e cumprimento de promessas tem a oferecer a Jack Bauer e aos agentes da UCT? Examinemos três exemplos possíveis:

1) *Chase Edmunds.* Imagine que você é um agente novo, designado para trabalhar com Jack. Você conhece o histórico de Bauer na UCT, mas também sabe que ele se tornou "obscuro" e operou em projetos sem a autorização do diretor. Enquanto realiza algum trabalho de campo, você percebe que Jack faz algumas chamadas telefônicas questionáveis e aparentemente fica preocupado com outra coisa que não o caso atual. Você tem alguma razão para confiar nele? Há alguma razão para pensar que Jack manterá as promessas que fez a você? Na sua opinião, Bauer está sendo leal à UCT se não estiver seguindo ordens diretas?

2) *Jack Bauer.* Imagine que você é Jack Bauer e é informado por um gênio terrorista que existem armas biológicas colocadas em pontos estratégicos em Los Angeles. O terrorista lhe oferece uma escolha simples: mate seu supervisor ou as bombas serão detonadas. Presumindo que você tem evidências de que isso não é um blefe, há razão para acreditar que o terrorista cumprirá a promessa e não explodirá as bombas se você matar seu chefe? Sua lealdade e confiabilidade seriam questionadas se você de fato matasse seu superior?

3) *Stephen Saunders.* Imagine que você é Stephen Sauders, o terrorista que ordena a Jack que mate o chefe no exemplo anterior. Se Jack atender às suas exigências, que razão você tem para cumprir sua parte na barganha? O fato de que só você tem todas as cartas não é o mais relevante aqui? Ou existe alguma coisa que o impediria de voltar atrás em sua palavra, ainda que fosse melhor para você detonar as bombas?

Todos esses casos são baseados em acontecimentos da terceira temporada de *24 Horas*. O primeiro exemplo segue o dilema de Chase Edmunds no início da temporada, quando ele acredita que a lealdade de Jack está comprometida por causa do uso de drogas e de seu relacionamento com os traficantes do grupo de Salazar. É claro que Jack não se voltou contra seu país... ele está apenas "muito disfarçado"! O segundo e terceiro exemplos ocorrem mais tarde naquele dia, quando o terrorista Stephen Sauders obriga Jack a matar Ryan Chappelle, interrompendo assim a perseguição de Saunders pela UCT.

O que Hobbes teria a dizer acerca desses casos? Ou, mais precisamente, o que ele diria a esses indivíduos? Mas antes de ouvir a opinião dele, pensemos mais uma vez sobre a natureza da confiança e da lealdade. Lembre-se de que já oferecemos uma definição de lealdade como uma disposição de se manter fiel a alguém ou a alguma coisa apesar dos obstáculos e desafios que isso pode causar. Como propusemos, o sentido positivo da confiança é ter uma crença de que alguém fará o que esperamos dele; e o que ele fará é o que desejamos que faça, ou pelo menos não é algo que desejamos que não faça. Apliquemos essas considerações a respeito da confiança e lealdade aos três casos acima, não nos esquecendo dos fundamentos de Hobbes para a aplicação delas.

Podemos começar perguntando que motivo (se é que existe algum) Chase teria para confiar em Jack. Por que razão Jack acreditaria que Saunders cumpriria a palavra? E que motivos Saunders teria para não detonar as bombas afinal de contas? Será que a lealdade, e não apenas a confiança, se faz presente aqui? Chase pode confiar em seu novo parceiro, considerando que sabe muito pouco a respeito dele, e está diante de uma aparente evidência de que Jack está trabalhando contra a UCT? Jack pode confiar que um terrorista vai cumprir a promessa feita? A lealdade de Jack a Ryan Chappelle está acima de sua lealdade ao país ou à UCT? Em razão do fato de que Saunders não está jogando pelas regras normais, será que ele pode esperar que seu inimigo obedeça às regras e cumpra a palavra? Lembre-se de que Hobbes estabeleceu duas razões principais para manter as promessas, entretanto dividirei a segunda em dois tipos distintos:

1) *Não se contradizer.* É intelectualmente desonesto alguém dizer que fará uma determinada coisa (proteger o país ou não explodir as bombas) quando tem a intenção de fazer o oposto. Embora esse tipo de raciocínio possa estar presente aqui, não fica claro que as pessoas que povoam o mundo do terrorismo e do contraterrorismo de fato sigam o pensamento de Hobbes no sentido de se preocupar com a lei da não-contradição. Assim, excluiremos essa proposição como um possível motivo para cumprir uma promessa.

2) *Medo das conseqüências sociais.* Se eu quebrar uma promessa, corro o risco de me tornar um degredado social. Os amigos e familiares não mais confiarão em mim, e eu me encontrarei desprovido de todos os benefícios que a vida em sociedade traz. O problema aqui, supondo ser o medo das conseqüências sociais a motivação para Jack continuar fiel à UCT, ou a de Saunders para não bombardear Los Angeles, é que se tornar um pária social talvez não seja a maior preocupação de alguém que está para se tornar um traidor do próprio governo. E, mesmo não conhecendo muito bem o mundo dos terroristas internacionais, eu arriscaria dizer que eles não

se preocupam muito com o modo como o restante da sociedade, afora seus partidários, se sente a respeito deles. Por isso, penso que podemos excluir também o medo das conseqüências sociais como um fator de motivação ao cumprimento de promessas nesses casos.

3) *Medo do Leviatã*. Para Hobbes, outra importante fonte de medo não é apenas o fato de que seremos socialmente excluídos de nosso mundo, mas também que corremos o risco de sofrer represálias graves e até mortais por parte do agente autorizado a proteger a sociedade de si mesma, ou seja, o soberano. Nesse sentido, agimos pelo menos em parte (muitos acreditam em grande parte) por medo da punição do soberano. Prisão ou mesmo a morte podem ser o resultado de deixar de cumprir a nossa parte no contrato social, seja ela qual for. Essa parece ser a razão mais eficaz para acreditar que as promessas devem ser cumpridas no mundo de *24 Horas*.

Dadas essas três razões colocadas por Hobbes, que nos motivam a cumprir os contratos, as promessas e os compromissos que assumimos, existe alguma razão para ser leal ou acreditar que os outros honrarão suas promessas no mundo de *24 Horas*?

## A guerra de todos contra todos

Infelizmente, a resposta é "não". No fim das contas, nenhuma das três razões oferecidas por Hobbes para explicar a lealdade e a confiança se aplica ao mundo de brutal incerteza de *24 Horas*. Examinemos os três casos apresentados anteriormente: Chase Edmunds, Jack Bauer e Stephen Saunders. Ao que parece, todos os casos falham quando comparados às razões estabelecidas por Hobbes para a lealdade ou o cumprimento de uma promessa.

Chase, por exemplo, ficará em conflito ao duvidar de sua lealdade para com o próprio parceiro (e pai de sua namorada!), mas poderá se eximir dessa quebra de lealdade em nome de uma ainda mais ampla – ao país ou à UCT. É possível que Jack sofra graves conseqüências sociais e legais por matar Chappelle, mesmo tendo sido forçado a isso (lembre que ele só pratica esse ato com a autorização direta do presidente Palmer), mas, por fim, está disposto a desprezar tais conseqüências em nome de um bem maior para o país e da segurança da população de Los Angeles. E será que um terrorista como Saunders levará a sério as leis de Hobbes da não-contradição e do medo da punição política e social?

O objetivo declarado de Saunders não é apenas "tornar a América limpa novamente", mas ele também tem sentimentos de vingança por seu aprisionamento e tortura após uma operação malfadada na Sérvia. Para ser um terrorista, o indivíduo deve estar disposto a operar fora do mundo padrão das conseqüências sociais e ordem política! Saunders não tem medo do soberano (presidente Palmer) ou dos agentes dele (a polícia, a CIA, a UCT) e decide mostrar isso chantageando com sucesso o homem mais poderoso do mundo.

Pensemos em uma última fonte possível de lealdade: ao Leviatã, como representativo da fonte final de lealdade; o próprio país. Mas mesmo esse caso também fracassa, porque, como Hobbes esclarece, o Leviatã pode ser expulso se seus erros forem muito grandes. Essa foi claramente a situação na quinta temporada, quando se revelou que o presidente Charles Logan estava, em parte, envolvido no assassinato de David Palmer com a intenção de, entre outras coisas, tentar fazer Jack sair do esconderijo. Então, afinal de contas, existe alguma lealdade em *24 Horas*, uma vez que não é possível ser leal com os parceiros, amigos, familiares, o presidente, nem o próprio país? A resposta simples é "não". O mundo de *24 Horas* é um pesadelo tão assustador de traições presidenciais, espionagem, mentiras e negociações sombrias, que todos os personagens deveriam sempre ter medo de confiar uns nos outros. Nós, como espectadores de *24 Horas*, sabemos que podemos confiar em Jack Bauer (afinal de contas, ele é o herói da série), mas, além disso, é muito pouco o que sabemos com um certo grau de confiança; e esse tipo de confiança é essencial. Ainda que desejemos confiar em Chloe, ou no presidente, ou em qualquer outro personagem ao qual nos apegamos, sempre ficamos com uma sombra de dúvida. A única coisa que poderia impedir os habitantes do mundo de *24 Horas* de cair no estado de natureza de Hobbes seria a existência de alguma razão para o cumprimento das promessas; e essa razão parece não estar presente na série. Há pouca preocupação com o fato de se contradizer, e quase nenhum motivo para temer as punições sociais ou legais e políticas. Acredito que Hobbes veria as várias temporadas de *24 Horas* como a personificação de sua "guerra de todos contra todos". Estar envolvido na vida de Jack Bauer parece ser uma existência muito perigosa! Levando em consideração a contagem de corpos da série, temos a impressão de que Los Angeles não é um local muito seguro para se viver. É o estado de natureza trazido à vida! É um mundo caótico onde o gás nervoso é usado contra consumidores em um *shopping center*; onde o mortal vírus Cordilla é lançado sobre inocentes hóspedes de um hotel; onde terroristas provocam fusões nucleares que matam civis inocentes; e onde ogivas nucleares, roubadas do governo, são lançadas contra a cidade. Uma verdadeira vida "solitária, pobre, sórdida, brutal e curta"!

É bastante óbvio que a filosofia nos ensina alguma coisa acerca da confiança e lealdade; e parece claro que podemos extrair algumas conseqüências filosóficas interessantes do mundo de *24 Horas*. Se essas conseqüências têm alguma relação com "mundo real", depende de quanto o nosso mundo é semelhante ao de Jack Bauer. Esperamos que eles não sejam tão semelhantes. Mas fique atento... seu melhor amigo pode não ser quem você pensa que ele é.[93]

---

93. Agradeço aos editores deste livro, de modo especial a Ron Weed, pelos comentários quanto ao primeiro rascunho do capítulo. Também agradeço a Grant Christopher por seus comentários, e a muitos alunos de meus cursos sobre a moralidade da guerra por tecer comentários a uma versão ainda mais antiga deste texto.

# 14:00H - 15:00H

# Quem ousa pecar: Jack Bauer e a sorte moral

*Rob Lawlor*

*24 Horas* é popular em grande parte porque Jack quebra as regras e obtém resultados contra todas as chances. É claro que, se as circunstâncias fossem outras, Jack não deveria quebrar as regras. Mas as circunstâncias não são outras. Ele quebra as regras por razões específicas, e as pessoas não devem seguir as regras cegamente. Porém, se Jack quebra as regras, ele precisa justificar sua decisão. Uma coisa é ignorar os superiores e quebrar regras quando você tem certeza de que suas ações serão bem-sucedidas. Outra coisa é violar as regras com o objetivo de pôr em prática um plano arriscado. Claro, Jack obtém sucesso. Podem acontecer tropeços ao longo do caminho, porém, no fim, Jack é sempre o herói. Mesmo assim, ainda precisamos perguntar: O fato de Jack ser bem-sucedido é suficiente para justificar seus atos?

## Sorte moral e o resultado das ações

A moralidade do senso comum sugere que a ação certa ou errada não deve depender da sorte. Contudo, o filósofo Bernard Williams afirmou que a sorte de fato se faz presente.[94] Vejamos, por exemplo, o bombardeio do Japão em 1945.[95] Bernard Williams alegaria que esse ataque não pôde ser justificado no momento da decisão. Se alguma justificação existisse, *só*

---

94. Bernard Williams, "Moral Luck", em *Moral Luck* (Cambridge: Cambridge University Press, 1981). Ver também Thomas Nagel, "Moral Luck", em *Mortal Questions* (Cambridge: Cambridge University Press, 1979).
95. Ver Piers Benn, *Ethics* (London: UCL Press, 1998).

poderia ser o resultado – a rendição dos japoneses. Se o resultado fosse diferente, nosso julgamento a respeito do bombardeio seria diferente. Mas não havia garantias do resultado; um elemento de sorte foi envolvido. Do mesmo modo, Jack corre grandes riscos para atingir resultados específicos. Como ele é bem-sucedido e salva milhares de pessoas inocentes de mais um ataque terrorista, Bauer é um herói. Se ele fracassasse, nosso julgamento provavelmente seria outro.

Para os propósitos deste capítulo, vamos presumir que as ações de Jack só *seriam* justificadas *se* o resultado esperado por ele fosse garantido. Agora, perguntemos: As ações de Jack podem ser justificadas, uma vez que o resultado desejado *não* pode ser garantido? O certo ou errado das ações de Jack dependem do resultado? Será que dependem da sorte?

Para responder a essas perguntas, tomemos um exemplo da sexta temporada. Jack recebe um chamado de Cheng Zhi. Cheng lhe diz que, se quiser ver Audrey Raynes com vida, ele deve roubar um componente de controle das ogivas nucleares que Jack acabou de tomar dos terroristas. Ele deve entregar o componente a Cheng. Mas isso daria aos chineses acesso à tecnologia de defesa da Rússia. Jack sabe que se entregar os componentes os russos terão certeza de que o vazamento da informação partiu dos Estados Unidos. É praticamente certo que isso levaria a uma terceira guerra mundial. Mas Jack tem um plano. Ele acredita que pode resgatar Audrey sem deixar que Zhi fique com o componente.

Se for bem-sucedido, Jack salvará a vida de Audrey sem provocar outra guerra mundial, e ele mais uma vez será o herói. Porém, se fracassar, as conseqüências serão devastadoras e Jack será visto como o causador de um grande mal. Nosso julgamento deve depender tanto assim do resultado de suas ações?

Muitas pessoas têm intuições conflitantes quanto a isso. Se acreditarmos que precisamos ver o resultado antes de julgar como certas ou erradas as ações de Jack, então parece que teremos de aceitar a conclusão de que o certo ou errado na ação de alguém pode depender da sorte. Mesmo sendo muito cuidadoso ao engendrar seu plano, Jack não pode garantir o sucesso com 100% de certeza; e por isso ele dependerá – pelo menos até certo ponto – da sorte.

De forma alternativa, podemos negar que as ações de Jack sejam consideradas justas ou injustas como resultado da sorte. Devemos, então, ser capazes de chegar a uma conclusão quanto ao certo ou errado de seus atos *antes* de ver o resultado.

Isso é um dilema. As duas opiniões têm características atraentes e não atraentes. Na primeira proposição, parece certo que o resultado real deva produzir algum efeito sobre nosso julgamento. Se Jack for bem-sucedido, ele será um herói. Mas deixa de ser atraente a implicação que a moralidade de nossos atos depende, pelo menos em parte, da sorte. Na segunda tese, essa conclusão é evitada, mas temos que abrir mão da crença plausível de que o resultado faz diferença.

Tipicamente, acredita-se que temos de escolher entre essas duas opções não atraentes, mas afirmo que existe uma terceira alternativa mais plausível: o sucesso é apenas uma *evidência* de que a ação é correta (mas a ação foi correta *antes* de termos essa evidência).[96] Portanto, o fato de não *sabermos*, antes de agir, se um ato é certo ou errado, não necessariamente significa que o resultado *torna* o ato correto. É possível recorrer ao resultado de nossas ações sem alegar que estamos, de alguma forma, recorrendo à sorte moral: isso é *evidência*.

Para demonstrar a diferença entre um apelo à sorte moral, em que o resultado *torna* um ato certo ou errado, e essa posição alternativa, que recorre à evidência, imaginemos duas situações diferentes que envolvem o elemento da sorte.

## Primeira situação: rolar o dado

Imagine que Jack chega à UCT e vê uma encomenda endereçada a ele. Nela, encontra um bilhete e um dado com seis lados. O bilhete diz para ele esperar uma chamada telefônica, e que deve esperá-la em sua sala, sozinho, levando o dado consigo.

Jack vai para sua sala e espera. O telefone toca e ele atende. A voz ao telefone diz a Jack para rolar o dado.

"Quem é?" Jack exige saber.

"Isso não é importante. Apenas jogue o dado."

"Por quê?"

"Explicarei depois; mas por enquanto role o dado sobre a mesa."

Jack rola o dado. "E agora?"

"Jogue algumas vezes, para provar que não está viciado."

Jack joga o dado mais algumas vezes. Por fim, perde a paciência.

"Agora você vai me dizer o que significa tudo isso?"

"Você tirou um três", diz o estranho.

Jack olha ao redor da sala tentando localizar a câmera escondida. Não consegue.
Finalmente, depois de deixar claro que ele pode ver Jack e que o dado não está viciado, o homem ao telefone explica que tem uma bomba nuclear, que está preparada para explodir em Los Angeles. Ele não tem nenhuma exigência a fazer. Está apenas participando de um jogo.

"Você tem duas escolhas. Diga '6' ou 'outro'".

---

96. A posição que defendo aqui é explicada em mais detalhes em "Luck, Evidence and War", de minha autoria, em *Journal of Applied Philosophy* 23 (2006).

Além do óbvio cálculo probabilístico, Jack não faz idéia de qual número sairá. O objetivo do jogo é adivinhar corretamente se ele tirará um 6 ou outro número. Jack não precisa especificar nada além disso. Ele não precisa escolher um número diferente. A escolha é 6 ou qualquer outro número.

Se Jack previr o resultado certo, o terrorista revelará onde a bomba está. Se errar, ele a detonará imediatamente.

Não há nenhum truque. Não há nenhuma razão para dizer "6", suspeitando que o terrorista preparou o dado de modo que Jack tire um 6. Se ele tirar um 6, será por acaso, apenas. O terrorista está esperando. Tudo o que Bauer tem a fazer é dar a resposta, "6" ou "outro", e rolar o dado. Se ele se recusar ou demorar a fazê-lo, o terrorista detonará a bomba na mesma hora e, por garantia, explodirá uma segunda bomba também em Los Angeles.

Jack diz: "outro". Pesando as probabilidades, essa é a escolha óbvia. Mas analisemos as duas possibilidades resultantes. Na primeira, Jack tira outro número que não 6. Todos ficam felizes porque ele fez a escolha certa. Na segunda, ele joga o dado e, por má sorte, tira o número 6.[97] Nova York é destruída. Mas é evidente que isso foi uma questão de má sorte. É claro que não podemos culpar Jack por ter dito "outro". Ele fez a coisa certa, mas não teve sorte. E o resultado verdadeiro não deve nos fazer reconsiderar nossa opinião de que a escolha de Jack foi justificada. Agora, suponha que Jack diga "6" antes de rolar o dado. E lembre que estamos 100% seguros de que não há nenhum truque. Jack conhece as chances. Nesse caso, não precisamos esperar pelo resultado para fazer um julgamento moral. Como as chances estão claramente contra Jack, temos de concluir que ele não pode justificar sua escolha, não importando qual seja o resultado, e esse julgamento não deve ser alterado pela sorte.

## Segunda situação: a final da Copa da FA*

Agora, imagine uma segunda situação. O terrorista jogador exige que Jack preveja o resultado de um jogo de futebol.[98] O Manchester United jogará contra o West Ham na final da Copa da FA. Se o jogo não for decidido no tempo regular, haverá prorrogação e depois pênaltis. Assim, o jogo será decidido de um jeito ou de outro, e há apenas duas opções: ou o Manchester United vencerá ou o West Ham vencerá. O consenso é que

---

97. E, mais uma vez, vamos *estipular* que isso é apenas uma questão de sorte, e não devemos concluir que Jack deveria saber que o dado estava viciado. Sabemos com certeza que foi só uma questão de sorte, e Jack conhecia as chances.
* N. T.: Football Association Challenge Cup – Copa da Inglaterra.
98. Como provavelmente o terrorista não é americano, mas – seguindo os precedentes de *24 Horas* – talvez seja da China, Rússia, ou de algum país não especificado do Oriente Médio, ele estaria mais interessado em futebol do que em beisebol ou futebol americano.

o Manchester United é o favorito, e os agenciadores apostam 6 contra 1 para a vitória do West Ham. Esse exemplo é diferente do primeiro? Você pode pensar que, se Jack previr que o West Ham ganhará, isso é comparável a dizer "6", antes de rolar o dado. Mas há uma diferença. Para ilustrá-la, precisamos lembrar que Jack é excepcionalmente brilhante em tudo. Independentemente da questão, temos razões para pensar que o julgamento dele, até sobre futebol, é melhor do que o de qualquer outra pessoa. Presumamos que seu conhecimento dos times de futebol inglês e sua percepção de estratégia sejam impecáveis.

Todas as outras pessoas prevêem que o Manchester United vai ganhar, mas Jack acredita que elas estão erradas. Está aí a diferença significativa entre essa situação e a primeira. Se Jack disse "6" na primeira situação, ele está sendo apenas caprichoso, irracional ou supersticioso. Mas isso não é necessariamente verdade na segunda situação.

Suponhamos que Jack acompanhe de perto o futebol inglês; ele acredita que o Manchester United será complacente, e também acredita que o time lutará com dificuldades para enfrentar a nova formação do West Ham. Ele não apenas pensa que o West Ham *pode* ganhar (ninguém nega isso), mas acredita de fato que todos estão errados e que o West Ham deve ser visto como um dos favoritos. Na opinião de Jack, as chances estão a favor desse time. Agora ele enfrenta um dilema. Confia em seu próprio julgamento ou segue a opinião dos outros? Bem, estamos falando de Jack Bauer, por isso sabemos o que ele vai fazer. Ele vai apostar no West Ham.

Independentemente do que pensarmos de sua escolha nesse caso, é claro que é bem diferente de escolher o número 6 no primeiro exemplo. Ainda que consideremos errada a decisão de Jack, ela não é caprichosa, irracional, nem supersticiosa.

Se Jack não tirar um 6 no primeiro caso, isso não nos dá *nenhuma* razão para pensar que julgamos mal as probabilidades ou que Jack estava errado, no fim das contas. Ela apenas mostra que Jack teve sorte. Mas a segunda proposição é diferente. Se a vitória for realmente do West Ham, talvez devamos questionar nosso julgamento original das probabilidades e pensar que o resultado com certeza justifica a escolha de Jack. Não foi apenas uma questão de sorte. Ele estava de fato correto.

Tal distinção é importante porque, se acreditarmos na sorte moral, acreditaremos que o resultado de uma ação pode torná-la correta; então não deveríamos tratar os dois casos de forma diferente. Desse modo, não poderíamos dizer que Jack estava errado se escolhesse o número 6. Teríamos de esperar que ele jogasse o dado e ver o número. Assim, se ele tirasse de fato o 6, sua ação estaria certa. Isso, porém, é implausível.

Devemos concluir que, se o resultado é importante para nosso julgamento moral em *alguns* casos, ele o é por outro motivo que não apenas a sorte.

A segunda situação demonstra que uma razão pela qual o resultado talvez seja importante é porque ele fornece evidência, retrospectivamente, para o certo ou errado de uma determinada decisão.

Todavia, como o que importa é a evidência, e não o próprio resultado, é possível para Jack prever que o West Ham ganhará, derrotando o Manchester United e vencendo a Copa FA, sem que isso forneça nenhuma evidência de que Jack estava justificado em sua escolha. Jack poderia responder "West Ham", e a previsão poderia ser comprovada sem que isso, no entanto, justificasse sua escolha.

Para concluir, se a decisão de Jack foi justificada, é necessário saber se existe ou não alguma evidência que sugira que o julgamento dele foi bom. Para saber isso, não é suficiente ter a informação sobre quem venceu o jogo. Também precisamos saber como venceu.

Imagine que o Manchester United não foi nem um pouco complacente e não teve dificuldades para enfrentar a nova formação do West Ham. Porém, de modo não característico, encontrou dificuldades para marcar gols. Ao que parece, o jogo terminará 0 a 0 e irá para a prorrogação. Finalmente, no último minuto, o goleiro do West Ham chuta a bola para o campo adversário. Como resultado de uma combinação singular de eventos, o time marca um gol. Em primeiro lugar, há uma forte corrente de vento; em segundo lugar, o goleiro do Manchester United está fora de posição (algo muito incomum); e, por fim, a bola bate em um pedaço solto do gramado e salta de forma imprevisível. Ela passa por cima do goleiro e vai para dentro da rede: um acontecimento inusitado que ninguém poderia prever.

Se foi assim que o West Ham ganhou o jogo, o resultado não justifica o julgamento de Jack. Então, apesar do bom resultado, é certo dizer que ele agiu de maneira arrogante e descuidada (e errada) quando decidiu apostar a segurança de Nova York no West Ham em vez de no Manchester United.

## Salvando Audrey Raines

Agora, vamos voltar à sexta temporada de *24 Horas*. Jack insiste que pode ter o melhor de dois mundos – salvar Audrey ao mesmo tempo em que evita uma terceira guerra mundial. Ele tem um plano e garante que o componente não cairá nas mãos dos chineses. As coisas não acontecem como foram planejadas, mas mesmo assim Jack consegue obter o resultado que queria. Audrey é salva, o componente é destruído e os russos ficam satisfeitos. Jack é o herói de novo. Será?

Como vimos, não é suficiente considerar o resultado. Devemos examinar os eventos para concluir se eles fornecem ou não evidências para justificar as ações de Jack. Não se esqueça de que, para justificar suas ações ao presidente, ele *garantiu* que o componente seria destruído e que, assim, não cairia nas mãos dos chineses. Para nossa discussão, vamos definir que as ações de Jack só seriam justificadas se ele pudesse realmente garantir a destruição do componente. (O próprio Jack parece aceitar essa afirmação quando tenta convencer o presidente a deixá-lo salvar Audrey.)

Agora, consideremos a evidência. À primeira vista, ela parece conclusiva. Jack não conseguiu destruir o componente, e os chineses conseguiram pegá-lo. No fim das contas, o fato de Jack ter conseguido, depois, destruir o componente é irrelevante (especialmente quando levamos em consideração as circunstâncias, o que faremos em breve). O fracasso de Bauer é uma forte evidência de que o sucesso de sua missão não era garantido e que suas ações não foram justificadas.

Alguns insistirão que ele teria destruído o componente se a UCT não tivesse interferido. Jack estava prestes a detonar os explosivos quando Doyle abriu fogo, o que resultou em Jack ser ferido. Portanto, foi culpa de Doyle.

Entretanto, essa resposta não ajuda. Talvez Doyle deva ser responsabilizado por abrir fogo, mas isso é consistente com o fato de que esses eventos demonstram que Bauer *não* poderia garantir a destruição do componente. Se você diz que algo é garantido, isso significa que *nada* pode sair errado, ainda que o problema venha de você, do inimigo ou de outros membros da UCT. Se você não pode garantir que outros membros da UCT não arruinarão seu plano, então ele não é garantido. Talvez Jack pudesse oferecer essa garantia se ele contasse com a cooperação ou pelo menos a não-interferência da UCT, mas – mesmo que isso seja verdade – esse fato é irrelevante porque quando Jack chegou ao hotel ele sabia que não contava com essa ajuda.

Em segundo lugar, ainda que retiremos Doyle de cena, esses acontecimentos demonstram o que *poderia* ter acontecido. Se Doyle arruinasse o plano de Jack abrindo fogo prematuramente, um dos soldados chineses também poderia fazê-lo. Isso também demonstra quanto Jack estava vulnerável. Os chineses poderiam simplesmente ter atirado nele antes que chegasse ao hotel e antes mesmo que ele preparasse os explosivos. O resultado desejado por Jack estava longe de ser garantido.

Alternativamente, talvez seja pertinente o argumento de que Jack não garantiu a destruição imediata do componente, apenas que ele seria destruído. E foi isso que aconteceu no fim das contas. E, além do mais, não foi uma questão de sorte, mas sim um resultado de Jack ser Jack – o melhor e mais determinado agente do planeta.

Lembremos que para avaliar a alegação de que as ações de Jack são justificadas, precisamos olhar para além do resultado e examinar os eventos verdadeiros que levaram a ele. Se conseguirmos demonstrar que o sucesso de Jack dependeu (ainda que em parte) da sorte, então não é verdade que a destruição do componente estava garantida e, portanto, suas ações não podem ser justificadas. Por quê? Porque apenas uma garantia de 100% é aceitável nessas circunstâncias.

Vamos examinar os eventos que levaram à verdadeira destruição do componente. Há inúmeros exemplos de sorte: no hotel, mesmo que Doyle não tivesse posto tudo a perder, é possível que um dos soldados chineses tivesse atirado em Jack, causando sua morte com um ferimento na cabeça e não no peito; quando Jack estava preso, Cheng Zhi poderia ter pedido a outra pessoa que não Phillip Bauer para restaurar a placa de circuito; Cheng Zhi talvez a tivesse levado de volta para a China antes de consertá-la (nesse caso, Jack não teria sido libertado e não teria conseguido seguir Cheng Zhi); Phillip Bauer poderia ter decidido que não precisava levar Josh com ele (nesse caso, Jack jamais teria sabido que seu pai estava envolvido *e* não teria sido libertado); tendo conseguido se infiltrar na UCT, talvez os chineses tivessem sido mais cruéis e matado Jack e todos os outros enquanto eles estavam desarmados; os soldados chineses talvez estivessem em maior número, e mais bem treinados, impedindo que Jack conseguisse escapar.

Em resumo, há uma longa lista de fatores que estavam além do controle de Jack, em que ele teve de contar com a sorte... e a lista continua. É evidente que Jack não podia garantir em 100% o sucesso de seu plano, e o resultado final não justifica a decisão de salvar Audrey. Jack foi bem-sucedido, mas esse sucesso dependeu muito de fatores que estavam além de seu controle. Com certeza, ele não podia *garantir* a destruição do componente e, por isso, suas ações não foram justificadas.

Neste capítulo, concentrei minha atenção em um único exemplo extraído da sexta temporada. Contudo, acredito que meus argumentos condenam Jack em qualquer outra situação. Ele freqüentemente corre riscos, e o faz sem o julgamento de seus superiores; em todos os casos haverá fatores que estão além de seu controle, nos quais o sucesso depende em parte da sorte. Talvez devêssemos explorar cada um desses exemplos individualmente, mas por hora, pelo menos, sugiro que Jack não é um herói. Ele representa um blefador. Jack apenas tem uma sorte excepcional.

15:00H – 18:00H

# AGENTES INFILTRADOS, AGENTES DUPLOS E TERRORISTAS

## 15:00H - 16:00H

# Vivendo em um mundo de suspeitas: a epistemologia da desconfiança

*Scott Calef*

É sinal de prudência jamais confiar por completo nas coisas que já nos enganaram uma vez.

René Descartes, *Meditações sobre a filosofia primeira*

Sinto muito, não sei mais o que fazer. O tempo está se esgotando.

Jack Bauer, segunda temporada, aproximadamente 0:04H

A vida de um agente de campo da UCT é de fato perigosa, e a de Jack é a mais perigosa de todas. Ele foi seqüestrado pelos chineses, exposto ao gás Sentox e obrigado a explodir uma instalação de gás natural estando no local – tudo em um dia de trabalho. Foi torturado, ferido para fingir que estava morto e lançado ao ar na explosão de um míssil. Com freqüência obrigado a embrutecer e fazer as coisas sozinhos, a se deparar com situações hostis sem apoio ou operar disfarçado sem nenhuma proteção além de sua inteligência e ardis arriscados, como se viciar em heroína, Jack sempre sai vencedor no fim. Jack Bauer é o paradigma do agente auto-suficiente e independente – para espanto e consternação de seus diretores na UCT e na Divisão.

No entanto, o fato é que nem mesmo Jack pode fazer tudo sozinho. Ele precisa de pessoas em quem possa confiar, e pessoas que confiem nele. Onde estaria Bauer sem Chloe, Tony, Curtis ou Buchanam? Por outro lado, as informações que ele tem e procura são tão delicadas e vitais à segurança nacional que Jack precisa guardar o segredo delas com a própria vida. É preciso tomar um cuidado extremo para divulgar dados apenas quando há certeza absoluta da confiabilidade do receptor. E ele pode estar errado. Por exemplo, quando Jack apresenta ao secretário Heller evidências implicando o presidente Logan, Heller o trai (com resultados quase desastrosos). Bauer tem de confiar e suspeitar, e às vezes direcionar as duas atitudes à mesma pessoa, ao mesmo tempo.[99] Tudo depende de se alcançar um equilíbrio – fato que aterroriza seus aparentemente estóicos superiores.

A tensão criada pelas necessidades conflitantes de confiar e suspeitar é, em grande parte, o que torna *24 Horas* tão dramática. O presidente Palmer, Jack Bauer, George Mason, Karen Hayes e inúmeros outros personagens na série confrontam questões vitais de segurança nacional com um prazo muito inferior a 24 horas para conseguir dados relevantes e agir de modo decisivo. Em questões concernentes à guerra, paz, ao terrorismo e à vida de milhares de pessoas, espera-se que as decisões sejam baseadas em fatos bem confirmados, não em especulações; em fontes confiáveis, não traidores duplos; em informações sensatas, não em sentimentos ou pressentimentos gerados por emoção intensa. E, no entanto, mais de uma vez, Jack e os outros devem agir seguindo seus instintos e confiar (ou pedir que outros confiem) que a prova surgirá na hora certa. Mesmo sem provas, ordens diretas de superiores são desobedecidas e o protocolo é quebrado. Recursos parcos são desviados para perseguir possibilidades e isso leva a métodos que não podem ser justificados com racionalidade em razão da missão primária. Quem está fazendo o quê ou se comunicando com quem deve quase sempre ser mantido em segredo, pois os agentes e políticos operam com objetivos múltiplos, e às vezes conflitantes, ao mesmo tempo. As conspirações estão em todos os lugares e qualquer um pode ser um agente infiltrado. Então, em quem se pode confiar? Ou, melhor dizendo, quando a confiança é permissível? E quando estamos moralmente incumbidos de suspeitar de nossos colegas de trabalho, cônjuges, amigos, filhos ou líderes?

---

99. Por exemplo, é claro que Jack não confia em Christopher Henderson (e realmente não deve). Mas porque precisa dele, Bauer lhe dá autonomia e uma arma quando eles invadem um submarino russo armado com múltiplas ogivas. Eles completam a missão, e Henderson tenta trair Jack.

## Evidencialismo e suspeita

Confiança e suspeita estão relacionadas à crença. Quando confio em alguém, eu acredito nessa pessoa; e quando suspeito de alguém, não acredito nela.[100] A pergunta então é: quando estou racional ou moralmente justificado em acreditar em alguém ou alguma coisa, e quando não estou? Os filósofos, é claro, têm opiniões diferentes quanto a essa questão.

Os "evidencialistas", como David Hume (1711-1776), afirmam que devemos proporcionalizar nossa crença à força da evidência. Isso sugere três coisas. Primeiro, se o presidente Palmer leva um tiro na garganta enquanto escreve suas memórias, estamos justificados em acreditar que alguém o queria morto. Afinal de contas, não há razão para acreditar que foi um acidente. Ele não estava caçando patos com Dick Cheney. As pessoas não costumam de modo inadvertido ferir outras na garganta enquanto limpam suas armas; e quando o fazem, raramente é um ex-presidente que está no caminho. Podemos ter certeza de que Palmer foi o alvo de alguém que queria matá-lo. Se, contudo, não há evidências para fundamentar uma teoria, devemos rejeitá-la. Se alguém acreditasse que Nina Myers saiu da sepultura para matar Palmer, ou que a filha de Jack, Kim, matou o presidente porque, depois de assistir a *Taxi Driver*, achou que isso impressionaria seu namorado, podemos descartar essas teorias sem nenhuma preocupação.

As coisas tornam-se interessantes quando a evidência é ambígua, inconclusa ou suscetível a múltiplas interpretações. Nesse caso, os evidencialistas nos aconselham a suspender o julgamento até que surjam dados mais definitivos, ou acreditar de maneira experimental e provisória. Suponha que acreditemos que os ataques sofridos por Palmer, Dessler e Almeida na quinta temporada foram motivados porque eles sabiam que Jack estava vivo. Isso é plausível; seria uma estranha coincidência se três das quatro pessoas que sabidamente têm essa informação fossem assassinadas ou feridas, em questão de minutos, por motivos diferentes.

Mas se Chloe O'Brien, que também conhece a situação de Jack, continua sua rotina diária sem ser molestada, é possível concluir que os outros ataques não estavam relacionados entre si; ou que a conexão entre eles não era Bauer; ou que a própria O'Brien é a atiradora; ou que o atirador tem uma razão especial para poupá-la; ou que ele morreu antes de completar a missão; ou ainda que desconhecia o envolvimento de Chloe na trama. Embora ainda seja válida a hipótese de que Jack esteja de algum modo ligado aos ataques, precisamos ter mais certeza e estar abertos a rever nosso julgamento.

---

100. Mesmo quando minha confiança em alguém está relacionada à prática de alguma ação e não a dizer a verdade, acredito que a pessoa praticará essa ação.

Se Chloe também for atacada, nossa hipótese original recebe uma confirmação extra. Se o ataque nunca acontecer, então a hipótese original seria enfraquecida.

Outros evidencialistas, como William Clifford (1854-1879), são mais rígidos e afirmam que não se trata de proporcionalizar a força de nossa crença ao peso da evidência, mas sim que não devemos acreditar de modo algum sem evidência "suficiente". Clifford escreveu: "é sempre errado, em todo lugar e para todo mundo, acreditar em algo com evidência insuficiente".[101] Se fizermos isso, fracassamos não apenas do ponto de vista intelectual, mas também moral. Clifford conta uma parábola sobre o dono de um navio velho que já não parece tão seguro para navegar. Se o dono acreditar que o navio tem condições, porque é isso que ele deseja, em vez de acreditar em uma evidência que apenas uma inspeção completa poderia fornecer, e assim permitir que a embarcação seja lançada ao mar lotada de pessoas inocentes que não suspeitam de nada, ele comete um erro. Clifford alega que o homem é culpado, ainda que, felizmente, o navio chegue ao porto com segurança. Embora o descuido do dono e o otimismo infundado não tenham sido contraditos pelos acontecimentos, ele não deixou de cometer o erro, apenas não foi descoberto. Ao acreditar sem ter evidência suficiente, ele debilitou nosso hábito de inquirir as coisas. Isso, para Clifford, é um "pecado contra a humanidade", porque é nossa exigência por evidências e por uma investigação racional das alegações que permite que nossa civilização se coloque acima da condição de selvagem. Se fanáticos religiosos em séries como *24 Horas* parecem bárbaros para nós, talvez seja porque a vida deles é controlada completamente por ideologias violentas e improváveis, às quais eles se apegam sem que exista nenhuma prova para fundamentá-las. Por sua fé, Syed Ali, por exemplo, está disposto a aceitar o que ele imagina ser a morte de um mártir – e a levar todos nós com ele.

Para o filósofo, *24 Horas* oferece parábolas dela mesma. Jack, ao interrogar Marie Warner no aeroporto de Norton, consegue arrancar-lhe a informação vital de que um dispositivo nuclear será detonado em Arco Towers. Se Jack segue o pressentimento que Marie está mentindo e que o dispositivo ainda está no aeroporto, sem nenhuma garantia para essa convicção, ele também peca contra a humanidade. Se estiver errado, todos nós pagaremos o alto preço desse engano. Ou considere a convicção de Jack, formada a partir de uma conversa de 20 segundos com Syed Ali, de que o terrorista está dizendo a verdade quanto à fita do Chipre ser uma fraude. A evidência física a favor da autenticidade da gravação é incontroversa, mas, ainda assim, Jack acredita que ela foi fabricada. Embora nos dois exemplos

---

101. Citado por William James em seu ensaio "The Will to Believe", em *Essays in Pragmatism*, Alburey Castell (org.) (New York: Hafner Publishing, 1948).

citados ele esteja certo, Jack está apostando a vida de milhões de inocentes. Ele pode ser elogiado como um herói, mas como o indiferente e seguro dono do navio, no exemplo de Clifford, Bauer teve sorte; ele não foi bom, e é culpado, embora seu erro não tenha sido descoberto.

Esse julgamento, no entanto, parece ser muito rígido ao analisamos as circunstâncias. Para Clifford, quando não há evidências suficientes, temos o dever de suspender o julgamento e esperar por informações adicionais. Mas esse é um luxo ao qual o presidente dos Estados Unidos e os agentes da UCT não podem se dar.

Quando Jack opera sob pressão, os limites de tempo de extrema urgência o forçam e aos outros a tomar decisões agora, e não depois. Será que isso significa que Jack age de modo irracional ou imoral quando faz julgamentos rápidos, baseando-se em informações incompletas? Quando, se é que isso é possível, devemos legitimamente confiar, acreditar e agir sem dados críticos?

É claro que tudo depende das circunstâncias. De modo geral, todavia, estou inclinado a pensar que quando uma decisão precisa ser tomada de forma rápida, a pessoa não pode ser criticada por fazê-lo sem estar de posse de todos os fatos. E será que sempre temos os fatos relevantes? Como saber? Não importa quão confiante Jack e os outros sejam, uma mudança chocante na trama está sempre a alguns segundos de distância. Dizer "espere os fatos" significa afirmar que devemos esperar até que a verdade seja conhecida para depois agir. Mas o que é a verdade? A visão de Clifford sugere que as verdades são proposições que correspondem aos fatos, e que não devemos aceitar uma coisa como um fato sem ter uma boa razão.

O filósofo americano William James (1842-1910), por outro lado, era um pragmatista. James definiu a verdade como aquilo que opera em nosso modo de acreditar. Ou seja, uma coisa deve ser considerada verdadeira se produz um mínimo de conflito com outras crenças nossas.[102] Para os pragmatistas, a verdade não é apenas uma questão de acreditar em algo

---

102. James escreveu: "Uma nova opinião conta como 'verdadeira' na proporção em que gratifica o desejo individual de assimilar a novidade em sua experiência às crenças já existentes. Ela deve tanto se apoiar na verdade antiga quanto abranger o fato novo; e seu sucesso... em fazer isso, é uma questão de apreciação individual. A razão pela qual chamamos de verdadeiras as coisas é a razão pela qual elas *são* verdadeiras; pois 'ser verdadeiro' *significa* apenas realizar essa função de união [de gerar satisfação humana ao unir partes anteriores da experiência a partes novas]" ("What Pragmatism Means", em *Essays in Pragmatism*. A esse respeito, a teoria pragmática da verdade se assemelha à Teoria da Coerência da Verdade, segundo a qual "aquilo que é dito (geralmente chamado julgamento, crença ou proposição) é verdadeiro ou falso [à medida que] é ou não coerente com um sistema de outras coisas que são ditas" (Alan R. White, *Truth* [Garden City, NY: Anchor Books, 1970]).

que corresponde a um estado de coisas que existe de forma independente.[103] É uma questão de ter comprometimentos intelectuais que têm coerência juntos e são mutuamente consistentes. James escreve que "as idéias... se tornam verdadeiras na medida em que nos ajudam a desenvolver uma relação satisfatória com outras partes de nossa experiência".[104] As crenças "verdadeiras" são, portanto, aquelas que operam para minimizar a dissonância cognitiva.[105] Elas nos permitem evitar dúvidas e confusões, pois não colidem com nossos outros comprometimentos e experiências. Isso sugere que, desde que Jack não esteja ignorando evidências à sua disposição, ele pode escolher a hipótese que melhor se adapte à sua experiência passada e habilidade. Com certeza, Jack e os outros freqüentemente se vêem diante

---

103. A noção de que a verdade é uma correspondência entre proposições e estados das coisas é chamada Teoria da Correspondência da Verdade. Embora essa teoria tenha muitos adeptos e um certo apelo ao senso comum, ela também é problemática. Por exemplo, "correspondência" é algo um tanto vago. Como exatamente as elocuções "correspondem" ao mundo? Os elementos de uma frase verdadeira estão relacionados uns aos outros do mesmo modo que os objetos no mundo? Não é claro o que isso significa e, pelo menos em uma interpretação, está completamente errado. Na frase "Jack está no helicóptero", a palavra "Jack" está à esquerda de "helicóptero", mas no mundo real ele não está à esquerda do helicóptero, e sim *dentro* do veículo. Assim, os elementos da frase não estão relacionados do mesmo modo que os objetos que descrevem. A correspondência ou "encaixe" entre as frases e o mundo não é como o ajuste de um confortável par de sapatos, nem como a correspondência entre as linhas de um mapa topográfico e a declividade do terreno representado. Como, então, *devemos* entender a correspondência? Em segundo lugar, a teoria da correspondência não funciona muito bem para as frases na forma negativa. Se eu disser "Ninguém está agindo pelas costas do presidente Logan" ou "O atirador solitário não existe", o que corresponde a quê? A que essas frases se referem e acerca de que eu estou falando exatamente? Do universo como um todo? Não parece que estou falando do universo como um todo; então por que escolher essa interpretação em vez de outra? Se, às 20 horas na quinta temporada eu afirmar "Edgar Stiles está morto", estarei falando a verdade. Mas não existe nenhum Edgar; então o que significa o nome na frase? A pessoa que *costumava* ser Edgar? Mas a frase está no presente e a pessoa a quem ela se refere está no passado. Como isso pode ser uma correspondência?
104. "What Pragmatism Means", p. 147.
105. James observa que "O processo [um indivíduo se acomoda em novas opiniões] é sempre o mesmo. O indivíduo já tem um estoque de opiniões antigas, mas se depara com uma nova experiência que as questiona. Alguém as contradiz; ou em um momento de reflexão o indivíduo descobre que elas se contradizem; ou toma conhecimento de fatos com os quais elas são incompatíveis; ou nascem novos desejos que elas já não mais satisfazem. O resultado é um problema interno que até então era desconhecido para a mente dele, e do qual procura escapar mudando seu conjunto anterior de opiniões. Ele guarda o máximo que pode delas, pois no que diz respeito à uma crença somos extremamente conservadores. Então, o indivíduo tenta mudar primeiro uma opinião, depois outra (pois elas resistem a mudanças de maneiras variadas), até que, por fim, surge uma nova idéia que ele pode juntar ao antigo estoque, causando um mínimo de perturbação; uma idéia que faça a mediação entre as anteriores e a nova experiência, unindo-as de uma forma feliz e conveniente. Essa nova idéia é então adotada como verdadeira. Ela preserva o estoque antigo de verdades com modificações mínimas." ("What Pragmatism Means", p. 148).

de dúvidas e devem encontrar mais peças do quebra cabeça o mais rápido possível. Mas, ao mesmo tempo, ele não precisa suspender seu julgamento. Não precisa sucumbir à paralisia. É possível abraçar a teoria que melhor funciona (ainda que nenhuma teoria seja à prova d'água).[106]

## Decisões vivas, momentosas e forçadas

James e Clifford concordam que não devemos acreditar naquilo que é contrário às evidências. Isso seria irresponsável. Mas James insiste que, quando uma questão é intelectualmente impossível de ser decidida (ou talvez, como mostra *24 Horas*, impossível no escasso período de tempo que temos para fazer uma escolha), estamos livres para "seguir as paixões". As paixões são todos aqueles fatores, que não a evidência, que podem nos levar a uma escolha ou convicção específicas – coisas como desejo, esperança, medo e amor. De maneira mais específica, para James, temos a permissão de escolher entre hipóteses conflitantes quando a opção é intelectualmente impossível de ser feita e é "viva, momentosa e forçada".

Uma opção "viva" é aquela em que cada uma das posições opostas parece viável ou crível, ou tem alguma coisa que a recomende. É necessário para a opção ser viva se desejamos ir além da evidência porque, se uma das escolhas não for viável, a decisão já foi tomada.[107]

Suponhamos que Almeida e Dessler se perguntem se Mason, exposto a plutônio e começando a demonstrar os sintomas, deve ser liberado de suas obrigações. Ele ainda está fazendo um bom trabalho – de fato, melhor do que antes –, mas também se distrai com facilidade e suas faculdades logo começarão a declinar. As duas alternativas – liberá-lo do comando ou permitir que ele fique – são aceitáveis, pelo menos por enquanto.[108] A escolha entre elas é viva. Consideremos também a posição do presidente Palmer durante a segunda temporada quando sua ex-mulher Sherry reaparece de repente e começa a se insinuar para ele, tentando conquistar sua confiança novamente. O presidente pode reconhecer o valor da contribuição de Sherry, mas também tem todas as razões para desconfiar dos motivos dela. Permitir que ela fique, com uma liberação temporária de segurança, ou mandá-la embora são duas possibilidades reais. Por outro lado, a maioria

---

106. Assim, James também define a verdade nos termos de sua utilidade: "Você pode dizer... que uma coisa 'é útil porque é verdadeira' ou 'é verdadeira porque é útil'. As duas frases significam exatamente a mesma coisa" ("Pragmatism's Conception of Truth" [O significado da verdade], em *Essays in Pragmatism*, p. 162). Também "'O verdadeiro', para explicar resumidamente, é o único expediente no caminho de nosso pensamento" (p.170).
107. Para simplificar, presumirei que estamos considerando apenas duas alternativas.
108. Isso pode ser considerado uma escolha entre as hipóteses "Mason deve ser liberado" e "Mason deve continuar... por enquanto". Uma colocação semelhante pode ser feita por os outros exemplos a seguir.

de nós provavelmente não consideraria deixar que o presidente Logan permanecesse no cargo após sua colaboração com terroristas ter sido descoberta. Isso, para quase todos nós, seria algo impensável. Não há um lado positivo nessa questão.

Decisões "momentosas", para James, ocorrem quando talvez não tenhamos outra chance para decidir, a escolha não pode ser revertida com facilidade nem desfeita, e algo de importância considerável pesa na balança. A escolha tem de ser momentosa se desejamos ir além da evidência porque, se pudermos decidir mais tarde ou mudar de idéia, não há pressão para agirmos de modo prematuro com base em dados insuficientes. Podemos procrastinar com segurança. *24 Horas* está repleta de exemplos de escolhas momentosas. Durante a terceira temporada, Ramon Salazar entrega a Jack uma arma e ordena que atire em Chase Edmunds. Se ele não fizer isso, seu disfarce será revelado e é bem provável que os dois sejam mortos. Jack não pode adiar a decisão ou Salazar o fará por ele. Quer Jack se submeta, quer resista, ele não pode desfazer a escolha. Quando apontar a arma para Chase e puxar o gatilho, não haverá mais como voltar atrás. Nem será possível mudar de opinião depois se inicialmente se recusar a obedecer à ordem. Por fim, algo de importância considerável pesa na balança: somente protegendo seu disfarce Jack pode ter alguma esperança de impedir que Salazar entregue o vírus mortal a quem pagar mais – Nina Myers, como ficamos sabendo mais tarde. A "opção" entre atirar e não atirar é momentosa (também é "forçada", como veremos adiante).

As decisões "forçadas" surgem quando as conseqüências resultantes de não escolher são as mesmas de se fazer uma das escolhas. Por exemplo, na quinta temporada, o gás nervoso Sentox foi liberado na UCT, depois que terroristas se infiltraram no prédio usando o cartão de segurança roubado de Lynn McGill. A maioria dos sobreviventes estava em uma sala protegida, mas elementos corrosivos no gás causaram a deterioração rápida das barreiras protetoras ao redor da porta. As tentativas de Chloe de desativar o sistema de ventilação foram em vão em razão de um programa remoto que só poderia ser fechado manualmente, e McGill era uma das duas únicas pessoas que poderiam chegar até o local e fechar o programa antes de sucumbir aos efeitos do gás. A decisão de McGill, sacrificar a vida para salvar outras, é forçada. Se ele não puder decidir entre cooperar ou não, essa indecisão é equivalente a uma recusa, pois nos dois casos todos morrerão. A decisão de Jack de matar ou não Ryan Chappelle também é forçada. Se Jack hesitar, contorcer as mãos e não for capaz de agir, isso equivale a escolher não matar. E nesse caso Stephen Saunders vai expor a população a um vírus letal.

Mas o que tudo isso tem a ver com confiança e suspeita? Para Clifford, jamais devemos acreditar em nada ou ninguém sem evidências suficientes.

Em um esforço para chegar à certeza, Descartes (1596-1650) rejeitou como falsa qualquer coisa que fosse duvidosa, ainda que em grau mínimo. Essas políticas nos impedem de cometer erros. Mas a certeza de evitar erros não é isenta de riscos, pois, embora não acreditemos em uma mentira, se seguirmos o exemplo de Clifford, também não acreditaremos na verdade, ainda que nossa fonte seja (embora não saibamos) confiável. Quando suspendemos o julgamento, não acreditamos nem em uma coisa nem em outra, ainda que um bem maior tivesse resultado da confiança depositada em uma pessoa. Então, a certeza de evitar o erro pode resultar na perda de um bem vital.[109] Também impedimos a nós mesmos de possuir qualquer verdade que viríamos a ter se tivéssemos adivinhado corretamente. Recusando-se a acreditar e a agir de modo resoluto, Jack pode evitar inadvertidamente confundir um erro com a verdade. É possível também que ele não consiga impedir uma explosão nuclear. Em outras palavras, quando algo como impedir um ataque terrorista está em questão, a posição de Clifford significa arriscar a perda da verdade e de um bem vital pela certeza de evitar o erro. A posição de James representa uma disposição de arriscar a cometer um erro pela chance de obter a verdade e um bem vital.[110] Para James, em um mundo onde, com certeza, nós erraremos ocasionalmente, apesar de todas as precauções, não precisamos ter tanto medo dos erros ao ponto de evitá-lo ser nosso maior dever. Isso não quer dizer que a posição de Clifford não tem valor; pelo contrário, a questão é que podemos adotar a posição de James com liberdade sem violar nenhum dever intelectual, ou padrão de excelência, quando a questão é algo intelectualmente impossível de ser decidido, vivo, momentoso e forçado.

## A fita do Chipre

Tentemos aplicar esses princípios a um exemplo concreto. Tomemos a controvérsia sobre a fita do Chipre, na segunda temporada. O vice-presidente, Mike Novick, os chefes de gabinete e Ryan Chappelle acreditam na absoluta autenticidade da fita, verificada por análises sofisticadas conduzidas por equipes de especialistas independentes. Com base em todas as informações disponíveis, incluindo as tendências de Bauer de colocar suas intuições à frente de fatos, protocolos e cadeia de comando, eles apóiam com unanimidade uma guerra de retaliação sem demora. Clifford provavel-

---

109. O ensaio de James refere-se a Deus de modo específico. Presumir que Deus existe ou não é algo intelectualmente impossível de ser decidido. Clifford diria, então, que devemos permanecer agnósticos. James ressalta, no entanto, que, se os benefícios da fé só estão disponíveis para aqueles que acreditam, quando suspendemos a presunção estamos nos privando do bem que a fé pode nos trazer. Assim, Clifford coloca a certeza de evitar o erro acima da possibilidade de obter um bem vital. Para James, a racionalidade não nos compele a seguir as prioridades de Clifford.
110. O "bem vital" pode ser a prevenção de um grande mal, como um ataque terrorista ou o assassinato de uma figura política.

mente concordaria que, para eles, considerar a gravação genuína é algo justificado. Se o veredicto unânime de muitos especialistas de diversas agências não constitui "evidência suficiente", é difícil dizer o que constituiria tal evidência.

Palmer, por outro lado, não está tão certo e é contra um ataque imediato, fundamentando sua posição no fato de que Bauer acredita que a fita é uma fraude. Prescott, Novick e a maioria dos membros do gabinete desconsideram as suspeitas infundadas de um único agente. Eles consideram a confiança do presidente em Bauer um sinal de instabilidade, se não de uma completa incapacidade. Infelizmente para Palmer, a prova de que Jack necessita parece uma miragem que se afasta sempre que ele chega mais perto. Em primeiro lugar, Syed Ali, que nega sua presença em Chipre à época, é assassinado; depois, um *chip* que supostamente continha uma cópia da fonte de gravação da fita é seriamente danificado. Sua inautenticidade é implícita (mas não provada) pela onda de assassinatos e torturas deflagrada pelos homens de Kingsley em uma tentativa frustrada de recuperá-lo e omiti-lo. Jack encontra Hewitt, que alega ser capaz de reproduzir a gravação fraudulenta, mas ele morre antes que possa demonstrar o processo e a técnica pelos quais a gravação foi feita. Jack tem razões para acreditar que o registro é falso, mas não tem provas.[111] O ceticismo de Palmer, por sua vez, deriva de Jack. Palmer confia em Jack, porque sabe o tipo de homem que ele é. Como o presidente conhece Bauer e tem absoluta confiança em sua integridade, honestidade, franqueza, poderes de observa-

---

111. Os modos mais comuns de raciocínio discutidos são a indução e a dedução. A indução envolve o raciocínio a partir de uma amostra de um grupo ou população. Por exemplo, "todos os episódios na primeira temporada de *24 Horas* foram excitantes; então todos os episódios de *24 Horas* devem ser excitantes". Esse raciocínio é, na melhor das hipóteses, provável, pois sempre há a (improvável) possibilidade de que algum episódio seja decepcionante. O raciocínio dedutivo parte de inferências que supostamente não são apenas prováveis, mas necessárias. Por exemplo, "todos os que trabalham na UCT são estressados. Jack trabalha na UCT. Logo, Jack é estressado". Além desses dois tipos, o filósofo e lógico americano Charles Sanders Peirce (1839-1914) identificou um terceiro tipo de raciocínio ao qual chamou "abdução". Na melhor explicação, o raciocínio abdutivo envolve inferência. Observamos alguns fatos que queremos entender. Raciocinamos que, se uma determinada hipótese é verdadeira, os fatos serão facilmente explicados. De fato, eles seriam mais bem explicados por esse raciocínio do que por qualquer outra hipótese concorrente que possamos imaginar. Por isso, concluímos, a hipótese é provável (ou pelo menos possível). A abdução é, portanto, uma lógica de formação de hipóteses, ou de um palpite fundamentado. É isso que Jack – e na verdade qualquer outro investigador criminal – faz o tempo todo. Se existem fatos que não podem ser explicados na hipótese de que a fita do Chipre é autêntica, Jack está justificado em acreditar em uma hipótese alternativa, como a de que se trata de uma falsificação destinada a aumentar o preço das reservas de petróleo do mar Cáspio. Nada do que eu digo a seguir deve sugerir que Jack acredita contra as evidências. Pelo contrário, ele raciocina de modo abdutivo, formando hipóteses baseadas nos fatos à sua disposição, tentando extrair o melhor sentido deles.

ção, sobriedade e habilidade singular de apresentar um julgamento sensato, ele considera desconhecida a condição da fita. O presidente recusa-se a começar uma guerra até que qualquer sombra de dúvida tenha sido eliminada, e isso significa dar uma chance a Jack de provar que a fita é falsa, até que os bombardeiros tenham descarregado suas cargas. A veracidade da fita talvez não seja algo que não possa ser decidido intelectualmente, mas, para o presidente, não é uma questão fechada. Entrar em guerra sem seguir cada pista seria um ato perigosamente precipitado que arriscaria destruir a credibilidade dos Estados Unidos para sempre. Palmer não pode fazer isso.

Quem está certo? É difícil dizer sem esclarecer o que constitui prova ou evidência "suficiente" e quando a autenticidade de alguma coisa, como uma gravação, pode ser estabelecida em definitivo. Essas noções são um tanto escorregadias, e por isso é difícil dizer que a suspeita ou o ceticismo estão deslocados. A diferença entre o presidente Palmer e o vice-presidente Prescott é que o primeiro acredita que a veracidade da fita está aberta a questionamento, e o segundo a considera conclusivamente verificada. Como espectadores, podemos ver a sensatez das duas posições (em grande parte porque, como Palmer, tivemos oportunidade de adquirir confiança nas habilidades e integridade de Jack). Mas e se não for possível obter uma prova adicional antes que os bombardeiros se coloquem em posição? Adiar o ataque põe em risco dezenas de milhares de vidas americanas, pois os três países implicados teriam a oportunidade de deixar suas defesas prontas. Seria errado cancelar o ataque, como presumem Novick e Prescott? Ou Lynne Kresge está certa quando protesta que, embora não concorde com o cancelamento, é o presidente quem tem de tomar a decisão?

Na ausência de provas oportunamente definitivas – do ponto de vista de Palmer a evidência não é conclusiva o suficiente – e quando a opção está entre as hipóteses concorrentes de que a gravação é falsa ou verdadeira, ou de que ele deve atacar sem hesitação ou adiar o ataque indefinidamente, Palmer pode deixar que suas "paixões" decidam. Ele pode permitir que sua relutância, e não a evidência, arrisque a vida de cidadãos inocentes em países estrangeiros, para determinar sua decisão. Kresge está certa. Como presidente, a decisão é dele, pois a decisão de atacar ou não atacar é viva, momentosa e forçada. É viva porque as duas opções estão em aberto. Ainda que Palmer escolha adiar o ataque por causa das circunstâncias, isso não significa que entrar em guerra seja algo impensável. Ele não hesitaria em contra-atacar se estivesse convencido das informações que fundamentam a missão. A escolha é momentosa porque, obviamente, muita coisa está em jogo e uma decisão, quando tomada, pode ser irrevogável. A decisão é forçada. A recusa em decidir pelo ataque ou não traria as mesmas conseqüências produzidas pela escolha de não atacar.

Clifford sugere que as conseqüências de nossas ações são menos importantes que as razões delas. Se eu não tiver razões adequadas, não devo agir, ainda que as conseqüências sejam benéficas. James, ao contrário, embora não negligencie os fatores racionais, aceita a consideração das conseqüências quando a informação é inconclusiva. O problema com a abordagem de James é que ela parece justificar a facção de Prescott tanto quanto a de Palmer e seus aliados. Se a veracidade da fita do Chipre é impossível de ser decidida, Prescott pode deixar que suas paixões decidam, e com base nelas, ordenar um ataque, pois essa opção é, tanto para ele quanto para Palmer, viva, momentosa e forçada. Mas é isso que queremos dizer? Queremos abraçar uma teoria que justifique uma ação militar baseada em informações imperfeitas, fabricadas ou incompletas? No que se refere a algo tão extremo quanto entrar em guerra contra três países do Oriente Médio, é certo desferir o ataque com base em algo que não seja a absoluta certeza da justiça de nossa causa?

Infelizmente, para aqueles que gostam de respostas simples, *24 Horas* não apresenta nenhuma. Essa é em parte a razão pela qual se trata de um drama tão inteligente e marcante. Imagino que a maioria dos fãs da série tem facilidade em concordar com o presidente Palmer. Talvez porque, como espectadores, temos acesso a informações que nem ele nem o vice-presidente conhecem – temos acesso a Bauer em campo. Portanto, sabemos que o apoio que o presidente dá a Jack tem razão de ser. Mas se nos colocarmos nas verdadeiras posições do presidente Palmer e do vice-presidente Prescott – se não pudermos olhar para a tela de nossas TVs e ver o que Jack está ouvindo, vendo e fazendo –, as coisas podem seguir em qualquer direção. A evidência pode nos acautelar do risco de uma guerra precipitada. E sentimos que Prescott é, senão correto, pelo menos sensato. A evidência também favorece a visão de que a fita do Chipre é genuína. E, de um certo modo, isso complica a visão de Clifford. Acreditar nas pessoas não é a mesma coisa que acreditar em declarações. Se evidências circunstanciais sugerem que a esposa de um homem é infiel, a coisa certa a fazer talvez seja confiar nela de qualquer modo e presumir que há uma explicação inofensiva para o comportamento incomum da mulher. Não é possível amar de verdade sem confiança, e o amor não é racional. Talvez não devamos acreditar em proposições sem evidências suficientes; talvez Clifford esteja certo quando diz que isso é intelectualmente criminoso. Entretanto, no que diz respeito a pessoas, a razão não é a única coisa que conta. As "paixões" de James também importam. Se Palmer não acreditar em Bauer, ele não apenas arrisca perder a verdade, mas também bens vitais – o respeito e a amizade de um homem honrado assim como vidas humanas.

## 16:00H - 17:00H

# A cruel astúcia da razão: o conflito moderno/pós-moderno em *24 Horas*

*Terrence Kelly*

É tentador ver *24 Horas* como uma alegoria do "choque de civilizações". Porém, a estrutura conspiração-dentro-de-conspiração da série revela um tipo muito mais rico de conflito. À medida que Jack Bauer luta para anular ameaças terroristas, entre seus adversários já se incluíram não apenas fundamentalistas islâmicos, mas também separatistas russos, cartéis de empresas, agentes antiterroristas (seus companheiros) e ninguém menos que o presidente dos Estados Unidos. O conflito em *24 Horas* não é apenas Leste/Oeste, ou fundamentalista/secular, ou muçulmano/cristão. Em vez disso, *24 Horas* representa algo mais profundo, um conflito entre dois modos de racionalidade prática e as formas de organização a que eles dão origem: modernismo e pós-modernismo.

O *modernismo* pode ser caracterizado pelos sistemas sociais burocráticos e guiados por especialistas em conjunto como uma forma de raciocínio que enfatiza a eficiência e as regras. O *pós-modernismo* pode ser caracterizado como uma organização social fragmentada e em aberto em conjunto com uma forma de raciocínio que enfatiza a pluralidade, indeterminação e contingência. Tanto o modernismo quanto o pós-modernismo têm tendências autodestrutivas ou, como Jacques Derrida (1930-2004) as chama, "auto-imunidades".[112] Essas auto-imunidades são exacerbadas pelo conflito entre agentes que operam a partir dessas perspectivas divergentes.

---

112. Jacques Derrida e Giovanna Borradori, "Auto-Immunity: Real and Symbolic Suicides: A Dialogue with Jacques Derrida", em *Philosophy in a Time of Terror: Dialogues with Jürgen Habermas and Jacques Derrida*, Giovanna Borradori (org.) (Chicago: University of Chicago Press, 2003). As indicações de páginas referentes a Derrida e Borradori são dessa obra.

A tensão dramática em *24 Horas* é abastecida pela ansiedade criada por uma nova desordem mundial na qual os limites modernistas da Guerra Fria foram substituídos por uma ameaça que se tornou pós-moderna. Jack Bauer personifica a auto-imunidade de um herói moderno cada vez mais frustrado, que sacrifica sua própria humanidade para lutar contra um inimigo fragmentado, descentralizado e, portanto, jamais presente por inteiro. O destino de Sísifo de Jack é uma história de alerta para aqueles que imaginam uma "guerra" contra o terrorismo.

## Modernidade e auto-imunidade

As ações de Jack Bauer e da UCT são exemplos clássicos da racionalidade e organização social modernas. Max Weber (1864-1920) argumentou que a "modernidade" é caracterizada por uma volta a sistemas sociais seculares, burocráticos, e técnicos baseados no mercado. Segundo Weber, à medida que os Estados modernos aumentam em tamanho e complexidade, a organização e administração *eficientes* se tornam o princípio básico social e político. Assim, em nome da eficiência, o Estado moderno torna-se cada vez mais burocrático na estrutura. Ele se torna diferenciado, especializado, preso a regras, hierárquico e isolado de um *feedback* desestabilizador.

Essa compartimentalização permite que os sistemas administrativos modernos no setor público se tornem mais "automatizados" e mais capacitados para lidar com complexas funções de estado e com os crescentes riscos de uma sociedade movida pela tecnologia. Os líderes de Estado não precisam ser especialistas em cada área de risco abordada pelo Estado (nem precisam ter consciência delas). Os sistemas administrativos, abarrotados de especialistas, regulam de maneira contínua o risco e a implementação de políticas públicas.

No entanto, a volta à racionalidade instrumental e aos sistemas burocráticos tem um alto preço. Weber observou que um estado burocrático e voltado para a eficiência tende a tratar seus cidadãos como objetos a serem processados por sistemas administrativos. Por conseguinte, a sociedade moderna constrói vagarosamente a sua própria "gaiola de ferro", na qual a liberdade e a personalidade distinta dos seres humanos são niveladas em nome de uma sistematização eficiente. A vida moderna – pela sua tremenda complexidade – é comprada com a liberdade humana.

A tese da "gaiola de ferro" de Weber foi defendida de maneira dramática por Max Horkheimer (1865-1973) e Theodor Adorno (1903-1969) em *Dialectic of Enlightenment*.[113] Fugindo da Alemanha nazista para o sul da Califórnia, Horkheimer e Adorno afirmaram que tanto as sociedades

---

113. Max Horkheimer e Theodor Adorno, *Dialectic of Enlightenment* (New York: Continuum Publishing, 1997). As indicações de páginas referentes a Horkheimer e Adorno são dessa obra.

democráticas quanto as autoritárias sofrem com o fato de que o projeto moderno "da iluminação", com sua ênfase na ciência e eficiência, destrói os próprios valores que pretende defender: a autonomia humana e a democracia. Em sociedades "iluminadas", a cultura, por exemplo, tornou-se uma indústria que fabrica conhecimento e preferências para um ganho econômico e/ou político – tudo, é claro, em nome da liberdade e escolha do consumidor. Ao mesmo tempo, embora cada vez mais eficiente, a organização social sofre com um raciocínio prático e uma cultura empobrecidos que não mais contemplam valores morais.

Horkheimer e Adorno dramatizam as tendências autodestrutivas do raciocínio iluminista no mito de Odisseu. Embora Odisseu seja capaz de usar sua astúcia para sobreviver a perigos extremos, ele o faz a um terrível custo pessoal. Horkheimer e Adorno resumem a condição de Odisseu: "o título de herói só é conquistado à custa da degradação e mortificação do instinto por uma felicidade completa, universal e indivisa" (57). Não é de surpreender que em "O mito de Er", Platão imagina Odisseu escolhendo para sua próxima vida a "de um homem da vida privada que só cuida de suas próprias coisas" – um ninguém.[114]

## Jack Bauer, o moderno Odisseu

Sem dúvida, Jack Bauer é um herói moderno, talvez *o* herói moderno, da América pós-11/9. Não podemos negar a astúcia que ele usa para sobreviver às mais irremediáveis situações. Na sexta temporada, acorrentado a uma cadeira e sendo torturado, Jack consegue escapar fingindo que morreu e então mordendo (sim, mordendo!) a veia jugular do guarda que se inclina sobre ele para verificar seu pulso. Contudo, apesar de toda a sua astúcia, permanece o fato de que Jack é, no fim das contas, um burocrata que executa as metas organizacionais do modo mais eficiente possível, mas à custa da total degradação de sua felicidade pessoal.

É surpreendente pensar em Jack como um burocrata. Sua ação em campo é tão fluida e requer tanta engenhosidade que, à primeira vista, ele se parece mais com um herói existencial de Sartre; ou seja, um indivíduo radicalmente livre, não limitado por regras e convenções, e que vive por um código criado por ele mesmo. Não obstante, apesar de toda a aparência de liberdade, Jack serve como agente de uma organização burocrática e estruturada verticalmente. O onipresente telefone celular de Jack o coloca em contato/controle com seus superiores (seja o diretor da UCT ou o próprio presidente);[115] e ainda que às vezes desafie as ordens de seus superio-

---

114. Platão, *A república*, traduzido para o inglês por Allan Bloom *The republic of Plato* (New York: Basic Books, 1968).
115. Ver o capítulo escrito por Read Mercer Schuchardt para uma análise da influência penetrante do telefone celular em *24 Horas* e na vida cotidiana.

res, a verdade é que Bauer serve a eles de maneira consciente e com lealdade. As decisões dos superiores, embora frustrantes, são obedecidas.

Por exemplo, na sexta temporada, o presidente ofereceu a um terrorista, Hamri Al-Assad, imunidade pelos crimes cometidos se ele continuasse a prestar ajuda à UCT em uma operação antiterrorista. Curtis, às vezes o braço direito de Jack na UCT, fica surpreso. Al-Assad cometeu inúmeras atrocidades contra os americanos (incluindo membros das forças especiais de Curtis há alguns anos). Ele simplesmente não pode aceitar esse acordo. A resposta de Jack é burocrática: "Não depende de nós". O presidente tomou sua decisão, e, como um bom membro do sistema burocrático verticalizado, Jack insiste que Curtis a honre. Quando Curtis não consegue fazer isso e tenta matar Al-Assad, Jack atira nele e o mata. Quando vemos Jack andar cambaleando pela rua, caindo por fim sobre a grama, chorando e vomitando, não estamos diante de um herói existencial de Sartre expressando sua liberdade radical, mas de um instrumento de um sistema administrativo, que está enojado com a destruição de sua própria humanidade em nome do "cumprimento do dever".

Matar o amigo Curtis é apenas uma das muitas degradações sofridas por Bauer por causa "do dever". Sua mulher é assassinada pela agente da UCT Nina Myers, a ex-amante de Jack, que se tornou uma terrorista infiltrada; Bauer distancia-se da filha, torna-se viciado em heroína, é "negociado" para ser morto por um terrorista em troca de informações; e precisa fingir a própria morte para escapar da perseguição de membros malévolos de seu próprio sistema administrativo. Não é de surpreender que a quinta temporada comece com Jack, que fingiu estar morto no fim da quarta temporada, vivendo tranqüilamente como "Frank Flynn", um trabalhador diarista em Mojave, CA. Não sabemos se está feliz com essa vida, porém, como Odisseu no "Mito de Er", ele escolheu a vida de um "ninguém". Repetidas vezes a astúcia de Jack salva o "agente Bauer" à custa da própria humanidade de Jack. A destruição dele como ser humano não fica apenas evidente por seu terrível sofrimento e a perda da família e amigos; ela também é testemunhada na deformação de Jack como um ser moral. Na segunda temporada ele recebe ordens de se infiltrar em uma gangue que possivelmente está ligada a uma trama terrorista.

O plano de Jack: assassinar uma testemunha que está sob custódia protetora federal, pois iria testemunhar contra membros do grupo em questão, e entregar a cabeça dela para esses criminosos como prova de fidelidade. Eficiente? Sem dúvida. Mas a sensibilidade moral de Jack foi claramente substituída por uma sagacidade cruel na qual qualquer coisa que seja feita a essa (sem dúvida malévola) testemunha é aceitável desde que permita atingir os objetivos da missão. O uso constante de tortura, por parte de Jack, às vezes quase sem provocação, também é um sintoma da deterioração daquilo que Kant chamaria sua "personalidade moral".[116] É claro que, em um elemento muito criticado de *24 Horas*, tudo dá certo porque as pessoas que Jack tortura são (geralmente) criminosos com informações cruciais que são verdadeira e rapidamente partilhadas. Mas a instrumentalidade de Jack nessa questão é muitas vezes chocante.

A auto-imunidade de Jack, sua tendência à autodestruição, é refletida no sistema administrativo como um todo. Os executivos no sistema estão dispostos a negociar vidas humanas (geralmente a de Jack) com surpreendente facilidade. Os relacionamentos românticos continuamente causam tensão no trabalho da UCT, às vezes levando a traições e assassinato (por exemplo, o romance de Nina Myers com Jack e Tony Almeida); e quase sempre terminando mal. Como Jack, outros membros do sistema adotam cada vez mais uma perspectiva instrumental questionável em sua abordagem quanto à tortura. Na quarta temporada, agentes da UCT torturam vários suspeitos (por exemplo, Sarah Gavin) que são inocentes, mas, seguindo a lógica instrumental até o seu amargo fim, os agentes da UCT endossam a decisão pela tortura, pois ela ajudou a exonerar os suspeitos. Até o secretário de defesa Heller apóia a tortura de seu próprio filho, apesar da inocência dele.[117]

Por fim, as políticas adotadas pela UCT e o governo dos Estados Unidos exibem uma resposta auto-imune e autodestrutiva à ameaça terrorista. A ampla autorização da tortura, a criação de campos de detenção, as buscas ilegais e a troca de vidas nos mais rudes termos utilitaristas corroem os próprios valores que estão sendo "defendidos". Os Estados Unidos em *24 Horas* se tornam com certeza menos livres e democráticos. Nem o presidente está imune às exigências destrutivas da instrumentalidade. Na segunda temporada, depois que uma bomba nuclear foi detonada em solo americano (graças a Jack, no deserto e não em Los Angeles, como planejado), uma gravação de áudio vem à tona, identificando um certo número de países envolvidos na trama. O presidente Palmer sofre pressão de seu gabinete para reagir com uma vigorosa retaliação militar. Quando Palmer se recusa a fazer isso, pois suspeita da autenticidade da fita, ele é afastado do cargo porque é considerado "incapacitado"; seus escrúpulos morais simplesmente não são compatíveis com a lógica instrumental do sistema. Até o presidente é um instrumento.

---

116. Para Kant, expressamos nossa "personalidade moral" quando determinamos nossa própria vontade através do uso do raciocínio moral oposto ao "eu patológico", que permite a si mesmo ser determinado por forças externas tais como apetites. Ver Immanuel Kant, *The Critique of Practical Reason*, traduzido para o inglês por Lewis White Beck (Upper Saddle River, NJ: Prentice-Hall, 1993).
117. Adam Green, "Normalizing Torture, One Rollicking Hour at a Time", em *New York Times*, 22 de maio de 2005.

Assim, no nível pessoal (Jack), no nível intersubjetivo (membros da UCT) e no nível do sistema (governo dos Estados Unidos), *24 Horas* destaca de modo dramático as respostas auto-imunes à forma moderna da racionalidade prática. A humanidade de Jack, os relacionamentos entre os vários membros da UCT e as políticas de governo dos Estados Unidos se tornam instrumentalizados até chegar à tragédia. Como Odisseu, Jack e a América sobrevivem, mas de uma forma autodestrutiva.

## O espectro do terrorismo

Nos filmes de James Bond, ESPECTRO (SPECTER) é uma organização tão moderna e burocrática quando a MI-6, em que o Número Um é o diretor. O terrorismo enfrentado por Jack não poderia ser mais diferente. A ameaça com a qual ele se depara é descentralizada, pluralista e sem rosto. Ela não é representada por uma organização, não se encontra em uma localização geográfica, e seus agentes são motivados por valores e estilos de raciocínio radicalmente diferentes. Não existe um "Número Um" nem um "Dr. Evil" que, como um manipulador de marionetes, guia a trama que ameaça a América. Há alguns indivíduos-chave por trás da ameaça, mas seus elos não são verticais. Por exemplo, na segunda temporada, Jack está tentando encontrar uma bomba nuclear que extremistas muçulmanos planejam explodir em Los Angeles. Os extremistas, por sua vez, são apoiados por um consórcio de executivos europeus e americanos. O plano, que se revela no decorrer da história, é (1) explodir uma bomba nuclear em Los Angeles; (2) fabricar evidências de que vários países do Oriente Médio estavam envolvidos no ataque; (3) permitir que essa evidência seja "descoberta" pela UCT, o que (4) levará a uma retaliação massiva por parte dos Estados Unidos, o que por sua vez (5) provocará um grande aumento no preço do petróleo e (6) trará imensos lucros para o consórcio.

Os agentes nessa trama são pluralistas ao extremo em seus motivos, raciocínio, localização e relação uns com os outros. Os extremistas muçulmanos não se preocupam nem um pouco com o preço do petróleo; eles querem golpear a América por motivos religiosos e, talvez, geopolíticos. O consórcio não tem nenhum interesse religioso nos ataques e raciocina a partir de uma visão moderna, buscando maximizar seus recursos econômicos. Como resultado, enquanto um capacita o outro, ninguém está de fato *no comando*. O consórcio permite a ação dos terroristas, mas uma vez que possuem a bomba, estes são relativamente independentes e seguem sua própria lógica e motivações. Do mesmo modo, os terroristas são, falando com sinceridade, peões em um jogo "maior". Porém não fica claro se eles se preocupam com isso. Embora suas motivação estejam sendo utilizadas pelo consórcio, os terroristas em si não *servem* ao consórcio intencionalmente.

Muitos agentes que fazem parte da conspiração terrorista não são, por si, pós-modernos em seu raciocínio.[118] Os terroristas islâmicos podem ser interpretados como pós-modernos que se movem na direção do efeito destruidor de mitos das sociedades ocidentais modernas. Por outro lado, o consórcio de empresas é motivado pelas considerações modernas da manipulação de mercado e do planejamento eficiente. O que torna a ameaça terrorista pós-moderna é que esses diversos valores, motivações e formas de raciocínio são alinhados de modo improvável em uma *constelação* de ações. Na segunda temporada, essa constelação é ao mesmo tempo pré-moderna e moderna, religiosa e secular, ocidental e não ocidental.

Como resultado, a constelação que Jack confronta nunca se apresenta por inteiro; sempre há outro elemento na trama que age a distância, por detrás da cortina, de muito longe no tempo e no espaço. Isso torna a ameaça terrorista, tomando emprestado a metáfora de Derrida, um "espectro". Não é como o ESPECTRO do mundo de James Bond, mas no sentido de ser algo que aparece, mas nunca por completo; que age, mas jamais inteiramente em pessoa; que assombra tanto quanto ataca. Como Derrida coloca, o espectro é "uma aparição que... não apresentará ninguém em pessoa, mas desferirá uma série de golpes para ser decifrada".[119]

O grande desafio de lutar contra essa ameaça está no fato de que não há a oportunidade para desferir um golpe "fatal". Não existe um Dr. No para ser encontrado e morto, nenhuma lógica previsível a ser seguida, nenhuma "ilha secreta" para localizar. Jack é obrigado, passo a passo, a seguir o confuso labirinto das ameaças terroristas, e essa confusão ajuda a salvar os terroristas de um ataque direto. Como eles estão espalhados por redes ou células descentralizadas, escapam da confrontação direta na qual as organizações modernas atuam com excelência. É claro que tal lógica também traz suas próprias auto-imunidades, suas próprias tendências à autodestruição. A técnica das bombas suicidas, favorita entre os terroristas, não deixa nenhuma pessoa para trás para contar a história, mas também destrói o atacante, literalmente. Para muitos terroristas, a sua própria humanidade também é apagada pela causa. Ademais, como podemos imaginar, constelações com estilos tão diferentes de raciocínio produzem arranjos

---

118. Esse é um importante ponto a ressaltar. Obviamente, não há uma conexão necessária entre o terrorismo e o pós-modernismo. Muitos grupos terroristas não são pós-modernos em estrutura e raciocínio. Além do mais, existem muitos movimentos que discutivelmente *são* pós-modernos em raciocínio e estrutura (por exemplo, o movimento pacifista nos Estados Unidos) que rejeitariam por completo as ações terroristas. O desafio singular que Jack enfrenta é que formas significativas de terrorismo contemporâneo *são* pós-modernas em estrutura e raciocínio.
119. Jacques Derrida, *Specters of Marx* (New York: Routledge, 1994). Citado aqui como *Specters of Marx*. Nesse contexto, Derrida discute o uso, por Marx, dos termos "espectro" e "assombra" para descrever a confrontação do comunismo com a Europa.

sociais instáveis. Por exemplo, na sexta temporada, Abu Fayed perdeu o cientista nuclear de quem necessitava para armar vários dispositivos nucleares. Ele entra em contato com Darren McCarthy para conseguir outro cientista que faça o trabalho. McCarthy, ao contrário de Fayed, não é um fundamentalista islâmico, então sua lealdade à causa dificilmente chega ao suicídio. Assim, Fayed faz um uso quase cômico de ameaças e ofertas em dinheiro para que McCarthy ponha mãos à obra. Como são descentralizados e pluralistas, os agentes dentro da constelação terrorista não podem contar com lealdade, responsabilidade institucional, nem conceitos éticos compartilhados para coordenar a ação. Em vez disso, eles devem operar por meio de uma pluralidade de jogos de linguagem, com freqüência à custa de seus próprios interesses ou autenticidade.

## Equilibrando-se na borda do fim da história: *24 Horas* e o terrorismo contemporâneo

Nos anos inconstantes após a queda do comunismo, Francis Fukuyama declarou que chegamos "ao fim da história".[120] Essa expressão tem sua fonte na confiança de Hegel (1770-1831), em que, na modernidade, a vida social atingira seu zênite racional. Ainda que, obviamente, os desenvolvimentos históricos e sociais continuassem a existir, a estrutura fundamental da sociedade, salvo uma catástrofe, não mudaria sua forma ótima e moderna (democrática/de mercado).[121]

*24 Horas* apresenta-nos uma catástrofe em potencial que empurra as sociedades modernas para além do fim da história. A ansiedade acerca dessa catástrofe ressoa aos telespectadores porque a situação geopolítica atual traz inúmeras semelhanças com a de Jack Bauer. Mesmo que seja improvável que as conspirações sejam tão ricas e em estilo de novela como em *24 Horas*, no terrorismo contemporâneo as sociedades modernas enfrentam uma ameaça que também é descentralizada, não institucional, pluralista e jamais presente por inteiro. E também perigosa. Com a proliferação de armas nucleares, biológicas e químicas, o terrorismo contemporâneo traz a possibilidade de destruição em massa e uma significativa desestabilização social. O terrorismo assombra as sociedades modernas tanto quanto as ataca (ou mais). Como Derrida afirma a respeito desses espectros, "ninguém mais fala em outra coisa, mas o que mais podemos fazer se ele não está lá, esse fantasma, como qualquer fantasma digno de seu nome?" (*Specters of Marx*, 100).

---

120. Francis Fukuyama, *The End of History and the Last Man* (New York: Free Press, 1992).
121. G.W.F. Hegel, *A filosofia do direito*, traduzido para o inglês por H. B. Nisbet. *The Philosophy of Right.* (New York: Cambridge University Press, 1991).

As organizações terroristas são descritas como "redes", mas isso já as unifica. Os terroristas e os vários Estados, organizações e indivíduos que os apóiam com freqüência têm diversos, e não inteiramente consistentes, objetivos religiosos, geopolíticos e econômicos. Bin Laden, que nunca está presente, às vezes faz "aparições" que assombram ou atemorizam alguns e inspiram a outros. "Células" terroristas formam-se com espontaneidade nos Estados ocidentais, como a Grã-Bretanha e os Estados Unidos; e ainda que seja reconfortante pensar em "campos de treinamento", onde extremistas iniciantes vão para terminar a escola, a realidade do terrorismo moderno é tão descentralizada que, se a catástrofe não estivesse tão próxima, essas imagens seriam risíveis. Como Derrida esclarece:

> O pior e mais eficiente "terrorismo", ainda que pareça externo e "internacional", é aquele que instala ou relembra uma ameaça interna, *em casa*, e nos faz lembrar que o inimigo também está sempre localizado dentro do sistema que ele viola e aterroriza. (Derrida e Borradori, 188)

O medo da ameaça que já está "dentro" produziu, como na América de Jack, várias reações auto-imunes e autodestrutivas com o objetivo de localizar e expelir o corpo estranho. Essas reações são familiares aos espectadores de *24 Horas*: autorização de tortura, restrição das liberdades individuais, reações militares desproporcionais, um declínio da deliberação democrática, uma vaga e constante paranóia codificada por cores em "níveis de ameaça" e a igualação entre discordância e traição. E, como em *24 Horas*, não podemos deixar de imaginar se essas reações auto-imunes não são de fato o objetivo dos ataques terroristas. Consideremos a reflexão de Jürgen Habermas sobre viver em Nova York alguns meses depois do 11/9:

> Os repetidos anúncios não específicos de possíveis novos ataques terroristas e os insensatos chamados a "estar alerta" provocaram um sentimento vago de angústia junto com uma prontidão incerta – precisamente a intenção dos terroristas.[122]

Na teoria revolucionária marxista, a resistência armada e os ataques terroristas jamais têm a intenção de enfrentar o governo de forma direta. Pelo contrário, eles têm o objetivo de levar o governo a dar respostas desproporcionais que põem em destaque a ilegitimidade do Estado – "levantar as contradições", como diriam os maoístas. Em sua resposta auto-imune, o governo não é mais capaz de distinguir entre os elementos saudáveis e

---

122. Jürgen Habermas e Giovanna Borradori, "Fundamentalism and Terror: A Dialogue with Jürgen Habermas", em *Philosophy in a Time of Terror: Dialogues with Jürgen Habermas and Jacques Derrida*, Giovanna Borradori (org.) (Chicago: University of Chicago Press, 2003).

perigosos da sociedade, porque a ameaça é sempre vista como interna. Como resultado, elementos legítimos da sociedade (por exemplo, as liberdades civis) e da comunidade internacional (por exemplo, o direito internacional) são minados inadvertidamente. Por conseguinte, os Estados Unidos sofrem uma titubeante perda de legitimidade nos corações e mentes dos cidadãos em todo o mundo.

## Vou quebrar minha gaiola enferrujada... e fugir

Existe alguma semelhança entre *24 Horas* e a situação atual enfrentada pelas sociedades modernas? O que podemos aprender com *24 Horas*? As sociedades modernas estão fadadas apenas a reforçar as barras da gaiola de ferro? A negociar a liberdade e a democracia por eficiência e segurança? Pode a ameaça do terrorismo, que se tornou pós-moderna, ser confrontada sem as auto-imunidades?

Para entender o potencial para uma resposta construtiva ao terrorismo moderno, é necessário reconsiderar a explicação da modernidade oferecida por Weber, Horkheimer e Adorno. A tese da gaiola de ferro que eles apresentam tem base em uma explicação altamente determinista da filosofia da história, segundo a qual as tendências da racionalidade moderna organizam as estruturas sociais e a vida interior dos indivíduos em termos estritamente instrumentais.[123] Em outras palavras, a sociedade passa a ser organizada em termos de eficiência e raciocínio meios-fim, e isso por sua vez modela a perspectiva dos membros individuais da sociedade da mesma forma. Assim, os macroelementos espelham os microelementos da sociedade. Em tal filosofia da história, os indivíduos tornaram-se "logrados culturais", que não mais têm consciência da gaiola de ferro na qual sua sociedade se transformou; uma gaiola que eles, sem perceber, constroem e reforçam. Ou seja, os indivíduos não vêem as implicações destrutivas mais amplas da racionalidade moderna – seja em sua própria perspectiva prática ou operacionalizada em instituições sociais. Essa filosofia da história "por trás das costas" é muito comum nas teorias influenciadas pela abordagem marxista ao problema da ideologia.

Todavia, esse forte determinismo social não é sustentável em termos filosóficos nem empíricos. A etnografia e a etnometodologia deixaram claro os modos como as ações diárias requerem criatividade e auto-reflexão criativas – das quais o cálculo instrumental é apenas uma das muitas considerações na interação do dia-a-dia.[124]

Filósofos como Jürgen Habermas observaram que Horkheimer e Adorno, embora corretos em seu julgamento da dimensão instrumental da

---

123. Ver Axel Honneth, *The Critique of Power* (Cambridge, MA: MIT Press, 1993).
124. Harld Garfinkel, *Studies in Ethnomethodology* (Englewood Cliffs, NJ: Prentice-Hall, 1969).

racionalidade do Iluminismo, globalizam em excesso essa visão, chegando a uma explicação implausível da racionalidade prática e do desenvolvimento social. A racionalidade moderna, argumenta Habermas, tem outras dimensões que podem conter o efeito "colonizador" que a racionalidade instrumental pode provocar na vida social. Afinal de contas, os argumentos oferecidos em *Dialectic of Enlightenment* com certeza não são meras engrenagens na indústria cultural, mas representam um uso da razão que objetiva gerar um acordo, fundamentado em princípios, entre indivíduos racionais, para expandir as metas de liberação e progresso humanos. Essa dimensão de racionalidade prática, que Habermas chama de "racionalidade comunicativa", é usada quando deliberamos com outros para chegar a um consenso racional quanto às normas que são aceitáveis para todos.[125] É nessa forma de raciocínio que exibimos nossa "personalidade moral" e preservamos nossa humanidade contra os potenciais efeitos corrosivos do pensamento instrumental.

De fato, mesmo diante da crise do perpétuo agora de *24 Horas*, temos alguns vislumbres desse tipo de raciocínio. Por exemplo, na segunda temporada, o presidente Palmer recusa-se a autorizar ataques de retaliação porque acredita, baseado na palavra de Jack, que a evidência demonstrando o envolvimento de outras nações em um ataque nuclear em solo americano é fabricada. Palmer confia em Jack *e* age segundo o princípio moral de que uma ação militar agressiva é injustificada diante de tais dúvidas. Palmer sabe, pelos produtos discursivos do direito internacional e com base em sua própria bússola moral, que, a princípio, uma agressão militar não pode ser justificada por uma evidência suspeita. A personalidade moral do presidente brilha enquanto ele se mantém fiel a essa posição fundada em princípios, ainda quando é afastado do cargo pelo próprio gabinete. Do mesmo modo, podemos reler o assassinato de Curtis, cometido por Jack na sexta temporada, como motivado pela *promessa* de Jack de proteger Al-Assad. Independentemente das terríveis conseqüências, Jack obedece ao imperativo moral dessa promessa. O incidente como um todo pode ser mais bem entendido no contexto dos imperativos instrumentais (burocrático) *e* comunicativos (no caso, morais).

Apesar desses *flashes* ocasionais, de modo geral o pensamento comunicativo não está muito presente em *24 Horas*. Afinal, quando eles chamam Jack Bauer é porque, de fato, "já é muito tarde". A natureza imediata das ameaças enfrentadas por Jack exige respostas administrativas e, as-

---

125. Ver Jürgen Habermas, *The Theory of Communicative Action: Volume One*, traduzido para o inglês por Thomas McCarthy (Boston: Beacon Press, 1984) para sua crítica à teoria da gaiola de ferro e à obra *Dialectic of Enlightenment*. Ver também Jürgen Habermas, *The Pragmatics of Communication*, traduzido para o ingles por Maeve Cooke (Cambridge, MA: MIT Press, 1998) para a explicação da racionalidade comunicativa.

sim, a eficiência facilmente ultrapassa a deliberação, com todas as desordens auto-imunes que a acompanham.

No mundo real, a situação não é tão árida. Quando lidamos com ameaças terroristas, ainda que alguns aspectos delas exijam uma reação administrativa e motivada por uma crise, existem oportunidades significativas para desenvolver também respostas fundadas em princípios e que sejam comunicativas. O desenvolvimento de amplas coalizões internacionais contra o terrorismo, o fortalecimento do direito internacional e das instituições da justiça, a expansão dos direitos humanos, a cura da pobreza e das iniqüidades da economia global de mercado e a promoção da democracia podem ser desenvolvidos a partir das respostas comunicativas e deliberativas ao terrorismo. Tais respostas oferecem a possibilidade de uma eficiência duradoura contra o terrorismo sem as tendências à autodestruição dramatizadas em *24 Horas*.

Essas respostas fundadas em princípios não são possíveis, no entanto, quando o combate ao terrorismo é encarado como uma "guerra". Dessa forma, o gerenciamento de risco do terrorismo se torna, como em *24 Horas*, uma crise do agora perpétuo. No ambiente dessa mentalidade de crise, a abertura necessária à racionalidade comunicativa se fecha e é substituída pela lógica instrumental/administrativa. Quando a discordância é igualada à traição, a moralidade é vista como "brandura diante do terrorismo" e a ação unilateral toma o lugar da criação do consenso internacional, as frágeis necessidades da deliberação fundada em princípios são destruídas. Na ausência de tal deliberação, a astúcia cruel do pensamento instrumental transforma-se no modo dominante de gerenciamento de risco. Desse modo, indivíduos de boa-fé, como Jack Bauer, perdem sua própria humanidade e personalidade moral a serviço do sistema; enquanto outros usam a crise para, de maneira cínica, avançar interesses anti-Iluminismo. De qualquer modo, o resultado é o mesmo: em nome da liberdade, justiça e democracia, os Estados Unidos (e o mundo) tornam-se menos livres, menos justos e menos democráticos.

## 17:00H – 18:00H

# O jogo do conhecimento pode ser uma tortura

*R. Douglas Geivett*

*Senador:* Sr. Smart, quantas prisões o Controle fez no ano passado?
*Maxwell Smart:* Eu não sei.
*Senador:* Quanto casos foram designados para o Controle no ano passado?
*Maxwell Smart:* Eu não sei.
*Senador:* O que o senhor faria se fosse despedido, Sr. Smart?
*Maxwell Smart:* Eles não podem me demitir. Eu sei demais.[126]

Jack Bauer conhece bem seu trabalho. E isso é bom. Se ele não conhecesse, não viveria por uma hora, muito menos 24. Especialista em contra-terrorismo, agente de campo com a capacidade de sobreviver a torturas inimagináveis, um homem cujos reflexos salvaram dúzias de vidas (incluindo a própria, inúmeras vezes), um atirador aguçado quando maneja uma Glock, o excepcional prodígio da UCT, piloto de avião, piloto de helicóptero, piloto de qualquer outro tipo de nave, gênio da decodificação, especialista em explosivos, engenheiro químico por experiência, um sujeito

---

126. Esse trecho de diálogo é extraído da popular série de televisão *Agente 86* [*Get Smart*], um fenômeno da década de 60. Maxwell Smart, também conhecido como Agente 86, é um espião que trabalha para uma agência secreta do governo chamada Controle; sua nêmesis é a criminosa organização Kaos. O nome Smart é deliberadamente irônico [*smart* em inglês significa inteligente, astuto, esperto]. Max é um sujeito atrapalhado, com quem se pode contar para resolver todos os casos... mas sempre acidentalmente. Ver <www.imdb.com/title/tt0058805/quotes>.

comum que se sente à vontade para dizer ao presidente dos Estados Unidos o que ele deve fazer em situações extremas e – do seu modo, é claro – alguém que sabe trabalhar em equipe. Esse é nosso Jack. E quando problemas sérios despontam no horizonte, até o mais ambivalente diretor da UCT quer o agente Jack Bauer no caso.

O que explica a deferência – às vezes entusiasta, mas com freqüência invejosa – com Jack Bauer? Uma palavra: *habilidade*. A UCT, o presidente e o país dependem de Jack Bauer por causa de sua habilidade inimitável como agente antiterrorista. No cerne dessa habilidade, está um acervo de conhecimento que o torna capaz de agir com autoridade responsável em questões de interesse nacional. Jack sabe o suficiente para ser praticamente indispensável como agente de campo na arena da luta contra o terrorismo. Aqui estão alguns dos mais importantes *tipos* de conhecimento que Jack tem:

- Conhecimento do modo inteligente e determinado como os terroristas pensam e agem.

- Conhecimento da política de envolvimento americano com um inimigo elusivo.

- Conhecimento da dinâmica interpessoal que pode comprometer uma missão de alto risco.

- Conhecimento da psicologia da motivação humana.

- Conhecimento de vários tipos de protocolos (por exemplo, o uso de armas, teste de evidências, movimentação por um território desconhecido, etc.).

Jack Bauer é uma figura de comando e o sujeito a quem se deve procurar graças às coisas que ele sabe e ao que pode fazer com esse conhecimento. Se observarmos bem de perto e do modo certo, poderemos aprender algumas coisas com Jack acerca do jogo do conhecimento. Este capítulo explora algumas das ligações entre *24 Horas* e a epistemologia. Mas antes precisamos perguntar: o que é epistemologia?

Quando me perguntam qual é a minha profissão, gosto de responder "sou epistemólogo". Isso soa tão... sofisticado do ponto de vista médico. É claro que epistemologia nada tem a ver com medicina. Na verdade, ela está relacionada à crença e ao *status* da crença. As crenças variam em *status* ou seja, elas não são todas "criadas iguais". Algumas crenças são melhores que outras. Os epistemólogos exploram os modos pelos quais uma crença pode ser melhor que outra. Na epistemologia, a verdade é nosso objetivo; e evidência é o nosso jogo. Mas existem muitos tipos de evidência. E há armadilhas no caminho para a verdade. O problema surge quando exigimos um tipo de evidência para determinar o valor da verdade de uma proposição que simplesmente não pode ser determinada com base naquele tipo de evidência.[127]

Nas seções a seguir, consideraremos dois temas: a natureza da habilidade e o valor da evidência testemunhal, como são desenvolvidos em *24 Horas*.

## Chame Jack Bauer

Em *24 Horas*, a importância da habilidade é enfatizada repetidas vezes. Por exemplo, na quarta temporada, Jack está trabalhando para o Departamento de Defesa. Ele procura a diretora da UCT Erin Driscoll, para falar sobre o orçamento. Quando está no escritório dela, Jack percebe que há uma investigação em andamento. Driscoll vê as imagens ao vivo através de uma câmera escondida em uma loja. Ronnie Labelle, chefe das operações de campo, é visto interrogando o dono da loja a respeito de um terrorista que pode ter ligações com a explosão de uma bomba ocorrida naquela manhã. Os instintos de Jack entram em ação quando ele observa as cenas. Referindo-se ao dono da loja, diz: "Ele está escondendo alguma coisa". Driscoll parece um tanto aborrecida e responde: "Estamos cuidando disso, Jack". Ela não percebe nada de incomum no comportamento do dono da loja; Labelle também não. Mas Jack prossegue em suas observações: "A loja está aberta, mas as cortinas estão fechadas. Não há outros empregados. O sujeito está muito nervoso. Acredite. Ele está escondendo alguma coisa." Driscoll reconhece a possível relevância desses comentários e pede a Labelle que recue um pouco. Então Jack percebe outra coisa, algo que os outros não viram. Os olhos do dono da loja se movem com grande sutileza, voltando-se rapidamente para a direita. Na sala de Driscoll, a imagem é repetida em câmera lenta. Com essa confirmação, Jack sugere a Driscoll que diga a Labelle para procurar por alguma coisa à direita do dono da loja. Sem dúvida o terrorista é localizado. O dono da loja estava mentindo para encobri-lo.

Nesse incidente, a princípio os comentários de Jack são descartados. Mas logo ele é justificado. Bauer marca pontos com Driscoll e Labelle. Ele dissera a Driscoll, "Acredite". Mas a diretora da UCT precisava de uma razão. Sem uma razão, a solicitação de Jack é uma impertinência. Com

---

127. Acredita-se que o cosmonauta soviético Yuri Gagarin, enquanto fazia a órbita da Terra na primeira nave espacial tripulada (1961), disse: "Não vejo nenhum Deus aqui em cima." Alguns especulam que essas palavras foram falsamente atribuídas a Gagarin (com fins de propaganda política) por Nikita Khrushchev, primeiro secretário do partido comunista da União Soviética. A simples idéia de que a existência de Deus pode ser visualmente testada enquanto circundamos a Terra por uma hora e meia é claramente absurda.

poucas observações, ele consegue o respeito dela. Sim, quando pensamos a respeito, é de fato estranho que as cortinas estejam fechadas. Depois ele vê o movimento dos olhos. Agora Jack pode dizer a Driscoll como instruir Labelle, e esperar a complacência dela. Por quê? Porque ele conhece seu trabalho. Sabendo o que procurar e observando as pequenas dicas à sua disposição, Jack efetivamente assume o controle da situação. Driscoll, ainda que com relutância, cede a autoridade nesse caso.

A habilidade permite que alguém assuma a autoridade. O conhecimento por si não produz esse efeito. Jack poderia ter mantido suas observações para si. Seu conhecimento teria permanecido intacto. Mas não teria sido muito útil. A habilidade é uma questão de colocar o conhecimento e os dons de alguém à disposição dos outros, a serviço de algum bem. Isso a torna um tipo de virtude.

O que estou sugerindo é controverso. Talvez você pense que a habilidade não tenha nada a ver com a disposição de fazer a coisa certa com base no que a pessoa conhece. Mas claramente há uma diferença entre o "*know-how*" que pode ser direcionado para fins que são bons ou ruins, e o "*know-how*" que é direcionado de maneira natural, pelo caráter do indivíduo, para objetivos mais elevados. De modo geral, pensamos na habilidade como uma qualidade que revela algo admirável quanto à *pessoa* que a tem. Essa noção de habilidade como uma virtude – ou, se preferir, de habilidade unida à virtude – é mais rica que a noção convencional, porque reconhece a unidade de dois estados: ser esclarecido e estar disposto a agir de modo responsável com base naquilo que a pessoa sabe.

Estou pronto a sugerir uma coisa ainda mais controversa. O conhecimento é em si mesmo um bem que tem por objetivo natural a ação responsável no mundo, apropriada ao conhecimento que se tem e às circunstâncias da vida da pessoa. Um indivíduo esclarecido, mas impassível, não utiliza seu conhecimento da forma correta. Inerente ao conceito de conhecimento, existe um tipo especial de direcionamento de objetivos, em que o objetivo relevante em qualquer caso é a realização de algum bem. Isso não significa que o conhecimento não *ordenado* em nome de algum bem deixa de ser conhecimento. Mas é uma forma corrupta de conhecimento. Não é admirável, não é habilidade.

Há mais o que dizer a respeito das virtudes intelectuais de Jack, com base nesse incidente específico. Ele revela que Bauer é um observador cuidadoso. No caso em questão, suas habilidades de observação são tão aguçadas que a percepção de um detalhe relevante (o movimento dos olhos, por exemplo) é mais reflexivo que deliberativo. Pode parecer deliberativo porque Jack segue os passos de um processo deliberativo (quase dedutivo) para Erin Driscoll. Mas isso se caracteriza mais como um benefício para Erin do que uma reflexão de um processo seguido por Jack de maneira consciente. É um fenômeno notável. Não se trata apenas do fato de que Jack faz julgamentos rápidos sem o benefício do raciocínio deliberativo. Ele o faz de modo eficiente e útil. De todas as coisas abertas à percepção, à medida que observa os procedimentos, Jack seleciona o que é mais evidente diante dos objetivos da investigação. E faz isso de uma maneira muito espontânea.

Nesse caso, o raciocínio de Jack é paralelo a um processo que pode ser detalhando para Driscoll. Não é sempre assim, como veremos em breve. Jack consegue persuadir Driscoll apontando a evidência relevante. Ele, de maneira natural e apropriada, presume que Driscoll aceitará essa evidência. E assim acontece. Eles estão operando na mesma sintonia. É importante chamar a atenção para esse fato, porque muitas pessoas hoje alegam estar imunes às evidências. Somos perfeitamente sensíveis à evidência. Temos essa sensibilidade em comum uns com os outros. E contribuímos para o bem comum quando procuramos ser responsáveis ao acreditar nas coisas que acreditamos, e quando capacitamos os outros, com base em boas razões, a também acreditar nessas coisas. Essa forma de altruísmo é compatível com nossa falibilidade e distinção de nosso respectivo ponto de vista.

Às vezes, Jack faz julgamentos críticos espontâneos sem a necessidade de persuadir outra pessoa. E algumas vezes quando isso acontece, ele dá a impressão (até para si mesmo) que está seguindo um pressentimento. Mas um pressentimento é algo como uma adivinhação apoiada em uma forte convicção sem muita evidência. Um pressentimento pode se tornar um golpe de sorte, ou não. Mas Jack tem o hábito de ter "golpes de sorte". Parte do que quero dizer com a palavra "hábito" é que existe um padrão de "pressentir" e fazer as coisas certas. Mas também digo que esse padrão é uma função de hábito. Ou seja, *Jack* está *habituado* a fazer julgamentos espontâneos sem o benefício do raciocínio deliberativo cuidadoso. Acredito que se Bauer não tivesse um histórico de "pressentir" corretamente, ele não teria o hábito de confiar e, portanto, de agir com tanto sucesso seguindo seus pressentimentos.

O histórico de sucesso de Jack é um acidente feliz? Eu não acredito nisso. Creio que seja o resultado de uma longa prática nas trincheiras do antiterrorismo e de um crescente cabedal de conhecimento com o qual Jack pode sempre contar, quando necessário, em diferentes cenários. Em inúmeras situações, ele sabe o que fazer ou pensar sem *pensar sobre* como ele sabe isso. Aí também temos uma marca da habilidade. E ela explica o círculo de autoridade reconhecido pelos colegas de Jack e pelos líderes políticos, passando por toda a cadeia de comando até chegar ao presidente dos Estados Unidos. Esse "círculo de autoridade" diz respeito a algo reconhecido e respeitado pelos outros. É a razão pela qual quando alguma coisa dá errado no mundo do antiterrorismo, o presidente ou o diretor da UCT diz a alguém: "Chame Jack Bauer!"

## Testemunha hostil e evidência testemunhal

Nem sempre é fácil saber que tipo de evidência nos dá a indicação da verdade que procuramos. Por outro lado, há muitas coisas em que acreditamos, sem reservas, com base em evidências que, com freqüência, não investigamos. Dois tipos de evidências responsáveis por muito do que acreditamos – mais ou menos sem fazer críticas – são a percepção sensorial e o testemunho humano. Há muito tempo os filósofos exploram a epistemologia da percepção sensorial. Mas até recentemente, a epistemologia da evidência testemunhal era de modo geral negligenciada. O testemunho é uma importante fonte de evidência no trabalho de Jack Bauer em prol da segurança nacional. Está na hora de considerarmos essa dimensão de *24 Horas*.

Em sua capacidade como perito, Jack quase sempre tem de interrogar uma testemunha hostil, ou seja, um "informante que não coopera". Situações desse tipo são repletas de complexidade epistemológica. Algumas das dificuldades mais significativas estão relacionadas à natureza da evidência testemunhal. Comecemos com um exemplo comum de testemunho fundamentando uma crença que orienta a ação. Suponha que você está dirigindo seu carro em uma cidade desconhecida e pára com o objetivo de pedir informações a um estranho. Isso parece ser algo sensato a fazer. Mas seria sensato se você não estivesse preparado para aceitar o que o estranho vai lhe dizer? Por que parar e perguntar se você não vai acreditar na informação recebida? E seria sensato acreditar no estranho? Afinal de contas, é um estranho, o que significa que você não sabe com certeza se é um informante confiável. Alguns filósofos acreditam que essa descrição de um caso comum expõe as dificuldades epistemológicas da aceitação de um testemunho. Sempre que confiamos no testemunho dos outros, seja de estranhos ou não, corremos o risco de sermos mal-informados, intencionalmente ou não. Qual é o *status* de uma crença baseada em evidência testemunhal?

Voltaremos a essa forma geral do problema em breve. Antes, observemos algumas complicações que acontecem quando um informante se recusa a informar. Jack Bauer tem muita experiência com "informantes que não cooperam". Se os riscos são altos e ele acredita que a tortura ajudará na obtenção de informações cruciais, então Bauer está disposto a arrancar o cabo de força de uma lâmpada, inserir as duas pontas em uma tomada e testar a "invenção" na pele sensível de um possível informante. (Argumentou-se que essa é uma das razões pelas quais assistimos à *24 Horas*.) Mas qual o valor disso?[128]

---

128. Não estamos aqui considerando a *ética* da tortura. Estamos refletindo acerca do que pode ser chamado a *lógica* da tortura, para fins epistemológicos.

Alguns argumentam que a tortura "não funciona", que não é um meio eficaz de se obter informações. Há muitas razões para questionar se ela funciona ou não. Uma alegação proeminente é que, quando ameaçada de tortura ou passando por uma série de táticas de tortura, a pessoa torna-se um informante não confiável porque, para evitar a dor (adicional), ela dirá qualquer coisa que acredita que você queria ouvir. Isso é mais provável em interrogatórios policiais, nos quais se deseja que a pessoa admita a culpa, e há pouca evidência de que ela voltaria atrás em sua confissão. Mas a admissão de culpa sob tais circunstâncias é diferente dos casos onde a informação procurada durante o interrogatório pode ser verificada diante de outra evidência que a corrobora ou desmente.

Se a informação extraída durante o interrogatório combina com a evidência obtida por outros meios, ela dará uma confirmação vital. É possível até que contribua com detalhes os quais, de outro modo, não seriam conhecidos.

Seja como for, temos aqui a vantagem de determinar que a tortura é um meio eficaz de se obter informações desde que seja feita do modo retratado em *24 Horas*. Para nossos propósitos, não importa se esse retrato é preciso. Estamos interessados nas complexidades residuais, mesmo presumindo que a tortura é (em uma porcentagem significativa de vezes) bem-sucedida em arrancar informações de um informante pouco disposto a cooperar.

Jack Bauer tem dois tipos de experiência com a tortura. Ele foi vítima de tortura e se utilizou dela nos interrogatórios que conduziu. A partir dessas experiências, Jack deve fazer generalizações quanto à psicologia da motivação humana, e então aplicar esse conhecimento da psicologia humana quando tomar a decisão sobre recorrer ou não à tortura.

Às vezes Jack tem bons motivos para acreditar que a tortura extrairá a informação que ele deseja. Por exemplo, na sexta temporada, Jack precisa conseguir de um diplomata russo a localização do ponto de lançamento de uma série de armas nucleares apontada para populosas cidades na Califórnia. Ele invade o consulado russo em Los Angeles, violando as leis que garantem imunidade para dignitários estrangeiros; mantém o mais alto oficial como refém em sua própria sala; e ameaça cortar as extremidades dos dedos dele se o oficial se recusar a revelar o local do lançamento. Por alguns instantes temos a impressão que o refém não dará a informação sob nenhuma circunstância. Mas quando Jack arranca um dedo da mão esquerda dele, o homem muda de idéia e revela a localização completa dos mísseis guiados por computador. Essa informação pode ser corroborada, por isso Jack confia no relato. Na verdade, Jack acredita no oficial. E o relato prova ser exato. A coisa nem sempre funciona desse jeito. Um dos mais dramáticos episódios de *24 Horas* envolve o interrogatório de Nina Myers, conduzido por Jack, na segunda temporada. Joseph Wald apresentou evidências conclusivas de que Nina (também agente da UCT) está ligada a um grupo de terroristas que programou uma bomba nuclear para explodir naquele mesmo dia. Nina será interrogada para que a UCT descubra onde e quando. O diretor da UCT, George Mason, assume o primeiro interrogatório. Não ficamos surpresos em ver que os fracos esforços dele são ineficazes. Nina parece estar ganhando o jogo com sua exigência de um perdão total por parte do presidente, acompanhado de confirmação de um terceiro. Só assim ela revelará seus contatos e outras informações críticas. Jack recebe um telefonema do presidente David Palmer informando-o que ele autorizou "asilo" em troca da informação de que precisam. Nesse momento, Jack confronta Mason: "Eu quero o caso", ele diz. "Eu sei como ela pensa... e você sabe disso." Mason não acredita que Jack seguirá as regras e por isso recusa. Mas Jack consegue chantagear Mason, pois o viu tomando pílulas contra enjôo para combater os efeitos da exposição letal à radiação.

Enquanto espera pelo certificado com o perdão de Nina, Jack dispensa Michelle Dessler, que lhe trouxe o arquivo de Nina. "Eu conheço Nina", ele diz. Logo depois, com o perdão em mãos, Jack entra na cela de interrogatório e se dirige a Mason: "Eu mostrarei isto a ela. Farei com que comece a falar. Depois conseguirei tudo o que você quer, até o que ela não quer que saibamos."

Dentro da cela, Nina faz novas exigências, mas Jack não cede. Uma conversa nervosa se inicia:

> *Nina:* Pare de perder tempo. Estou sentada aqui olhando para a assinatura do presidente.
> *Jack:* Eu estou aqui; ele não. E não vou fazer nada até me convencer de que você é confiável.
> *Nina:* Eu só conseguirei o perdão se deter a bomba. Por que não faria tudo o que posso?
> *Jack:* Porque você é pior que um traidor, Nina. Você nem mesmo tem uma causa. Você não acredita em nada. Você venderia qualquer um e qualquer coisa pela oferta mais alta. Então pare de me fazer perder tempo. Eu quero um nome!
> *Nina:* Nem se dê ao trabalho, Jack. Se encostar a mão em mim, será afastado do caso... Você terá de dançar conforme a minha música.
> [Jack empurra Nina contra a parede e começa a sufocá-la.]
> *Jack:* Vai me dizer tudo o que eu quero saber ou, juro por Deus, vou machucá-la antes de matar você. Entendeu?
> [Na hora exata, George Mason arrasta Jack para fora da sala.]
> *Mason:* Está bem. Acabou. Saia daqui.
> *Jack:* Por quê?
> *Mason:* Por quê? Porque você perdeu.

*Jack:* George, até agora ela pensa que ganhou na loteria. Ela está no controle. Você quer que ela diga a verdade? Arranque isso dela.

*Mason:* Tirando sua vida? É, isso vai funcionar.

*Jack:* Não; mostrando a ela alguém para quem responder, alguém de quem sentir medo. Ela tem de acreditar que estou pronto a colocar minha vingança na frente do objetivo de encontrar a bomba... Você tem de me deixar voltar lá, mostrar a ela que tenho o poder de fazer o que quiser com ela... Só preciso de cinco minutos. Não deixe ninguém entrar. E aumente a temperatura da sala em dez graus.

Jack volta à sala. Ele chega a fazer o contorno da cabeça de Nina na parede, com buracos de balas. Mesmo assustada, Nina não revela o nome do contato. Apenas diz que ele está em Visalia. A expressão no rosto de Jack indica que ele não acredita nisso. Com certeza, Jack não confia em Nina. Mesmo assim, toma um avião junto com ela... em direção a Visalia. O que está acontecendo aqui? Ainda que Nina esteja dizendo a verdade, a única coisa que revelou foi que seu contato está em Visalia, na Califórnia. Ela não diz mais nada além disso. Será que Jack deve acreditar nela? Provavelmente essa confiança não seria justificada. Mas isso não importa. Ele não precisa acreditar nela. O que ele pode fazer, e é praticamente a única coisa que pode fazer, é ir para Visalia, com Nina algemada, para ver o que acontecerá. Essa é a coisa responsável a fazer mesmo que ele não confie nela. Observe que ele também não acredita que Nina esteja mentindo. Jack não sabe se ela diz a verdade ou não. Portanto, ele suspende seu julgamento. Ele não se compromete com a confiança e joga com as cartas que tem agindo *como se* Nina estivesse dizendo a verdade. Mas ele faz isso para descobrir a verdade.

Com base nos casos que examinamos, aprendemos que o testemunho, mesmo quando oferecido sob extrema pressão, pode ter valor. Um testemunho extraído durante interrogatórios pode ser oferecido de tal maneira que venha a ser corroborado apenas se comparando a realidade à declaração apresentada, como no caso do diplomata russo. A verificação não pode ser feita sem a evidência testemunhal, pois é o testemunho que revela os meios de verificação. Isso em si é uma razão para acreditar no testemunho. No entanto, algumas vezes, a informação é muito vaga e não pode ser corroborada dessa forma. Nesse caso, embora talvez não seja sensato acreditar na declaração apresentada, será sensato agir como se a declaração fosse verdadeira, e ter a esperança de encontrar informações melhores mais adiante, como no caso de Nina Myers.

Essas lições têm aplicação geral. Pense no estranho dando direções. Se ele oferece uma informação confiante e franca sobre como chegar a nosso destino, seremos justificados em acreditar nele. Afinal, não temos nenhuma razão para não acreditar, e ele não está dando as informações sobre pressão. Se as direções são específicas o suficiente, isso será uma razão adicional para aceitar o testemunho dele. Os detalhes permitirão a corroboração durante o caminho. Porém se o estranho for taciturno ou parecer inseguro e as direções dadas forem gerais, então podemos não acreditar no que ele diz. Mas podemos prosseguir como se as direções dadas, embora vagas, fossem precisas. No devido tempo, poderemos nos deparar com informações melhores, ainda que tenhamos de esquecer as direções apontadas pelo estranho e começar tudo de novo.

## Um empreendimento arriscado

Nossos dois tópicos, a habilidade de Jack Bauer e sua dependência do testemunho de informantes que não cooperam, convergem. O próprio Jack é um informante, passando informação àqueles que dependem dele. Mas essa informação é tão confiável quanto as fontes que ele interrogou. Sua habilidade, então, deve se estender à sua capacidade de obter informações confiáveis de informantes não confiáveis. O empreendimento da crença responsável é sempre arriscado. Entretanto, na arena das altas apostas do antiterrorismo, o jogo do conhecimento pode ser uma tortura.[129]

---

129. Agradeço a Rich Davis pelas úteis discussões sobre os temas de epistemologia em *24 Horas* e pelas sugestões a respeito de cenas específicas de interesse epistemológico.

18:00H – 21:00H

# TECNOLOGIA, OBJETIFICAÇÃO, E O RELÓGIO

## 18:00H - 19:00H

# Como o telefone celular mudou o mundo e criou *24 Horas*

*Read Mercer Schuchardt*

> Pois a "mensagem" de qualquer meio ou tecnologia é a mudança de escala, ou ritmo ou padrão que introduz nas questões humanas.
>
> Marshall McLuhan, *Understanding Media*

A série de TV conhecida como *24 Horas* é um documentário acerca do completo controle do telefone celular sobre a vida moderna. Todo o resto é falação.

Apesar das conexões por satélites, bases de dados de computador, uma pletora de tecnologia digital interligada e a usual prescrição, no horário nobre, de armas, carros, mulheres e sujeitos maus, a história perde toda a plausibilidade, uma grande parte de sua estrutura narrativa e mais da metade de seu tempo de exibição se removermos o telefone celular. Isso não quer dizer que *24 Horas* seja uma série sobre o telefone celular, apenas significa que o meio do telefone celular é a fundação oculta sobre a qual o programa é erigido. Tudo em *24 Horas* deriva desse fato primário de mudança de mídia: o conteúdo; a pressão do tempo; a exibição *picture-in-picture*; os personagens; a hierarquia dos personagens; a localização da ação dramática; o gênero das performances; a rede de TV que transmite a série; o horário em que foi exibida originalmente; a crescente, mas compreensível, incapacidade dos atores de separar a realidade da ficção; a imitação dos atores por parte do público; e o limitado tempo livre do público para entender o mundo pela televisão.

Quando você introduz o telefone celular em uma cultura, não estará apenas acrescentando um item novo a essa antiga cultura. Você obterá uma cultura completamente reestruturada, na qual os relacionamentos, compromissos com o tempo, interesses, crenças, medos, esperanças e programas de TV no horário nobre são radicalmente reorientados para tornar possível a comunicação pelo próprio telefone celular. Como muitas das barganhas tecnológicas faustianas, a maior bênção do telefone celular é ao mesmo tempo sua maior maldição: você sempre pode ser encontrado. Por trás dessa suposição espreita o seguinte imperativo: você sempre deve estar disponível. Além do mais, isso se aplica a qualquer um – esposa, amante, amigo, chefe, colega, terrorista, presidente. Melhorando nossa afirmação inicial: *24 Horas* é o documentário sobre como seria a sua vida se todas as chamadas no celular fossem tão importantes e especiais quanto você deseja que todos pensem que são. Nosso guia pela série será Marshall McLuhan e a escola de pensamento de ecologia de mídia que ele criou.[130] Se você está começando a se sintonizar com o trabalho de McLuhan, então a primeira temporada de *24 Horas* é um excelente começo para uma exegese da série e para uma introdução à perspectiva da ecologia de mídia.

As torres gêmeas de Manhattan caíram em 11 de setembro de 2001. Seis semanas depois do acontecimento, em 26 de outubro de 2001, o USA PATRIOT Act foi aprovado sem debates. Duas semanas depois, em 6 de novembro de 2001,[131] o primeiro episódio da primeira temporada de *24 Horas* foi ao ar pela primeira vez na Fox.[132]

A cena de abertura da temporada mostra as torres gêmeas de Kuala Lumpur, na época os edifícios mais altos do mundo. O primeiro persona-

---

130. O Programa de Ecologia de Mídia do Departamento de Cultura e Comunicação da Universidade de Nova York foi fundado por Neil Postman em 1971 e sobreviveu até sua morte em 2003. Era conhecido como a Escola de Nova York de ecologia de mídia; deve sua existência à Escola de Toronto de ecologia de mídia, cujo trabalho é atualmente conduzido pelos acadêmicos canadenses, que tiveram seus estudos influenciados pelo Centro McLuhan para Cultura e Tecnologia, o qual existiu desde sua fundação em 1963 até a morte de McLuhan em 1980. As duas "escolas" têm membros ativos na Associação de Ecologia de Mídia, fundada em 1998 por Lance Strate (presidente do programa de Comunicação e Estudos de Mídia da Universidade Fordham, cujo site é www.media-ecology.org).
131. O dia 6 de novembro de 1998 foi também a significativa data de lançamento do filme *Nova York Sitiada*, cujo anúncio dizia "Em 6 de novembro nossa liberdade é passado". O filme aborda a perda das liberdades civis após a decretação da lei marcial em seqüência a atentados terroristas muçulmanos em Nova York. Teóricos da conspiração e libertários civis protestaram contra o filme antes de 11/9, e depois dessa data muitos o viram como o filme *Mera Coincidência*, que relatou muitos dos acontecimentos de 11/9 e a subseqüente desavença política.
132. A Fox é a estação de Rupert Murdoch, há muito conhecida como a mais distante à direita do espectro ideológico entre as principais redes de TV. Uma das principais razões, embora não comentada, da popularidade da série é o fato de espelhar sua "realidade" em um ambiente político que combina com ela.. Assim como uma legenda reflete e confirma a realidade da fotografia acima dela, *24 Horas* funciona como a legenda para as imagens que vemos nos noticiários da noite. Na verdade, pode ser que nenhuma delas seja real, mas em razão da sua mútua confirmação, mesmo os liberais de extrema esquerda, os moderados e os independentes adoram a série.

gem que conhecemos, Victor Rovner, nos apresenta a três tipos de tecnologia que movem o enredo da série. Na ordem em que aparecem, eles são o telefone celular, o computador conectado à Internet e o satélite geossíncrono. Dos três, o telefone celular é a manifestação visível na terra daquilo que é verdade nos céus desde o fim da década de 1960. McLuhan salienta que o satélite forma um proscênio sobre o planeta e, sem ofensa a Shakespeare,* transforma o mundo todo literalmente em um palco. Por extensão, isso torna cada ser humano um ator sobre esse palco, com a implicação de que alguém está sempre assistindo. Essa sociedade de total vigilância só é possível em razão de uma matriz telefone celular-para-satélite, que torna possível localizar qualquer pessoa com um celular ligado em um raio de três metros de distância de sua localização real.

À frase de Heráclito, "a guerra é a mãe de todas as coisas", McLuhan acrescentou: "a guerra não é nada menos do que uma mudança tecnológica acelerada".[133] *24 Horas* enfatiza o corolário implícito: o progresso tecnológico é a história dos conquistadores. Assim como a Internet – a via expressa de alta velocidade de informação emprestada ao cidadão em tempos de paz –, o telefone celular também é um fruto tecnológico da moderna necessidade de comunicação sem fio nos campos de batalha. Assim, os dispositivos de comunicação mais recentes do século XX são entendidos, de maneira correta, como tecnologias secretas militares que deixaram de o ser por causa da superexposição nas modernas zonas urbanas de guerra. Na prática, isso também significa que o período de tempo entre o uso militar e civil de uma tecnologia está cada vez menor. E esse tempo reduzido é exatamente o drama apresentado na primeira temporada de *24 Horas*. Em cada episódio, testemunhamos a tensão entre a vida civil e a militar de Jack Bauer, e a vemos ampliada quando sua mulher, procurando a filha, pede "favores" a Nina – quase sempre na forma de uso ilegal de tecnologia militar para localizar os seqüestradores da filha. Como Jack é um pai amoroso, ele tem que continuamente driblar o protocolo da UCT para salvar a família; como a mulher dele é igualmente uma agressiva defensora da santidade do lar, ela também quebrará convenções para obter os instrumentos e técnicas necessárias ao serviço da justiça. A mensagem ao telespectador é clara: você deve lutar até a morte se deseja manter sua família unida. Desse modo, a série incorpora duas das mais proféticas visões de McLuhan: (1) "Terceira Guerra Mundial – uma guerrilha de TV sem separação entre frontes civis e militares";[134] e (2) "Sob condições de mudanças rápidas, a unidade da família fica sujeita a uma tensão especial".[135]

---

*N.E.: Sugerimos a leitura de *A Verdade Será Revelada – Desmascarando o Verdadeiro Shakespeare,* de Brenda James e William D. Rubistein , Madras Editora.
133. *Understanding Media* (New York: McGraw-Hill, 1964).
134. *Take Today: The Executive as Drop-Out* (Nova York: Harcourt Brace Jovanovich, 1972).
135. The Mechanical Bride (New York: Vanguard, 1951). Daqui para a frente citada entre parênteses no texto como *Mechanical Bride*.

Depois de Kuala Lumpur, o primeiro personagem que encontramos na América é Richard Walsh, da UCT, quando diz "Com licença um instante", para atender a uma chamada no celular. Descobrimos que a vida do senador Palmer está correndo perigo. Na cena seguinte, conhecemos a família de Bauer e em dois minutos Jack recebe um telefonema de sua colega Nina exigindo sua presença na UCT imediatamente.

E esse é o cenário. Nas próximas 24 horas, uma série de chamadas no telefone celular entre esses quatro elementos – (1) UCT, (2) a campanha de Palmer, (3) os Bauers e (4) a crescente quantidade de "maus sujeitos" – aumentará a nossa tensão, nossos batimentos cardíacos, e nos venderá o medo tão necessário para manter nosso interesse pela série e o mundo tomado pelo terrorismo no qual eles querem que acreditemos que estamos vivendo. Quase todas as cenas farão uso do celular como um mecanismo de narrativa desenvolvido para rapidamente nos atirar na cena seguinte; e saltos visualmente prematuros só farão sentido quando acompanhados das vozes que se ouvem em uma chamada no celular entre dois locais discretos. Com freqüência, vemos os personagens procurando uns aos outros, estando ao mesmo tempo tão perto e tão longe. Para cada cena em que aparece um telefone celular, há uma subseqüente com uma chamada não atendida, uma palavra entendida de maneira errada, uma bateria que está descarregando, má recepção, espera, a frase "por favor deixe a mensagem após o sinal" e um melancólico "por que você não ligou?"

## A vida fragmentada

Propagada por seus criadores como tendo sido "extraída das manchetes diárias" (uma frase que também é associada a *Law and Order*), *24 Horas* progride até espelhar o estado emocional paranóico tão familiar a qualquer pessoa habituada a assistir aos noticiários de TV e segue deste ponto até se tornar um verdadeiro representante ou substituto das próprias notícias. Estranhamente, isso é acompanhado por uma sensação de alívio e gratidão, porque a série é tão precisa em monitorar o estado de medo recomendado quanto o eram os alertas de terror codificados em cores, o que significa que eles representam um tipo de disposição, e há muito deveriam ter sido incluídos na previsão do tempo. Em nossas vidas cada vez mais ocupadas e repletas de tarefas, onde tanto o papai quanto a mamãe têm de trabalhar para conseguir pagar a hipoteca, o preço crescente do gás e compensar o valor decrescente do dólar, *24 Horas* torna-se o antídoto placebo para o fato de que nunca mais passamos um tempo significativo junto das pessoas, exceto, talvez ao telefone celular. A série espelha nossa realidade pessoal ao mesmo tempo em que confirma nosso medo crescente de uma fantástica, mas aparentemente real, ameaça externa e, portanto, ela vence a guerra interna contra o terror antes que qualquer tiro seja disparado – simplesmente nos coagindo a uma aceitação, em forma de entretenimento, do mundo que a mídia nos apresenta. Como bônus, *24 Horas* oferece a ilusão de um solitário herói branco que defende tudo aquilo que nós desejamos ardentemente ser possível – uma vida familiar saudável, intacta e significativa em uma sociedade saudável, intacta e significativa. Se ele morrer, nós morreremos; e, em nossa aliança com Jack Bauer, também juramos nos aliar ao Estado que o produziu – o Estado de Entretenimento de Emergência Nacional,[136] do qual não há escapatória; nenhuma chance de se optar por permanecer fora dele; e nada a fazer além de sentar e esperar que consigamos sobreviver à repetição e à escalada da fórmula desde a primeira temporada até a sexta, até que a próxima "Guerra contra a Abstração"[137] seja declarada.

Não é de surpreender que *24 Horas* seja um entretenimento mortalmente sério. A primeira temporada não teve nenhuma piada, nenhum riso, nem momentos engraçados para aliviar a tensão. Foi tão melancólica quanto passar pela segurança de um aeroporto – o único ambiente semântico onde contar uma piada é literalmente contra a lei. E como uma tragédia, ela é constante: A constante tragédia de criar filhos! A constante tragédia da

---

136. Quando digo "Estado de Entretenimento de Emergência Nacional", não estou exagerando, mas me referindo a uma crescente confluência de (1) *entretenimento como distração das realidades de nossa economia política* e (2) *medo do desconhecido como uma garantia coercitiva da participação*. Esses são os dois fatores dominantes na vida americana. Independentes, eles são motivo de preocupação, mas quando combinados, tornam-se de fato estranhos companheiros. Meu exemplo favorito desse fato aconteceu no verão de 2004 quando a Coca-Cola produziu a campanha "Você pode vencer, mas não pode se esconder!", na qual um dispositivo GPS de navegação e um chip RFID foram instalados em latas especiais de Coca vendidas em embalagens com 12 unidades. A idéia era a de que você podia beber Coca-Cola durante todo o verão, mas, se ganhasse a lata da sorte, não poderia se esconder, onde quer que estivesse, da corporação que apareceria "Onde quer que você esteja!" para presenteá-lo com um Chevy Equinox SUV, pesando 1.800 quilos, entregue por helicóptero – uma operação quase militar. Quer intencional, quer não, a campanha misturou o prazer do divertimento do verão com o horror de uma sociedade de vigilância total onde uma bizarra combinação que aparentemente transformou a liberdade pela "busca da felicidade", garantida pela Constituição, em uma lei obrigatória cujo cumprimento era agora exigido dos cidadãos para sustentar a própria democracia capitalista. Se a campanha da Coca foi o segundo desses decretos imperiais, o primeiro surgiu quando o presidente Bush instou o povo americano, três dias depois do 11/9, a ir à Disney World.

137. Na viva memória histórica americana, essas abstrações são a Guerra contra a Fome, a Guerra contra a Pobreza, a Guerra contra as Drogas, a Guerra contra o Analfabetismo e a Guerra contra o Terrorismo. Todas são guerras sem fim porque o inimigo é uma abstração invencível. Não quero ser rude, mas os pobres, famintos, drogados, analfabetos e aqueles que têm disposição violenta sempre estarão entre nós. A alfabetização, a única meta de fato alcançável de uma cultura para a maioria de seus cidadãos, é talvez o objetivo mais ativamente evitado na América hoje em dia. Diferente da pobreza e da fome (questões que se sobrepõem), a alfabetização é, pelo menos, um tipo de problema que, se for resolvido uma vez, estará resolvido para sempre, enquanto a fome pode atacar qualquer pessoa até três vezes ao dia.

guerra contra o terrorismo! A constante tragédia da relação racial americana! A constante tragédia da política americana! De tentar ganhar Orange County! Dos pequenos criminosos! Do tiro que saiu pela culatra em Kosovo! De tentar salvar seu casamento! De histórias que se justapõem! De ser duas pessoas ao mesmo tempo! De ser três pessoas! À medida que a tela se fragmenta, o mesmo acontece com a personalidade de Bauer – pai, marido, agente, amante, amigo, empregado, criminoso, herói, salvador! Em um dado momento, Bauer pede a instalação de câmeras que cubram todos os milímetros quadrados do quarto adjacente do hotel, obtendo dois ângulos de cada área. Essa é a pornografia multitarefa que cria uma grande parte da série, e sob cuja luz Jack nos é mostrado: sim, ele é o superagente da UCT protegendo o presidente, mas agora tem de matar o presidente para salvar a si mesmo. Entendemos a necessidade da esquizofrenia, "quadrofenia" ou do que quer que seja necessário para você sobreviver à noite. E só entendemos isso porque temos o acessório necessário à vida fragmentada: o telefone celular.

O telefone que nos mantém juntos. Mantém nossas ilusões tabuladas. Mantém nossos dados, datas, aniversários, recados importantes, nossa lista de urgências. Ele nos mantém entretidos com jogos em meio a toda essa seriedade.

## Misturador de gêneros

É justamente essa habilidade em capturar tão bem a vida fragmentada que permite a *24 Horas* oferecer algo inteiramente novo na história da televisão: um misturador de gêneros de consumo de mídia. McLuhan disse: "A página esportiva é o 'faroeste', o mundo dos homens, livre dos problemas domésticos. A novela é o mundo das mulheres, repleta de problemas pessoais" (*Mechanical Bride*, 157). *24 Horas* é uma combinação brilhante e original dessas duas coisas. É a tensão sexual entre Scully e Mulder, mas dessa vez com filhos, dificuldades no casamento, toques de recolher e conselheiros. É televisão durante o dia misturada à televisão no horário nobre. É TV para ele e para ela em um programa, reconhecendo de maneira implícita de que ambos, homens e mulheres, não mais têm tempo em razão da exigência que se trabalhe 24 horas por dia e sete dias por semana. Não há tempo para relaxar, não há tempo para assistir TV, para investir em um relacionamento; na verdade, não há tempo para nada, a não ser talvez para uma série com uma hora de duração que pode cuidar de todos os problemas. *24 Horas* é o tipo de programa ao qual maridos e mulheres podem assistir juntos, tolerar um ao outro até o fim e, portanto, confirmar o compromisso com seu relacionamento e também seus problemas, sua maleabilidade e a esperança de uma solução. É o suspense serial do encontro entre o clímax e o magnetismo mórbido e a interminável escalada do drama da novela de TV. *24 Horas* é uma novela de suspense na melhor e na pior das hipóteses. Embora seja discutível que a feminilidade da série seja de uma certa natureza masculina, isso é apenas indicativo dos tempos em que vivemos, em si um subconjunto da tecnologia e da mídia disponível a nós.[138] Mas para McLuhan, escrevendo em 1951, o cenário era bem diferente; e no tempo que se passou entre o passado e o presente, vemos quanto avançamos em consciência de mídia. Ele usa o termo "faroeste" em vez de "suspense", porém com essa única substituição podemos ver com clareza o que *24 Horas* gerou:

> O filme faroeste e a novela, então, incorporam duas das mais importantes tradições americanas – a fronteira e a cidade natal. Mas as duas tradições são separadas e não unidas. Elas mostram aquela separação radical entre os negócios e a sociedade, a ação e o sentimento, o escritório e a casa, os homens e as mulheres, tão característica do homem industrial. Essas divisões não podem ser reparadas até que sua extensão total seja percebida. (*Mechanical Bride*, 157)

E aqui está: o telefone celular é o primeiro mecanismo tecnológico pelo qual "essas divisões" foram unidas, porque o celular é a tecnologia da comunicação que nos força a perceber, sem nenhuma sombra de dúvida, que a fronteira entre negócio e sociedade, escritório e casa, homens e mulheres, rompeu-se. E o telefone celular ao mesmo tempo incentiva e põe em prática essa nova percepção. Ele é tanto uma forma de entretenimento quanto uma obrigação social. Graças ao celular, nós agora estamos sempre no trabalho, ainda que em casa. Todos os dias em que chegamos em casa exaustos nos identificamos com Jack Bauer – "Hoje é o dia mais longo da minha vida" – e nos sentimos confortáveis pela existência dele, pois, diferente de Jack, pelo menos conseguiremos dormir um pouco. Graças ao telefone celular, agora um casal pode estar sempre conversando, seja no trabalho, na academia, no metrô ou ônibus, ou voltando para casa – "Preciso comprar alguma coisa?". Agora, sempre socializamos ao mesmo tempo em que estamos trabalhando, e trabalhamos enquanto socializamos. Para um homem, possuir dois celulares – um para a mulher, outro para a amante – não é mais um sinal de que ele é italiano. Mesmo a ênfase atual no contato sexual foi prevista por McLuhan como o preço por vivermos na cidade moderna, para compensar pela incrível solidão e ansiedade que as cidades produzem.

---

138. Sobre esse tópico, ver meu futuro lançamento *The Disappearance of Women: Technology, Pornography, and the Obsolescence of Gender* (Dallas: Spence, 2008).

## Eventos ocorrem em tempo real

Embora a série seja a primeira a "ocorrer em tempo real", a realidade por trás das cenas é bem diferente:

- Dois episódios são filmados simultaneamente em um período de 15 dias.
- A conclusão de uma temporada inteira, incluindo o trabalho de pré e pós-produção, dura dez meses e meio.
- Aproximadamente 25 horas de gravação são editadas em um episódio da série.[139]

Como a lei da animação, a produção dessa série "aparentemente" em tempo real tem preço muito alto. Pense nela como um *maple syrup*\* do horário nobre: assim como são necessários 40 galões da seiva para fazer um galão do líquido dourado, também um dia completo de *24 Horas* exige quase um ano de intenso esforço coordenado. A concentração resultante do esforço de produção de uma hora dourada de programa produz uma série que, de fato, dura apenas 42 minutos. Os intervalos comerciais duram três minutos cada um. E, contudo, o efeito produzido no telespectador é igualmente exaustivo – assistir a esses 42 minutos é como um dia inteiro de trabalho. Quando finalmente chega o intervalo comercial, vemos o contador exibir os minutos ao mesmo tempo em que ouvimos uma batida, imitando a pulsação de um coração humano no volume máximo. O ritmo retorna quando a série recomeça. O único momento em que o espectador pode respirar é durante os intervalos. Isso implica um corolário sutil na própria ação da série – durante os intervalos comerciais nenhuma crise chega a seu momento máximo –, os próprios personagens podem aproveitar esses minutos, patrocinados pela América corporativa, para relaxar e se reagrupar. Esse um terço de cada hora do mundo real é, na verdade externa e objetiva, o tempo em que, quando desperto, o americano não está "ligado". Quase 12 horas de um dia de 16 são gastas em algum tipo de mídia de massa, segundo o estudo 2004 Ball State.[140] Mesmo dez anos antes, Leslie Savan estimou que em média as pessoas que vivem nas cidades ingerem mais ou menos 16 mil ícones, imagens, anúncios, *jingles* ou logotipos comerciais todos os dias.[141] Em *24 Horas*, a colocação do produto dentro da série é

---

139. Ver <www.imdb.com/title/tt0285331/trivia>.

\* N. T.: *maple syrup* é um tipo de calda grossa adocicada, semelhante a um melado, de uso muito comum nos Estados Unidos.

140. O estudo foi feito em 2003, o relatório apresentado em 2004. Ver o comunicado à imprensa da Middletown Media Studies Report do Center for Media Design da Ball State University, on-line em <www.bsu.edu/icommunication/news/stories/february/2_25_03.html>.

141. Leslie Savan, *The Sponsored Life* (Philadelphia: Temple University Press, 1994).

massiva e claramente proporcional ao orçamento regular para publicidade, ambos necessários para igualar o orçamento de produção da série – na primeira metade do primeiro episódio da primeira temporada, nos chamam a atenção os seguintes nomes e logotipos: Adidas, Coldplay, Greenday, 2Pac, Apple Ibook, Molson Canadian Beer, GMC Yukon XL SUV, Walgreens, AT&T e Ericsson. O verdadeiro propósito do intervalo comercial, como todos sabem agora, é pegar o telefone celular e descobrir se seus amigos estão assistindo ao mesmo programa. Você tem de dizer "Meu Deus, eu não acredito que eles a mataram!" a seu amigo antes que o filme recomece.[142]

## Hoje é o dia mais longo da minha vida

Parte da exaustão provocada no espectador pela série é a simultaneidade dos acontecimentos, exigindo que prestemos atenção a todas as subtramas o tempo todo.[143] Jack Bauer nunca está em nenhum lugar, ele está sempre em todos os lugares graças ao fato de estar conectado ao que Adam Greenfield chama "todo tipo de ferramenta":[144] uma tecnologia de comunicação onipresente que não nos permitirá o luxo, existente no século XX, de separar a vida pessoal da profissional.

O que começa como uma tela dividida termina como uma imagem em quatro telas, e, no segundo episódio, chegamos a cinco telas. Quando Jack aparece, ele abre essa metáfora para o telespectador, enquanto conversa ao telefone com Teri sobre o estresse de seu casamento: "Eu estava pensando que deveríamos tentar nos lembrar de como era quando éramos jovens". Ela responde: "É um mundo diferente agora, Jack." Jack replica: "É, eu sei". A série é ao mesmo tempo uma celebração e um lamento por esse "mundo diferente agora" do ponto de vista dos pais. Para a geração mais jovem, quando não estão alucinados ou sendo mortos pelo "mundo diferente", as coisas não são tão brilhantes. Quando Jack e Teri são obrigados a invadir o computador da filha para descobrir onde ela está, o primeiro obstáculo é a senha. Jack diz: "Nós demos a ela sua própria senha para

---

142. Algumas das implicações dramáticas do formato em "tempo real" de *24 Horas* são discutidas no capítulo escrito por Paul A. Cantor.
143. Essa exaustão pode ser a evidência de meu esforço pessoal aqui, e não uma experiência comum: Eu nunca tive um aparelho de televisão, nem vivi em uma casa onde existisse um. Steven Johnson, em *Everything Bad Is Good For You: How Today's Popular Culture Is Actually Making Us Smarter* (New York: Riverhead, 2005) argumenta que a complexidade e a rapidez da trama (em filmes como *24 Horas*) na verdade nos ensinam a assistir a um programa de forma mais perspicaz, com mais proximidade e atenção a detalhes sutis. Se este ensaio é alguma indicação, Johnson está desinformado ou então largou a faculdade de Columbia antes de chegar na parte boa dos estudos.
144. Ver o livro de Greenfield, *Everyware: The Dawning Age of Ubiquitous Computing* (Berkeley: New Riders, 2006).

mostrar que confiávamos nela, lembra-se disso?" Por fim, Jack é bem-sucedido e descobre que a senha é "a vida é um lixo".

Esse fenômeno "de estar em todos os lugares" é parcialmente responsável pela peculiar obscuridade entre as fronteiras do fato e da ficção; é como se eles não mais habitassem dois reinos distintos. De fato, *24 Horas* criou uma combinação incomum de realidade com entretenimento. Vejamos alguns destaques dos últimos anos, que você pode lembrar:

- Membros do Conselho das Relações Americanas-Islâmicas se reuniram com os produtores da série em 2005 quando a trama de *24 Horas* envolveu fundamentalistas muçulmanos, e eles estavam descontentes porque a sexta temporada parece retratar os membros de sua religião da mesma forma depreciativa. O porta-voz do Conselho, Rabiah Ahmed, declarou: "A forte impressão que fica é de medo e ódio pelos muçulmanos. Depois de assistir à *première*, eu fiquei com medo de ir ao mercado porque não tinha certeza se a pessoa ao meu lado seria capaz de diferenciar a ficção da realidade".
- A revista *The New Yorker* relatou que o general-brigadeiro Patrick Finnegan, reitor da Academia Militar de West Point e um eminente advogado militar, foi à Califórnia para um encontro com os produtores de *24 Horas*. Segundo a notícia, Finnegan disse aos produtores que a promoção do comportamento ilegal na série estava causando um efeito prejudicial nas tropas americanas no Iraque. Finnegan relatou à revista: "Esses jovens assistem à série e dizem 'se torturar é errado, e quanto a *24 Horas*?" Em resposta, Gordon (um dos produtores) disse ao *Inquirer*: "A tese de que estamos afetando nossos soldados no Iraque quanto ao tratamento de prisioneiros é exagerada, creio. Com certeza, há uma série de filtros entre assistir a *24 Horas* e o verdadeiro trabalho de campo deles".
- Dennis Haysbert ficou furioso quando soube que seu personagem, o presidente David Palmer, seria assassinado e disse aos produtores que se recusava a gravar a cena. O astro discutiu essa questão por meses, porque acreditava que matar o presidente transmitiria uma mensagem perigosa aos espectadores. Haysbert apareceu no *talk show The View*, onde explicou como deixou a série: "Eles fizeram isso para conseguir pontos na audiência, e conseguiram. Começou no fim da quarta temporada quando gravei os seis últimos episódios. Então pensei que meu trabalho tinha terminado. Estava bem no meio do quarto episódio quando me chamaram na hora do almoço e falaram: 'Dennis, no primeiro episódio da próxima temporada, nós vamos matar você'. Eu respondi: 'Boa sorte com a cena.

Como vai ser? Uma reportagem da CNN? Porque eu não vou gravá-la'. Então discutimos várias vezes e a temporada acabou, e durante todo o verão eles continuaram a me chamar e então mandaram seu mercenário, um de meus melhores amigos, Howard Gordon, que eu amo – e antes de continuar eu quero dizer que amo a todos em *24 Horas*, tanto os que estão diante da câmera quanto os que estão por trás. Temos um legado de matar nossos líderes neste país e eu disse: 'Não façam isso'. Howard basicamente me disse: 'Dennis, eu sei como você se sente. Eu acredito em você; eu acredito no que está dizendo, mas precisamos da cena para começar a série, porque sem ela não teremos uma temporada.'"[145]

O fato de que os atores e o público estão se tornando cada vez mais incapazes de separar a realidade da fantasia não é uma questão irrelevante. Em outro contexto, Michael Crichton afirmou: "O grande desafio que se apresenta para a humanidade é distinguir entre realidade e fantasia; verdade e propaganda"[146] – o que nos faz pensar se ele também é fã de *24 Horas*. Será que isso é paranóia? Bem, McLuhan também previu isso – em sua análise tetrádica do satélite, ele salientou que, na ecologia de restauração, o satélite simultaneamente nos faz retornar ao estado primitivo do homem, e que o "primitivo diz respeito a tudo relacionado a tudo – uma condição que reconhecemos como paranóia".[147] E essa paranóia, é claro, acontece sem a nossa percepção consciente: "Os efeitos da tecnologia não ocorrem no nível das opiniões ou conceitos, mas alteram proporções de sentido ou padrões de percepção sem encontrar nenhuma resistência."[148] Se você nunca pensou em *24 Horas* como um documentário sobre os efeitos do telefone celular em sua vida até agora, bem... essa é a razão.

## Tenho de ir embora

Ouça, eu não posso falar muito mais. Se você precisar de mais informações, consulte os trabalhos completos de Marshall McLuhan. Enquanto isso, talvez você desligue o celular e tente descansar – amanhã será o dia mais longo de sua vida.

---

145. Todas as citações extraídas de <www.imdb.com/title/tt0285331/news>.
146. Crichton fez essa declaração em um discurso ao Commonwealth Club, em 15 de setembro de 2003; disponível em <www.michaelcrichton.com/speeches-environmentalismreligion.html>.
147. *Laws of Media* (Toronto: University of Toronto Press, 1988).
148. *Understanding Media* (New York: McGraw-Hill, 1964).

# 19:00H – 20:00H

## *24 Horas* e a ética da objetificação

*Robert Arp e John Carpenter*

### Fazendo a coisa certa sem os meios necessários

Usar pessoas como isca, seqüestrar inocentes, torturar prisioneiros, seqüestrar aviões, fazer reféns, ameaçar infectar alguém com um vírus mortal e atirar em indivíduos desarmados não são apenas exemplos de táticas usadas por terroristas em *24 Horas*, mas também empregadas por Jack Bauer em seus esforços para detê-los. Por que ele recorre a métodos tão extremos? A resposta pode ser encontrada na introdução da primeira temporada, quando Kiefer Sutherland descreve a série como "a história de um homem que está sempre tentando fazer a coisa certa, mas que não tem os meios necessários para isso".[149] Aqui, o termo *necessários* não é interpretado de maneira literal (afinal de contas, como Jack seria sempre capaz de realizar a tarefa?), mas sim no sentido de *preferíveis*. Diversas vezes, Jack é forçado a fazer coisas que preferiria não fazer se existissem outras opções. Porém, os terroristas não justificam suas ações radicais com sentimentos semelhantes? Na maioria das vezes, eles prefeririam *não* matar milhões de civis, mas acreditam, como diz Marie Warner na segunda temporada, que "as pessoas precisam morrer para que as coisas mudem". A pergunta natural a fazer é: Quando e até que ponto é permissível usar pessoas como meios em vez de fins?

Objetos – como facas, escadas rolantes e controles remotos – são coisas sem vida que podem ser usadas pelas pessoas como instrumentos

---

149. Primeira temporada, DVD número 6, características especiais.

para obter o que desejam. No contexto deste capítulo, a palavra *objetificação* se refere ao ato de tratar pessoas como se elas fossem objetos, ou seja, apenas meios para se chegar a um fim. Por exemplo, na primeira temporada, Alexis Drazen objetifica Elizabeth Nash não apenas a usando para conseguir informações privilegiadas acerca de David Palmer, mas também, sem dúvida, para prazer sexual. A objetificação de Nash fica clara quando o irmão de Alexis, Andre, o faz prometer que a matará quando ela não for mais necessária. Ironicamente, logo depois Elizabeth se permite ser usada pela UCT para monitorar os Drazen e, tomada pela raiva, esfaqueia Alexis, tratando-o portanto como objeto. Exemplos como esse são vistos por todos os episódios de *24 Horas*, à medida que os personagens com freqüência usam uns aos outros para obter vingança, informação, e poder. Embora o ato de tratar as pessoas como objeto seja intuitivamente considerado errado por muitos de nós, será que essa crença é de fato assim?

Existem três proeminentes teorias morais na história da filosofia que podem nos ajudar a entender a ética da objetificação. Em primeiro lugar, existe a visão que teve origem com Immanuel Kant (1725-1804), segundo a qual as pessoas, em razão das suas capacidades conscientes racionais, são seres livres e autônomos com um valor ou dignidade inalienável. Por causa desse valor intrínseco, uma pessoa *jamais* deve ser tratada como um mero objeto. Na terceira temporada, vemos que os terroristas estão usando Kyle Singer não apenas como uma "mula" para transportar drogas, mas provavelmente o infectaram com um vírus que o transformou em uma arma biológica. Depois de se dar conta do fato, Kyle fica tão desesperado que tenta cometer suicídio para impedir que o vírus se alastre. Mas, mesmo nesse caso, para a filosofia de Kant, Kyle teria agido errado porque, ao tirar a própria vida, ele teria usado *a si mesmo* como um simples meio.

Em segundo lugar, temos a visão utilitarista, encontrada na filosofia de John Stuart Mill (1806-1873), a qual afirma que as ações são moralmente boas desde que maximizem a felicidade coletiva de todas as pessoas. Para essa visão, a objetificação excessiva é imoral porque a infelicidade cresce onde todos estão preocupados com o fato de que poderão ser explorados em suas interações sociais. Considere como a verdade, segurança e sucesso são com freqüência arruinados na UCT quando uma pessoa decide esconder de outra informações vitais. Por exemplo, na primeira temporada, George Mason justifica esconder de Jack o desaparecimento de sua mulher e filha baseado na razão de que Jack precisa permanecer "focado" para que possa fazer seu trabalho. Como resultado, Jack só descobre que Kim foi recapturada pelos Drazen quando também é aprisionado por eles.

Em terceiro lugar, existe a clássica visão da ética da virtude, defendida por Aristóteles (384-322 a.C.), que vê as ações moralmente corretas como oriundas do caráter virtuoso. Aqui, a objetificação é considerada imoral porque se origina de um caráter não virtuoso (depravado) e o reforça. Lembre-se de como a natureza vil do presidente Logan é revelada aos poucos no decorrer da quarta e quinta temporadas. A princípio, só temos a impressão de que ele é muito covarde para ser um líder confiável, e se redime em parte reconhecendo esse fato e trazendo Palmer para ajudá-lo. Contudo, Logan não apenas trai Palmer recebendo quase todo o crédito por resolver com sucesso uma crise, mas posteriormente se tornando cúmplice de seu assassinato! Tal comportamento desprezível é exatamente o que um defensor da ética da virtude esperaria de alguém com um caráter fraco ou vil.

Todavia, *há* momentos em que as três teorias sugerem que alguém de fato fez a coisa certa ao objetificar outra pessoa. Primeiramente, um kantiano argumentaria que é aceitável do ponto de vista moral para uma pessoa – considerando que ela é um agente racional e autônomo – dar permissão para ser usada por outros. Na segunda temporada, não é um direito de Kate Warner se apresentar como voluntária para entrar na mesquita e identificar Syed Ali, apesar do grande risco que correrá? Em segundo lugar, um utilitarista diria que é moralmente aceitável sacrificar um membro de um grupo com o objetivo de salvar os outros membros. Um exemplo carregado de emoção acontece quando, mais adiante na mesma temporada, fica claro que não é possível desativar a bomba nuclear e alguém ter de transportá-la em um avião até um local seguro e derrubar a aeronave. A princípio, Jack assume a função de piloto e, como seu penoso adeus a Kim demonstra, ele está disposto a parar a bomba. (Mason, porém, que é doente terminal, está escondido no avião e consegue convencer Jack a deixá-lo assumir a tarefa).

Por fim, os defensores da ética da virtude declarariam que a prudência é a melhor disposição ou estado de caráter para exemplificar, ainda que isso acarrete a objetificação de outros. Por exemplo, na terceira temporada, o presidente Palmer quer ser reeleito, mas Alan Milliken ameaça subverter sua campanha. Para evitar que isso aconteça, Palmer recruta sua ex-mulher, Sherry, para descobrir as sujeiras de Milliken. Em vez disso, ela literalmente decide resolver as coisas e deixa Milliken morrer enquanto segura seu remédio. Ainda que Palmer e Sherry discordem quanto à intensidade de objetificação permissível em nome da prudência, ambos concordam que *uma certa dose de* objetificação é aceitável.

Neste capítulo, usaremos exemplos como esses para ilustrar "impasses" ou inconsistências morais para os sistemas kantiano e utilitarista. Esses impasses colocam em questão a legitimidade das duas abordagens no que diz respeito às suas visões no tocante à objetificação. Isso deixa a ética da virtude como a mais viável das três principais perspectivas morais, ainda que pela principal razão de que ela não cria tais empecilhos. Após comparar e contrastar as três posições diferentes da ética da virtude, defendidas por Aristóteles, Niccolò Machiavelli (Maquiavel) (1469-1527) e Friedrich Nietzsche (1844-1900), pedimos ao leitor que decida qual delas apresenta os melhores fundamentos para entender a ética da objetificação.

## Santidade, autonomia e um impasse moral kantiano

Kant fundamenta a moralidade no fato de que as pessoas são seres racionais. Como é apenas pela razão que determinamos e realizamos nossas obrigações morais, o desejo racional – a expressão de nosso livre-arbítrio em agir de acordo com a racionalidade em vez da irracionalidade e a sensualidade – é a única coisa incondicionalmente boa. Em razão do fato de que todas as pessoas possuem racionalidade, elas merecem dignidade e respeito e são as únicas coisas que são "fins em si mesmas". Como as pessoas são totalmente preciosas dessa maneira, elas sempre têm valores (como fins) *intrínsecos* e jamais devem ser tratadas como se tivessem apenas um valor *instrumental* (como meio para um fim), como uma ferramenta. Assim, é imoral para uma pessoa usar outra exclusivamente como meio para alcançar um fim, objetivo ou propósito, pois, ao fazer isso, a pessoa usada é reduzida ao status de um instrumento inferior.[150]

Alguns exemplos extraídos de *24 Horas* esclarecerão esse ponto. Primeiro, considere a execução de Ryan Chappelle, pelas mãos de Jack, como conseqüência da exigência de um terrorista. Diante da escolha entre deixar um vírus letal se alastrar ou matar Chappelle, o presidente Palmer, Jack, e mesmo Chappelle, com pesar concordam que o sacrifício é necessário. Segundo, lembre quando Tony impede que um terrorista seja capturado pela UCT para salvar a vida de Michelle na terceira temporada. Enquanto o terrorista, sem nenhum escrúpulo, usa Michelle apenas como um meio, Tony não permite que ela seja tratada como tal, chegando a ponto de colocar em perigo sua carreira e a segurança nacional. Por fim, lembre-se daquele raro momento quando, na quarta temporada, um personagem da série reconhece e se recusa a ser tratado como um objeto. Depois que o agente da UCT Curtis Manning promete proteger Behrooz Araz, o filho dos dois terroristas principais envolvidos no ataque que ocorrerá naquele mesmo dia, Behrooz reclama: "Você não dá importância a mim, nem à sua palavra. Está apenas me usando."

Como as pessoas são seres conscientes, racionais, capazes de tomar suas próprias decisões livres e informadas, Kant exige que elas sejam respeitadas, porque são seres *autônomos* (que se "governam a si mesmas"). Uma vez que dignidade e o valor inatos das pessoas estão ligados à autonomia racional, alguns pensadores pós-kantianos afirmaram que o que há de importante na tomada de uma decisão moral está ligado ao fato de se *a*

---

[150]. Ver Immanuel Kant, *Fundamentação da metafísica dos costumes* traduzido para o inglês por Lewis White Beck *Foundations of the Metaphysics of Morals* (Upper Saddle River, NJ: Prentice-Hall, 1989). Ver também Onora O'Neill, *Constructions of Reason: Exploitations of Kant's Practical Philosophy* (Cambridge: Cambridge University Press, 1990).

*liberdade no processo de decisão racionalmente informado* da pessoa foi ou não respeitada.[151] A idéia aqui é que se uma pessoa completamente racional escolhe se envolver em alguma ação – desde que essa ação não prejudique ninguém – então essa pessoa está justificada em fazer isso, ainda que se coloque na posição de ser usada como um objeto. Pense em adultos racionais que se alistam nas forças armadas sabendo que podem morrer protegendo seu país. Do mesmo modo, desde que os partidários dos terroristas em *24 Horas* saibam muito bem dos riscos que correm ao ajudar e proteger criminosos, não há nada de imoral no ato dos terroristas em tratá-los como se fossem dispensáveis. Em outras palavras, desde que esses agentes racionais concordem livremente em se envolver em tais comportamentos, então a objetificação deles não é errada do ponto de vista moral.

Entretanto, como decidir se alguma vez devemos usar as pessoas como meros instrumentos, ou se pessoas completamente racionais têm a liberdade de tomar suas próprias decisões bem informadas? Os kantianos defensores da "santidade moral" afirmam que é imoral transformar uma pessoa em objeto – não importa a situação. Pensadores como Dworkin e MacKinnon endossam essa tese.[152] Mas existe outro grupo de kantianos, partidários da "autonomia moral", que contestam essa idéia; para eles, desde que as partes envolvidas estejam totalmente cientes do risco da situação, não há nada de imoral na objetificação consciente. Na verdade, esse grupo argumenta que negar a uma pessoa a liberdade de fazer essa escolha seria em si algo imoral, porque tal negação viola a autonomia do indivíduo como um tomador de decisões livre e racional. Ou seja, não permitir que as pessoas façam suas próprias escolhas significa reduzi-las a objetos, pois, afinal de contas, meros objetos não têm direito de escolha. Gary, Madigan e Schwarzenbach são defensores dessa posição.[153] Agora estamos diante de um impasse, pois para que um kantiano afirme se Jack estava certo ou errado ao executar Chappelle, ele deverá presumir que a autonomia é mais valiosa que a santidade ou vice-versa. Com base na filosofia de Kant, entretanto, nenhuma das duas pode ser considerada a mais importante – ambas são indispensáveis.

---

151. Ver Thomas Hill, *Autonomy and Self Respect* (New York: Cambridge University Press, 1991); Christine Kosrgaard, *The Sources of Normativity* (New York: Cambridge University Press, 1996); e Timothy Madigan, "The Discarded Lemon: Kant, Prostitution and Respect for Persons", em *Philosophy Now* 21 (1998): 14-16.

152. Andrea Dworkin, *Pornography: Men Possessing Women* (New York: Perigee Press, 1981); Catherine MacKinnon, *Feminism Unmodified: Discourses on Life and Law* (Cambridge, MA: Harvard University Press, 1988).

153. Ann Gary, "Pornography and Respect for Women", em *Morality and Moral Controversies*, John Arthur (org.) (Upper Saddle River, NJ: Prentice-Hall, 1993), pp. 395-421; Timothy Madigan, "The Discarded Lemon: Kant, Prostitution and Respect for Persons", em *Philosophy Now* 21 (1998); Sibyl Schwarzenbach, "On Owing the Body", em *Prostitution: On Whores, Hustlers, and Johns*, James Elias, Vern Bullough, Veronica Elias e Gwen Brewer (orgs.) (New York: Prometheus Books, 1998), pp. 345-51.

## O absurdo de maximizar a felicidade: um impasse moral utilitarista

Ainda que a maioria dos utilitaristas admita que tanto a santidade quanto a autonomia são importantes,[154] a fundação da moralidade, para eles, é apenas a felicidade – as ações são boas na medida em que, em geral, aumentam os prazeres ou diminuem as dores das pessoas. A razão pela qual essa visão é chamada *utilitarista* é porque o verdadeiro teste de dignidade de uma ação é se ela tem conseqüências úteis (utilidade) respeitante à promoção da felicidade. Oposta à rígida visão kantiana, segundo a qual as pessoas jamais devem ser usadas como meros meios para alcançar um fim, a posição utilitarista não vê nenhum problema em tratar alguns indivíduos como meios se, como resultado, a soma total da felicidade seja aumentada para todas as pessoas.[155] Em *24 Horas*, há uma enorme quantidade de exemplos de ações justificadas por razões utilitárias. Em todas as temporadas, vemos terroristas tratando pessoas como objetos para alcançar algum objetivo. Na quarta temporada, por exemplo, Jack atribui, de forma explícita, a seguinte crença ao terrorista Habib Marwan: "a morte e a destruição de vidas inocentes é um meio para se chegar a um fim". Com freqüência, até Jack racionaliza uma conduta agressiva referindo-se ao resultado. Por exemplo, na terceira temporada, ele justifica apontar uma arma para a cabeça de Chase Edmunds dizendo: "Chase, preste atenção. Quando você faz esse trabalho por muito tempo tem de fazer escolhas, e não sabe se fez a escolha certa até que a situação se apresente por inteiro". Finalmente, o conflito entre kantismo e utilitarismo fica claro quando, na segunda temporada, parece que Jack está disposto a matar os filhos e a mulher de Syed Ali para descobrir a localização da bomba. Quando o presidente Palmer fica sabendo desse plano, o seguinte diálogo acontece entre ele e seu chefe de gabinete, Mike Novick:

> *Palmer:* Podemos permitir isso? Tolerar o assassinado de pessoas inocentes?
> 
> *Novick:* O argumento seria que a bomba é um ato de guerra e as guerras inevitavelmente resultam em mortes de civis.
> 
> *Palmer:* Eu não quero racionalizar aqui, Mike. Não conheço nenhuma guerra em que o presidente tenha, propositadamente, ordenado a morte de crianças.
> 
> *Novick:* Compare a situação com uma fábrica de armas perto de um hospital – uma situação que enfrentamos. O bombardeio ainda seria

---
154. Ver, por exemplo, John Stuart Mill, *Sobre a liberdade. On Liberty* (New York: Meridian, 1974).
155. Jeremy Bentham, *An Introduction to the Principles of Morals and Legislation* (Garden City, NY: Doubleday, 1961); John Stuart Mill, *Utilitarianism* (Indianapolis: Hackett, 2002); Peter Singer, *Practical Ethics* (Cambridge: Cambridge University Press, 1993).

ordenado seguindo a lógica de que um número muito maior de pessoas seria salvo se a fábrica fosse destruída. Os números são muito mais convincentes aqui. Algumas pessoas devem morrer para salvar milhões.

*Palmer:* Como foi que chegamos a isso?

No fim, Palmer *não* autoriza os assassinatos, mas Jack finge que o presidente os autorizou e também finge matar um dos filhos de Ali. Ali, transformado de assassino em kantiano, protege o restante da família confessando.

Na última seção, observamos que a teoria de Kant nos coloca diante de um impasse moral, porque implica que a objetificação é *tanto* certa *quanto* errada em algumas situações. Porém, outro dilema surge da perspectiva utilitarista. Um utilitarista rígido deve admitir que uma ação é boa, não importando o modo horrível como algumas pessoas são tratadas, desde que mais pessoas se beneficiem a longo prazo.[156] Isso significa que, se a morte de algumas pessoas causará o aumento da felicidade geral da humanidade, então o assassinato não é apenas permissível, mas totalmente aconselhável. Por exemplo, se você é uma pessoa saudável, a doação de todos os seus órgãos produziria um benefício público muito maior do que se você os usasse. Ou seja, se os órgãos fossem doados para transplante, o fígado poderia salvar a vida de uma pessoa; os pulmões, a de outra; e assim por diante. Além do mais, se você entregasse seu corpo à ciência – digamos, permitindo que cientistas provocassem uma doença fatal em você para que pudessem estudar como ela se desenvolve –, o conhecimento obtido como resultado poderia salvar *milhões*. Assim, um utilitarista considera essas formas de auto-sacrifício obrigatórias, e se você se recusar a entregar sua vida, as outras pessoas estão justificadas a tomá-la para obter os "resultados" (como a atitude de Jack ao matar e decapitar Marshall Goren no início da segunda temporada).

Talvez alguns utilitaristas comprassem a idéia e alegassem que essa conclusão é aceitável, mas a maioria deles admitiria que ela é muito extrema.[157] Mesmo que o auto-sacrifício obrigatório criasse uma enorme

---

156. Muitos pensadores argumentaram que "bens" podem surgir de "males" para justificar a existência de Deus ou das forças da natureza diante de um mal notório. Exemplos clássicos são G. W. Leibniz, *Teodicéia* (London; Routledge & Kegan Paul, 1996); e Viktor Frankl, *Man's Search for Meaning* (Boston: Beacon Press, 1959). Para obras mais contemporâneas, ver *Dialogues in the Philosophy of Religion*, John Hick (org.) (New York: Macmillan, 2001).

157. Ver J. J. Smart, "An Outline of a System of Utilitarian Ethics", em *Utilitarianism: For and Against*, J.J.C. Smart e Bernard Williams (orgs.) (New York: Cambridge University Press, 1973). A posição de Smart provocou a inserção deste verbete infame em *The Philosophycal Lexicon*, 8ª edição (1987), Daniel Dennett (orgs.): "enganar: v. adotar a conclusão do argumento *reductio ad absurdum* do oponente. 'Eles acharam que tinham me convencido, mas eu os enganei. Concordei que às vezes *era* justo enforcar um homem inocente.'" Esse léxico está disponível on-line em <www.blackwellpublishing.com/lexicon/>.

quantidade de felicidade para algumas pessoas, a quantidade de tristeza que traria para a viúva, família e amigos da pessoa que morreu seria substancial. Tal sistema provocaria paranóia, arruinaria a segurança e destruiria a humanidade como a conhecemos, portanto deixando-a pior do que é. De fato, é possível imaginar esse estado das coisas culminando em uma única pessoa viva, tão feliz com sua solidão, que matar todas as outras se tornou uma ação justificada. Esse resultado não é apenas tragicômico, é absurdo. Um impasse utilitarista, então, resulta do fato de que ao se dar tanta importância à garantia da maior parcela de felicidade para o maior número de indivíduos, defendemos *de maneira inaceitável* diminuir o número de pessoas como um meio para aumentar a felicidade geral da comunidade.

## A perspectiva da ética da virtude

Opondo-se a essas teorias morais *baseadas na ação*, que primeiro estabelecem o que as pessoas devem fazer e depois verificam se elas realmente o fizeram, estão as teorias *baseadas no caráter*, centradas em como os indivíduos se comportam de verdade, e então determinando como eles deveriam ter agido.

A idéia aqui – defendida por filósofos desde a época de Confúcio (551-479 a.C) e Platão (427-347 a.C.) – é que pessoas diferentes têm caráter diferente.[158] Aristóteles, em particular, acredita que o desenvolvimento do caráter é a chave da moralidade. Para ele, nosso caráter resulta da (1) formação de certos hábitos começando na infância e (2) a obtenção de sabedoria prática na maturidade. Idealmente, as pessoas cultivarão hábitos e formarão a sabedoria que as levará a saber como agir rotineiramente da maneira certa, na hora certa, com o comportamento certo e pelas razões certas. Ele acredita que o caráter fundado nesse tipo de vida forma um meio entre dois extremos. Por exemplo, as pessoas corajosas não são nem covardes nem descuidadas, mas alguma coisa no meio. Infelizmente, muitas pessoas não conseguem alcançar esse temperamento equilibrado e acabam se tornando continentes, incontinentes ou totalmente vis. O primeiro sabe o que é certo, age de acordo com isso, mas às vezes erra; o segundo não tem força de vontade e com freqüência age de modo errado; e o terceiro simplesmente se recusa a fazer o que sabe ser certo.[159]

---

158. Confúcio, *Os aforismos de Confúcio* (São Paulo: Madras Editora, 2003); Platão, *A República*, traduzido para o inglês por Allan Bloom: *The Republic of Plato* (New York: Basic Books, 1991).
159. Aristóteles, *A ética a Nicômaco*, traduzido para o inglês por David Ross. *Nicomacheam Ethics*. Em *The Basic Works of Aristotle*, Richard McKeno (org.) (New York: Random House, 1941). Ver também Alasdair MacIntyre, *After Virtue* (Notre Dame: University of Notre Dame Press, 1981).

A teoria de Aristóteles é exemplificada por vários personagens de *24 Horas*. A luta de Jack contra o vício das drogas (que começou na terceira temporada) ilustra com clareza quão poderosa pode ser a força do hábito. Embora ele tenha começado a tomar drogas com a intenção de prender os Salazar, continua a fazer uso delas quando a missão termina, chegando a mentir para Kim e para seus colegas de trabalho. Ele quer parar, é claro, mas como todos os viciados não é capaz de simplesmente ter força de vontade para isso. O único meio de superar tal comportamento destrutivo é lutar para mudar o próprio caráter. Como afirmava Aristóteles: "abstendo-nos dos prazeres, nós nos tornamos moderados; e no momento em que nos tornamos moderados, é quando somos mais capazes de nos abster deles".[160] Entre a terceira e a quarta temporadas, como se esperava, Jack entra em um programa de reabilitação e consegue se recuperar. Um exemplo de um caráter dolorosamente vil apareceu antes, quando falamos a respeito do presidente Logan. Porém, na outra extremidade do espectro, David Palmer é o exemplo quintessencial da pessoa virtuosa de Aristóteles. Na primeira temporada, em especial, a integridade e a determinação de Palmer revelam seu caráter. Primeiro, nós o vemos enfrentando vândalos na garagem do estacionamento; depois, tentando avisar Ferragamo que ele está em perigo, confessando o envolvimento de seu filho na morte de Lyle Gibson; recusando a sedução de Patty, e, por fim separando-se de Sherry apesar do impacto que isso causará em sua campanha. Mas é claro que ninguém é perfeito e mesmo David teve seus momentos de fraqueza. Na terceira temporada, depois de concordar em pagar ao ex-marido de sua namorada Anne para não tornar público um certo rumor, eles conversam sobre essa decisão:

*Palmer:* Às vezes você tem de fazer a coisa errada pela razão certa... Estou nisso há quase quatro anos e aprendi do modo mais difícil que não existe nada absoluto – às vezes, é preciso ceder.

*Anne:* Politicamente, sim, mas quando falamos de moralidade, David, é preciso pôr um limite.

*Palmer:* Eu coloquei um limite, mas nós apenas estamos em lados diferentes...

*Anne:* Você nunca escolheu o que é mais fácil. Você sempre escolheu o que é certo. *Esse* é você.

Ele então ouve essa voz da razão e decide não fazer o pagamento.

Embora alguns seguidores da ética da virtude tenham afirmado que a objetificação nasce da falta de virtudes como honestidade, coragem, gene-

---

160. *A Ética a Nicômaco*, Livro II, Capítulo 2.

rosidade, integridade, afabilidade e respeito, outros pensadores defenderam o desenvolvimento de outras virtudes consistentes com a objetificação das pessoas. Por exemplo, Niccolò Machiavelli (Maquiavel) entende a objetificação como o resultado da prudência – e com ela, a inteligência, a manipulação, a intriga e a agressão bem colocada.[161] Maquiavel foi um historiador que concordou com Tucidide (460-395 a.C.) que "a história é a filosofia ensinada por meio de exemplos". Maquiavel estudava a história de governos antigos e contemporâneos e a via como algo parecido com registro de Gibbon de crimes, loucuras e infelicidades. É ideal que todas as pessoas se respeitem mutuamente e que ninguém seja jamais tratado como apenas um meio; todavia, quando olhamos para a história, vemos que simplesmente esse não é o modo como o mundo funciona. A objetificação não é apenas comum, mas vital à sobrevivência, especialmente para os governantes que estão sempre em perigo de ser depostos ou sofrer algo ainda pior. Maquiavel conclui, portanto, que um governante deve tratar as pessoas como meio, impedindo assim que elas façam isso com ele. Sherry Palmer fornece um bom exemplo dessa filosofia colocada em prática, pois muitas das escolhas que faz nascem da crença de que a sobrevivência política e pessoal de sua família depende de fazer uso das pessoas.

Como as palavras de Maquiavel foram muito mal-entendidas, alguns pontos precisam ser esclarecidos. Em primeiro lugar, embora o termo "maquiavélico" tenha se tornado sinônimo de "cruel" e "astuto", Maquiavel *não* defendia a brutalidade e a mentira por si mesmas. Ele apenas dava um conselho honesto aos líderes políticos cujas posições são sempre precárias. Se um governante precisa mentir, roubar ou mesmo matar para se manter no poder, então tal comportamento é justificado como o menor de todos os males. Em segundo lugar, é importante distinguir a filosofia de Maquiavel do utilitarismo de Mill. Mesmo que as duas teorias insistam na análise custo-benefício das ações em termos de conseqüências, elas diferem totalmente no que diz respeito a quem a análise é direcionada e ao que conta como boas conseqüências. Lembre-se de que o conselho de Mill supostamente se aplica de modo igual a todas as pessoas; o aumento da felicidade geral é o único benefício e a diminuição da felicidade é o único custo das ações. Em contraste, Maquiavel *não* prega o maquiavelismo como a forma correta de moralidade para todas as pessoas, mas apenas para um pequeno grupo de indivíduos ambiciosos. Sua visão mostra que uma alegação como a de Mill negligencia os problemas específicos apresentados a pessoas específicas em situações específicas. A moralidade de alguém que tenta ser um governante é necessariamente diferente da moralidade da pessoa comum, pois os governantes se deparam com perigos que a maioria das pes-

---

161. Niccolò Machiavelli, *O príncipe*; traduzido para o inglês por Daniel Donno. *The Prince*. (New York: Bantam Classics, 1984).

soas jamais enfrenta. Assim, o maquiavelismo é *severamente* aplicado a personagens como Nina Myers e Mandi, pois o comportamento cruel deles é puramente mercenário – ou seja, eles são pessoas corruptas e ignóbeis, compradas pelo lance mais alto. Também em forte contraste com Mill, Maquiavel não defendia um padrão nem igualitário nem hedonista para o que é considerado certo, mas um padrão de *luta individualista.* As melhores ações para um governante são aquelas que garantem a manutenção do poder livre, apesar da oposição. Deve estar claro agora, em razão da sutil natureza de seus conselhos, que, quando Maquiavel é estudado fora de contexto, ele é facilmente mal-interpretado.

Friedrich Nietzsche acreditava que a vontade do poder é a virtude suprema, e a expressão do próprio poder não depende do fato de a pessoa ser um monarca. Todos nós devemos expressar o poder se *formos poderosos.*[162] Para ele, a sociedade pode ser entendida no contexto dos relacionamentos de dominação senhor/escravo. Algumas pessoas têm o tipo de caráter que as faz assumir o controle; outras tendem a ser controladas. Para usar exemplos semelhantes aos de Nietzsche, os principais terroristas em *24 Horas* freqüentemente agem como poderosas "aves de rapina", e suas vítimas sucumbem como "ovelhas" fracas. Não obstante, a proclividade para o poder não é limitada a políticos e terroristas. Jack é o tipo de sujeito que "assume o controle" e que quase sempre domina os outros por ser mais forte que eles. De acordo com a visão de Nietzsche, Jack e outros como ele negam sua natureza poderosa; eles vivem vidas inferiores apenas para se alinhar às alegadas virtudes dos conformistas. Quando, na terceira temporada, Jack tira Salazar da prisão começando uma revolta, ele revela que, em um sentido bem real, é superior àqueles que tentam detê-lo. Ele trata como objetos os guardas da prisão, Salazar e até a si mesmo simplesmente porque pode fazê-lo.

## Afinal, que tipo de pessoa você quer ser?

Fundamentadas nessas perspectivas da ética da virtude, será que podemos decidir com sucesso se e quando a objetificação é justificada sem esbarrarmos nas mesmas armadilhas em que caíram os kantianos e as posições utilitaristas?

---

162. Friedrich Nietzsche, *Além do bem e do mal*, traduzido para o inglês por Walter Kaufmann. *Beyond Good and Evil.* (New York: Random House, 1966); e *A vontade da potência*, traduzido para o inglês por Walter Kaufmann. *The Will to Power* (New York: Random House, 1967). Para exemplos contemporâneos de teorias da ética da virtude empregando o conceito de poder, ver Imelda Whelehan, *Modern Feminist Thought: From Second Wave to 'Post-Feminism'* (Nova York: New York University Press, 1995) e Marti Hohmann, "Prostitution and Sex-Positive Feminism", em *Prostitution: On Whores, Hustlers, and Johns,* pp. 322-332.

Aristóteles escapa dos problemas enfrentados por Kant porque, mesmo supondo que a santidade e a autonomia sejam igualmente importantes, uma pessoa que viola qualquer uma delas revela ter um caráter fraco. Uma pessoa virtuosa e bem equilibrada tende a não tratar os outros como objetos, porque a objetificação é um ato extremo. Em raras ocasiões, no entanto, a objetificação pode ser a coisa certa a fazer. Por exemplo, quando as pessoas, de forma corajosa (e não com imprudência) se permitem ser usadas por outros, elas demonstram seu próprio caráter virtuoso. Assim, para Aristóteles, o conflito entre santidade e autonomia é ilusório: uma das duas é sempre o alvo certo. Como Aristóteles teria dito que somente pessoas vis alcançam a felicidade à custa dos outros, a dificuldade enfrentada pelo utilitarismo também não se aplica. Os valores de Maquiavel, não a insensibilidade, mas a prudência em nome da autopreservação. Para ele, a autonomia é impossível, pois a sociedade necessariamente restringe a liberdade de cada indivíduo. Do mesmo modo, a santidade universal é um conto de fadas, porque sempre existiram, e sempre existirão, pessoas que objetificam os outros. O melhor que podemos esperar é viver em uma sociedade onde um governante impeça, o máximo possível, a objetificação. Infelizmente, esse desejo às vezes requer que o governante objetifique as pessoas no processo. Mas Maquiavel deu ao governante capaz princípios pelos quais isso pode ser alcançado. Maquiavel evade o impasse utilitarista em duas frontes. Em primeiro lugar, ele valoriza a prosperidade de alguns em vez da felicidade de todos. Em segundo lugar, como seu objetivo é revelar o melhor governo possível, sua implementação indiretamente promoveria a maior felicidade para o maior número de indivíduos, sem ter de defender uma redução significativa desse número.

Por fim, Nietzsche defende viver a vida em seu potencial. Se seu maior atributo for a inteligência, não finja que é estúpido para agradar às massas. De maneira semelhante, se você tem vergonha da câmera, não tente se tornar um astro de cinema. Seja você mesmo! Não deixe que ninguém lhe diga no que deve acreditar; ou que a santidade é uma virtude. Na verdade, é um vício que o faz viver como todas as outras pessoas. Em vez disso, determine no que deve acreditar, e experimentará a jubilosa sabedoria que muitas pessoas não são capazes de alcançar. Colocado de maneira simples: sempre expresse sua autonomia e jamais agirá "errado". Nietzsche não se depara com o dilema kantiano porque para ele a autonomia é, sem dúvida, mais importante que a santidade. Ele também desvia do problema utilitarista, pois não está nem um pouco preocupado com princípios igualitários. Os utilitaristas são aqueles que sofreram lavagem cerebral para acreditar que todos os homens foram criados iguais e merecem a igualdade. Essa é a fonte do impasse que enfrentam.[163]

---

163. Para mais reflexões nietzschianas em *24 Horas*, ver o ensaio de Snyder neste volume.

Assim, as três perspectivas da ética da virtude que analisamos sobrevivem aos ataques desferidos contra as teorias morais de Kant e Mill. O que não investigamos é se alguma dessas três perspectivas é mais razoável ou desejável que as outras. Deixamos a seguinte pergunta para consideração do leitor: Que tipo de pessoa você prefere ser – o *eudaimon* (o homem que desperta) de Aristóteles; o *principe* (príncipe) de Maquiavel; ou o *Übermensch* (homem superior) de Nietzsche? Mais especificamente, quem você tem mais aspirações de ser: um David Palmer, uma Sherry Palmer ou um Jack Bauer?

## 20:00H - 21:00H

# Jack em dois tempos: *24 Horas* à luz da teoria estética

*Paul A. Cantor*

> E quanto a vinte e quatro horas, é uma grande inconveniência que um romance tenha que começar de madrugada e terminar em um casamento à noite.
>
> Tirso de Molina, *Cigaralles de Toledo*

Só podemos tentar adivinhar o que Aristóteles (384-322 a.C.) teria pensado a respeito da televisão americana, mas acredito que ele teria sido um fã de *24 Horas*. Originário da Macedônia, Aristóteles provavelmente teria se deliciado com o preconceito anti-sérvio da primeira temporada. Mais importante ainda, *24 Horas* confirma um de seus princípios mais famosos e uma das mais conhecidas regras de estética (o tratamento filosófico da arte e da beleza). Em *A poética*, Aristóteles contrasta as formas literárias de tragédia e épico em termos de comprimento: "A tragédia acontece no período de uma única revolução do sol, ou a excede um pouco, enquanto o épico é ilimitado no tempo".[164] Essa é evidentemente a primeira formulação da regra segundo a qual um drama deve acontecer em um período de 24 horas, que passou a ser conhecida como o princípio da unidade de tempo. Poucos telespectadores sabem que *24 Horas* tem uma história

---

164. Aristóteles, *A poética*, traduzido para o inglês por W. Hamilton Fyfe. *The Poetics*. (Cambridge, MA: Harvard University Press, 1982), p. 21.

tão venerável e que, de fato, deriva de uma fórmula articulada por um antigo filósofo grego do século IV a.C., com base em suas observações das tragédias clássicas como *Oedipus Rex* (Édipo Rei) de Sófocles. *24 Horas* é um caso ideal para discutir o cruzamento da filosofia com a cultura popular.

A análise da série à luz de um dos mais famosos debates na história da estética nos ajudará a entender e valorizar essa distinta contribuição à televisão.

## As unidades clássicas e Shakespeare

Aristóteles parece preferir a tragédia ao épico em razão da maior pressão e intensidade que ela alcança. A tragédia "atinge seu fim com uma maior economia de tempo. Aquilo que é concentrado é sempre mais eficaz do que aquilo que se estende por um longo período."[165] Aristóteles já entendia o que os produtores de *24 Horas* redescobriram, que confinar um drama a um período de 24 horas pode gerar um nível de excitação dramática que é facilmente dissipado quando uma história se estende por um intervalo de tempo mais longo.

Mas o princípio da unidade de tempo não foi estabelecido como um dogma da teoria estética até muito tempo depois de Aristóteles, mais precisamente na Renascença italiana. Na Itália do século XVI, críticos como Lodovico Castelvetro (1505-1571) começaram a argumentar que, para ser boa, uma peça tinha de ser escrita de acordo com os rígidos princípios da construção dramática, que passaram a ser conhecidos como as Três Unidades ou as Unidades Clássicas: (1) unidade de ação, (2) unidade de tempo, (3) unidade de lugar. As duas primeiras unidades derivaram de Aristóteles; a terceira foi acrescentada com base na probabilidade estética. Se uma peça vai se restringir a um período de 24 horas, então também deverá se limitar ao espaço que possa ser coberto nesse período de tempo.[166]

As Três Unidades propiciaram uma das bases do que hoje conhecemos como a escolha neoclássica de crítica, "neo" porque deriva sua autoridade de fontes clássicas como Aristóteles e o poeta romano Horácio, mas também alegavam ter refinado e aperfeiçoado as idéias clássicas. O movimento neoclássico na literatura chegou ao auge na França do século XVII, principalmente no drama da corte real. Dramaturgos como Racine e Molière observavam com rigidez as Três Unidades tanto nas tragédias quanto nas

---

165. Aristóteles, *A Poética*, p.115.
166. A velocidade e facilidade das viagens possibilitadas pela moderna tecnologia tornaram discutíveis nos dias de hoje os antigos argumentos a favor da unidade de lugar; e uma série como *24 Horas* não se preocupa com essa questão. Por isso, foquei este capítulo na questão da unidade de tempo.

comédias, demonstrando quão eficazes são os dramas desenvolvidos de acordo com esses princípios. Porém na Inglaterra as Três Unidades nunca foram tão aceitas quanto na França e em outras partes da Europa. Por uma série de razões, o palco inglês se movia com maior liberdade. *Doutor Fausto,* de Christopher Marlowe, por exemplo, apresenta 24 anos, não 24 horas, da vida de seu herói, e passa de uma maneira quase cinematográfica por todos os Estados alemães e italianos da Renascença européia. Os pensadores na Inglaterra do século XVI, conscientes da teoria estética da Itália renascentista, eram severos em suas críticas ao teatro londrino da época. Em *Apology for Poetry*, o distinto cortesão *sir* Philip Sidney (1554-1586) caçoou do modo como os dramaturgos contemporâneos deixavam de observar a unidade de tempo e permitiam que seus personagens fossem concebidos e se tornassem adultos em uma única peça:

> Quanto ao tempo, eles são bem mais liberais, pois é comum que dois jovens príncipes [um príncipe e uma princesa] se apaixonem. Após muitos acontecimentos, ela fica grávida, dá à luz um menino loiro; ele se perde, torna-se um homem, apaixona-se, e está pronto a gerar outro filho; tudo isso em um espaço de duas horas; com um absurdo em seu sentido. A arte já ensinou, e todos os exemplos antigos justificaram; e nos dias de hoje, os dramaturgos comuns da Itália não errariam.[167]

Críticos como Sidney apresentavam argumentos plausíveis para a observação da unidade de tempo, mas eles tinham um grande problema em estabelecer o princípio na Inglaterra: um problema que se chamava William Shakespeare. Com certeza, Shakespeare demonstrava respeito às Unidades Clássicas em vários momentos de sua carreira. Uma de suas primeiras peças, *A comédia dos erros*, desenvolve-se em um único dia e obedece estritamente às unidades, em parte porque ele imitou a comédia romana *Os Menecmos (Os gêmeos)*, de Plauto. Naquela que é talvez sua última peça – *A tempestade* –, Shakespeare evidentemente decidiu mostrar que podia ser um mestre absoluto das unidades, se assim o desejasse. A história se desenrola em tempo real no palco – para criar um efeito dramático. Mas na maioria das peças que escreveu, Shakespeare não se preocupou de modo algum em obedecer às unidades e se movia pelo espaço e tempo com total abandono. Por exemplo, *Conto do Inverno* leva-nos da Sicília à Boêmia; e um intervalo de 16 anos ocorre entre o terceiro e quarto atos, tempo suficiente para o tipo de príncipes sobre os quais Sidney reclamou, que alcançam rapidamente a idade de casar. Consciente de que violava a lei estética, Shakespeare traz o próprio Tempo ao palco, como um pedido de desculpas:

---

167. "An Apology for Poetry", em *Criticism: The Major Texts*, Walter Jackson Bate (org.) (New York: Harcourt, Brace & World, 1952), p. 102.

Ora determino usar as asas com bastante tino, sob a forma do Tempo.
Por tudo isso, à conta não leveis de mau serviço
Dezesseis anos haver eu pulado, sem ao menos deixar assinalado quanto passou durante esse intervalo.[168]

## Na unidade há força

Depois que Shakespeare se tornou o foco de debates acerca da unidade de tempo, o princípio teve pouca chance de ser aceito na teoria estética da Inglaterra. Em alguns aspectos, esse desenvolvimento foi infeliz porque, como mostra o exemplo da série *24 Horas* no presente, a restrição de uma história a um único período de 24 horas pode gerar uma verdadeira excitação dramática. O fato de que Shakespeare conseguiu escapar sem obedecer às unidades não prova que todos os dramaturgos possam fazê-lo impunemente, nem que as unidades não são úteis em alguns tipos de drama. Shakespeare foi o maior dramaturgo que já existiu e, com certeza, conseguia realizar o que quisesse no palco. Mas é possível que críticos como Sidney ainda estivessem certos ao rir dos fracos resultados quando dramaturgos inferiores a Shakespeare desrespeitavam abertamente as unidades, permitindo, assim, que suas tramas vagassem pelo tempo e espaço.

Como Aristóteles bem entendeu, e *24 Horas* confirma, observar a unidade de tempo dá foco à trama e aumenta o nível de intensidade dramática. Em especial, isso é verdade se o autor for bem-sucedido em gerar o efeito do relógio que mostra as horas passando à medida que a ação se desenrola (algo que *24 Horas* faz com brilhantismo, usando um relógio de verdade). Quando o público se torna consciente de que um evento importante deve ocorrer dentro de um período fixo e breve de tempo, a excitação cresce na medida em que esse momento se aproxima. A unidade de tempo pode, então, gerar um potente princípio de ritmo dramático. Para que a trama seja resolvida no tempo determinado, o ritmo dos acontecimentos deve aumentar quando o fim se aproxima. Esse tipo de ritmo funciona muito bem em comédias, em especial nas mais amalucadas, em que os personagens têm de trabalhar com intensidade cada vez maior para escapar da situação louca em que se colocaram – a tempo de evitar um desastre e ter um final feliz.

A unidade de tempo também é eficaz na tragédia com o efeito precisamente oposto. Diante de uma catástrofe iminente, os personagens lutam em desespero e urgência para evitá-la, com as horas passando, apenas para fracassar no fim e enfrentar o desastre. A unidade de tempo é eficaz especialmente em uma situação dramática na qual quase tudo aconteceu

---

168. *The Riverside Shakespeare*, Blakemore Evans (org.) (Boston: Houghton Mifflin, 1974).

antes de a história começar e o enredo consiste basicamente nesses fatos vindo à tona. *Édipo Rei* é o exemplo clássico desse tipo de drama. Sófocles não fez o que esperaríamos dele – escrever uma peça sobre o modo como Édipo acabou matando o pai e se casando com a mãe. Em vez disso, aceitando os fatos como a premissa do drama, Sófocles retratou no palco apenas como Édipo *descobre* o que fez. E essa descoberta pode com facilidade acontecer em um período de 24 horas e até se desenrolar mais ou menos em tempo real no palco. Não é por acaso que Aristóteles elogia *Édipo* e a unidade de tempo. Os dois julgamentos são baseados em seu princípio de que a ação é fundamental ao drama e que a retratação do personagem pode ser relegada a segundo plano.[169]

## Ação *versus* personagem

Assim, como sugere *24 Horas*, a unidade de tempo funciona melhor no tipo de trama que enfatiza a ação à custa do desenvolvimento do personagem. Em um ensaio brilhante a respeito da unidade de tempo, o acadêmico shakespeariano Norman Rabkin dá sua opinião acerca do assunto: "A cena fixa e o curto tempo em que a ação ocorre dão mais ênfase à virtuosidade do autor em revelar o que já é inevitável e ordenado no início, ou de libertar os personagens de uma situação já estabelecida por completo, do que ao crescimento do personagem".[170] Rabkin prossegue argumentando que a mais profunda razão estética pela qual Shakespeare não obedecia às unidades de tempo e lugar é que ele estava mais interessado no desenvolvimento do personagem do que na pura ação no palco.

O desenvolvimento do personagem leva tempo, em geral mais que 24 horas. Se você estiver interessado em mostrar como um jovem príncipe se transforma em um rei, como em *Henrique IV* de Shakespeare, você não poderá focar unicamente em um único dia da vida dele, mas deve retratar suas reações complexas a uma série de eventos e encontros no decorrer de um período de tempo. O argumento a favor da unidade de tempo com freqüência enfatiza a questão da probabilidade ou credibilidade estética. Porém em muitos casos, limitar um drama a um período de 24 horas pode fazer com que a ação pareça menos provável para nós. Por exemplo, mostrar um homem e uma mulher se apaixonando, depois deixando de se amar e depois se apaixonando de novo em um único dia afetará a credulidade do público. Considerações de plausibilidade emocional em um drama quase sempre forçam o autor a ir além dos limites de um único dia de ação, como Shakespeare faz em sua tragédia de amor *Antônio e Cleópatra*.

---

169. Ver Aristóteles, A Poética, p.25: "a tragédia não é uma representação do homem, mas de uma parte da ação... e o fim almejado não é a representação das qualidades do personagem, mas de um pouco de ação."
170. Norman Rabkin, *Shakespeare and the Common Understanding* (New York: Free Press, 1967), p. 242.

O debate a respeito da unidade de tempo, por fim, aponta para um tipo de rosto dos dramaturgos – o de uma estética de troca. Eles estão basicamente envolvidos na escolha entre a pressão da ação e o desenvolvimento sério do personagem. Mas, no início do século XIX, estudos mais completos acerca do modo como Shakespeare lidava com o tempo exploraram a possibilidade de que em sua genialidade ele tentou combinar o melhor de dois mundos – alcançar a excitação dramática do princípio da unidade de tempo ao mesmo tempo em que deixava espaço para um desenvolvimento plausível do personagem. Shakespeare conseguiu fazer isso por meio de um mecanismo dramático complexo que os críticos chamaram de Dois Tempos. Muitas de suas peças operam com esquemas de tempo mutuamente contraditórios. De acordo com um conjunto de indicadores de tempo no texto, os acontecimentos desenvolvem-se com rapidez (o chamado Tempo Curto); mas, de acordo com outro conjunto, eles se estendem por um longo período de tempo (o chamado Tempo Longo).

## Dois tempos em *Otelo*

O exemplo mais famoso desse tipo de esquema de dois tempos é encontrado em *Otelo*, a tragédia de Shakespeare sobre um mouro enganado por seu falso amigo Iago, que o faz acreditar que a esposa, Desdêmona, é infiel, levando Otelo a assassiná-la. O grande crítico shakespeariano A. C. Bradley analisou em detalhes a questão do tempo na peça em Nota I, "The Duration of the Action in *Otelo*", em seu famoso livro *Shakespearean Tragedy*. Seguindo com cuidado referências específicas no texto, Bradley conclui:

> Assim (1) um grupo de indicadores de tempo mostra que Otelo matou a mulher depois de alguns dias, provavelmente um dia e meio, de sua chegada em Chipre e a consumação de seu casamento; (2) outro grupo de indicadores de tempo deixa claro que algum tempo deve ter passado, provavelmente algumas semanas; e essa é com certeza a impressão do leitor que não examinou a peça bem de perto.[171]

Com base na idéia dos dois tempos desenvolvida pelos críticos do século XIX, Bradley explica o que Shakespeare estava tentando fazer em *Otelo*:

---

171. A. C. Bradley, *Shakespearean Tragedy* (1904; rpt. New York: Meridian, 1955), pp.340-341. As indicações de páginas referentes a Bradley são dessa obra. Para a confirmação da análise de Bradley do tempo em *Otelo*, ver Mable Buland, *The Presentation of Time in the Elizabethan Drama* (New York: Henry Holt, 1912), pp. 4-8. Esse livro é o estudo clássico dos dois tempos em Shakespeare.

> Shakespeare, consciente ou inconscientemente, queria produzir no espectador (pois ele não se dirigia aos leitores) duas impressões. Ele queria que o espectador sentisse uma pressa apaixonada e veemente na ação; mas também que acreditasse que a ação era possível. De maneira consciente ou inconsciente, ele usava o Tempo Curto... para o primeiro propósito; e o Tempo Longo... para o segundo. O espectador é afetado pelos dois, da forma intencionada, embora sem notar distintamente as indicações dos dois esquemas. (341)

Bradley não está totalmente satisfeito com essa explicação dos esquemas de tempo contraditórios em *Otelo*, e levanta algumas objeções a ele, mas de forma geral conclui que "a noção subjacente a essa teoria é provavelmente verdadeira" (341). Jogando de forma rápida e solta com os indicadores de tempo em *Otelo*, Shakespeare consegue obter os benefícios da unidade de tempo ao mesmo tempo em que evita seus defeitos. Ao limitar a ação a um dia e meio, ele alcança a pressão dramática e mantém o público atento e ligado à medida que os acontecimentos se desenrolam em um ritmo de tirar o fôlego. Porém, ao inserir um grupo contrário de indicadores, que parecem expandir a ação em várias semanas, Shakespeare dá tempo para o desenvolvimento do personagem necessário à trama. Se parássemos e pensássemos a respeito das implicações do fato de todos os eventos ocorrerem dentro de um período de 36 horas, teríamos dificuldade em aceitar a idéia de que os sentimentos de Otelo para com Desdêmona poderiam mudar de forma tão radical e com tanta freqüência, em um espaço de tempo tão reduzido, pois diversas vezes na peça ele passa do estado emocional da completa devoção romântica ao ódio assassino, voltando, depois, a sentir amor por ela. Assim, ainda que Shakespeare, de modo inexorável, faça com que os acontecimentos avancem no tempo em cima de um palco, ele deve, ao mesmo tempo, fazer-mos pensar que está passando tempo suficiente para que Otelo, de maneira real, se desenvolva a partir da figura dominadora e segura de si do primeiro ato para o homem emocionalmente devastado e tomado por dúvidas do quinto ato.

## É mesmo tempo real?

O debate que atravessa séculos na teoria estética acerca da unidade de tempo, em especial nas peças de Shakespeare, prepara-nos a pensar em *24 Horas*. Podemos nos perguntar se os criadores da série estavam a par desse debate, mas uma coisa é clara. Eles com certeza escolheram enfatizar a questão da unidade de tempo na série, como vemos no próprio título, na decisão de chamar Real Time Productions a empresa produtora da série, e na ênfase dada em grande parte de sua publicidade à sua limitação a um dia de ação. Na apresentação da série na versão em DVD da primeira temporada, Kiefer Sutherland explica as conseqüências da decisão de seguir a unidade de tempo: "A liberdade de tempo acabou. Mas isso tornou mais intensas a intriga e a tensão em toda a história. Agora, algo tão pequeno quanto uma luz vermelha de alerta passou a significar muito, principalmente quando uma vida estava em jogo, o que geralmente acontecia." Aristóteles não podia ter explicado melhor. *24 Horas* com certeza extrai o melhor resultado possível de sua decisão de limitar os acontecimentos a um único dia, e com seu relógio digital exibindo cada hora, ela cria uma tensão quase insuportável nos telespectadores. Mas desejo invocar o exemplo de Shakespeare para complicar nossa visão da série e sugerir que *24 Horas* na verdade desenvolve sua própria versão dos dois tempos shakespearianos para jogar com o público e compensar as potenciais desvantagens de observar a unidade de tempo durante todas a temporadas de uma série de televisão.

Até agora comparei *24 Horas* a dramas convencionais e discorri sobre o assunto como se não existissem diferenças entre uma peça e uma série de televisão. Porém, quando analisamos a questão do tempo real, é óbvio que *24 Horas* não pertence à mesma categoria do drama. Quando dizemos que uma peça se desenvolve em tempo real, dizemos que *A tempestade,* por exemplo, cobre mais ou menos quatro horas de ação que podem ser representadas em um palco em aproximadamente o mesmo período de tempo. *24 Horas* baseia sua alegação de ser uma "produção em tempo real" no fato de que ela cobre 24 horas de ação em 24 episódios, cada um com uma hora de duração (na verdade, três quartos de hora, deixando espaço para intervalos comerciais e interrupções do canal que exibe a série). Mas os telespectadores não assistem a todas as 24 horas de uma temporada da série em um único período de 24 horas. Os episódios são espalhados por uma temporada da TV, em geral com um episódio por semana, e de vez em quando um especial de duas horas. A disponibilidade da série em DVD significa que é teoricamente possível assistir às 24 horas de ação em tempo real, embora isso exigisse uma resistência física e psicológica iguais a de Jack Bauer (consegui ver, no máximo, seis episódios em seguida em DVD no mesmo dia, e precisei tomar um sedativo depois).

Como resultado, quase todos os espectadores não experienciam, de fato, o desenrolar de *24 Horas* na tela em tempo real. Em uma intrigante variação dos dois tempos de Shakespeare, *24 Horas* realmente se beneficia da tensão entre o modo como a ação se desenvolve no tempo e o modo como os espectadores a vivenciam durante o tempo. Para simplificar a situação: *24 Horas* apresenta sua ação em tempo curto, mas o público a experimenta em tempo longo. A conseqüência é que a série combina as virtudes de um drama de ação com aquelas de uma novela de TV. Ela gera uma intensa excitação dramática, ao mesmo tempo em que apresenta os envolvimentos e complicações dos personagens ao estilo de *Dallas* ou *Di-*

*nastia*. Com muita astúcia, *24 Horas* consegue criar uma temporada inteira a partir de 24 horas de ação visceralmente excitante, enquanto insere naquele mesmo único dia os incidentes e emoções de uma novela.[172]

## Os dias de nossas vidas

Uma temporada da televisão é, à primeira vista, uma estranha unidade artística. Muito longa para ser absorvida de uma só vez, ela apresenta a seus criadores um problema fundamental de unidade. A solução simples tradicionalmente adotada pelas séries de TV é fazer com que a temporada consista em unidades independentes, os assim chamados episódios *stand-alone* [independentes] (39 nos primórdios da TV; 22-25 nos dias de hoje). Cada episódio é um drama em si mesmo, com toda a temporada amarrada frouxamente por uma continuidade de elenco, conceito e estilo. A fórmula televisão tentada-e-verdadeira torna fácil para os telespectadores perder episódios isolados de um programa e ainda assistir a ele de forma regular. Mas esse padrão pode ser encarado como uma desvantagem, pois significa que o programa médio de TV é menos atraente *como série* e raramente gera no público a compulsão a *não perder nenhum episódio*. Como alternativa à forma solta dos episódios *stand-alone*, desde o início a televisão adotou formatos seriais, nos quais a ação é contínua de episódio em episódio, e os personagens vão mudando à medida que enfrentam várias crises em suas vidas. Esse padrão é mais evidente nas longas novelas transmitidas durante o dia na TV. Nesse aspecto, a televisão apenas seguiu os passos da novela de rádio e dos seriados, em que os capítulos terminam em uma situação de suspense, para prender a atenção do público e deixá-lo querendo mais. A novela em série do século XIX, da qual Charles Dickens foi o grande mestre, é a avó desses formatos seriais, que se tornaram o esteio da moderna cultura popular.[173] Como sua ascendência na novela do século XIX sugere, o formato serial televisivo é particularmente apropriado para retratar o desenvolvimento do personagem com o passar do tempo. A televisão seriada, em especial no formato das novelas do horário nobre, tem alcançado muito sucesso há vários anos, fazendo com que os telespectadores voltem, semana após semana, com variações do princípio do suspense, no famoso estilo gerado por "Quem atirou em JR?" de *Dallas*.

Mas mesmo a continuidade gerada pela televisão seriada é um tanto solta e não focada quando a comparamos com a intensidade de uma peça

---

172. Para uma visita aos "bastidores" de algumas esquisitices "em tempo real" referentes à filmagem de *24 Horas*, ver o capítulo escrito por Read Mercer Schuchardt.
173. Para uma excelente discussão desse assunto, ver Jennifer Hayward, *Consuming Pleasures: Active Audiences and Serial Fictions from Dickens to Soap Opera* (Lexington: University Press on Kentucky, 1997).

como *Édipo Rei*. A novela de TV é, por sua natureza, uma forma de fim aberto, oferecendo o equivalente artístico da expansão urbana, movendo-se para várias direções ao mesmo tempo, sem limites claros a seu crescimento. A virtude da novela é que suas tramas podem prosseguir por anos, mas, por isso, elas sofrem da falta de concentração e pressão. A novela troca a intensidade e o foco por alcance e escopo. A genialidade dos criadores de *24 Horas* está no modo em que eles redefiniram a temporada na televisão. Limitando a temporada a um único dia da vida do herói, eles deram a ela fechamento e limites claros, permitindo, de uma maneira inédita na televisão, a geração de uma intensidade dramática. De fato, com o relógio presente em cada episódio, *24 Horas* levou a arte do suspense a novas alturas. Nunca antes os episódios de uma série de TV foram tão completamente integrados em um todo, no qual cada parte leva, de forma inevitável e inexorável, à outra.

E, contudo, assim como Shakespeare, os criadores de *24 Horas* quiseram abraçar o mundo. Mesmo em nome da nova intensidade que conseguiram criar a partir do formato 24 horas, não estavam dispostos a sacrificar por completo as vantagens do formato de novela. Eles entendem que seu público gosta de ação, mas também do desenvolvimento dos personagens. Por isso, desde o início, *24 Horas* contrabalançou suas tramas de ação envolvendo terroristas e política internacional com enredos de novela que incluem relacionamentos domésticos de seus personagens, com destaque para a vida amorosa e suas convolutas histórias familiares. A série repetidamente foca o modo como Jack e outros personagens centrais têm de escolher entre as preocupações políticas ou domésticas, por exemplo, entre o país ou a família. Isso conferiu à série uma profundidade emocional e uma complexidade ainda maiores e, sem dúvida, é responsável em parte por seu sucesso. Mas o sucesso também dependeu de um elemento de improviso estético na série, que é análogo aos dois de Shakespeare.

Em uma temporada de *24 Horas*, assistimos a horas de ação, mas meses de desenvolvimento emocional, não importa o que o relógio digital nos diga. O fato de estarmos vendo horas de ação durante meses de tempo real em que a série é assistida ajuda a esconder a natureza do truque que *24 Horas* repete com freqüência. Os personagens na série são capazes de ligar e desligar suas emoções a qualquer instante, mas nós, como espectadores, precisamos de tempo para absorver emocionalmente os eventos momentosos que ocorrem em cada episódio – eventos não apenas na esfera pública, mas também na vida particular dos personagens que passamos a amar e a odiar. Por essa razão, o intervalo de uma semana entre os episódios para digerir o que aconteceu ajuda o público a lidar com o que, de outra maneira, poderia se tornar uma sobrecarga emocional decorrente de assistir à série. Dizemos que mal podemos esperar pelo próximo episódio, mas na verdade é bom termos uma semana para nos recuperarmos emocionalmente do episódio anterior. Assistir às 24 horas de uma temporada da série de uma só vez provoca um entorpecimento emocional.

## Um dia dos diabos!

Veja tudo o que acontece na esfera emocional na primeira temporada, por exemplo. Apenas os envolvimentos amorosos já preencheriam uma temporada completa de uma novela comum. A filha de Jack tem um romance rebelde com o jovem que a seqüestra, apaixonando-se por ele e deixando de amá-lo cada vez que ocorre uma virada na trama – e tudo isso no curso das 24 horas regulares. A síndrome de Estocolmo, que afeta as vítimas de seqüestro, fazendo-as criar elos com seus captores, faz com que esse romance nos pareça plausível. Mas a questão da síndrome de Estocolmo são as *semanas* ou *meses* que a vítima passa em poder dos seqüestradores – não as *horas*. Ao mesmo tempo, o candidato à presidência David Palmer está em meio a uma novela que acontece em sua própria família, incluindo uma filha que revive o trauma de ter sido estuprada, um filho que acidentalmente matou o estuprador e está sendo processado pelo crime, e uma esposa que se assemelha à Lady Macbeth e que deseja encobrir tudo isso e mais um pouco.

Como se o que acontece nos bastidores da família Palmer não fosse suficiente para um dia de complicação, o aspirante a presidente parece disposto a entrar em um relacionamento extraconjugal com uma jovem assistente de sua campanha – bem no meio de um dia em que as eleições primárias estaduais determinarão se ele será escolhido como candidato pelo partido – e ainda tem de lidar com pequenos detalhes como várias tentativas de assassinato e ataques terroristas em Los Angeles. O romance é logo cortado pela raiz quando Palmer descobre o plano de sua mulher em usar a assistente para manipulá-lo; e ele está apenas enganando a jovem. Mas esse é um exemplo do modo como *24 Horas* manipula seu público. Em uma novela, que cobre vários meses de ação, teríamos tempo para ver um candidato à presidência manter um tórrido caso de amor com uma assistente. Mas no esquema de tempo comprimido de *24 Horas*, ficamos apenas excitados com a ilusão desse romance. Somos colocados dentro de um compressor emocional e recebemos uma dose extra de excitação na trama, por causa de algo que, no fim das contas, não é real. É assim que a série parece exibir meses de desenvolvimento emocional em um período de apenas algumas horas de ação em tempo real.

Os criadores de *24 Horas* podem, portanto, abraçar o mundo e segurá-lo nas mãos. Ou melhor dizendo, eles podem dar a seu público toda a emoção de uma história de ação em tempo real com todas as distorções emocionais de uma completa temporada de novela. Não estou criticando *24 Horas* por isso, apenas tentando explicar o truque que os produtores, de maneira inteligente, criaram com seu novo formato. Como já expliquei, essa manipulação do público tem o mais venerável precedente no uso dos dois tempos por Shakespeare. Até o antigo filósofo grego Aristóteles teve um vislumbre daquilo que viria a transformar *24 Horas* em um sucesso séculos depois de sua morte. Às vezes, a história da teoria estética pode iluminar até o mais atual fenômeno da cultura popular. Se pelo menos Aristóteles estivesse aqui para nos explicar a série *Lost*...

# 21:00H - 22:00H

# Confidencial: Os agentes da UCT

**Robert Arp** atualmente faz pós-doutorado no National Center for Biomedical Ontology em Buffalo, NY, onde trabalha 24 horas e sete dias por semana. Entendeu? 24 horas e sete dias por semana... 24 horas e sete dias por semana tem o número 24.

**Scott Calef** é professor e presidente do Departamento de Filosofia em Ohio Wesleyan University. Tem obras publicadas sobre filosofia antiga, ética aplicada, filosofia política, metafísica e filosofia da religião. Também contribuiu para *Metálica e a Filosofia*.* O mais perto que já chegou do perigo foi quando sobreviveu a um ataque do gás neuroparalisante Sentox. Seu momento de maior orgulho, depois do nascimento dos filhos, foi o dia em que conseguiu o primeiro lugar no quarto concurso anual da pessoa mais parecida com Edgar Stiles, na Ohio Wesleyan.

**Paul A. Cantor** é professor de inglês da cadeira Clifton Waller Barrett na Universidade da Virginia. É autor de *Gilligan Unbound: Pop Culture in the Age of Globalization*, que foi considerado pelo *LA Times* um dos melhores trabalhos de não-ficção em 2001 – para surpresa de Cantor, porque ele pensava ter escrito um romance. Publicou vários trabalhos a respeito de cultura popular, inclusive ensaios sobre *Os Simpsons e a Filosofia, South Park e a Filosofia, Star Wars e a Filosofia*,** Martin Scorsese, filme *noir*, e luta-livre. Não conte ao editor, mas ele escreveu o ensaio para este livro em 24 horas.

**John Carpenter** é candidato a PhD em filosofia pela Florida State University. Suas principais áreas de estudo são metafilosofia, epistemologia e ética. Os planos de John para o futuro próximo incluem concluir seu livro e

---
\* N. T.: Publicado pela Madras Editora, São Paulo.
\*\*N.E.: Esses títulos também foram publicados pela Madras Editora.

resgatar Kim Bauer da próxima vez que ela for seqüestrada. Ocasionalmente, ele repete o dia mais longo de sua vida freqüentando estabelecimentos que ficam abertos a noite inteira; nessas ocasiões, ele sobrevive à tensão gerada pelo tique-taque de um relógio com o som excepcionalmente alto. John tem mais informações, mas planeja usá-las como arma para ficar vivo.

**Brandon Claycomb** atualmente opera sob o disfarce de professor associado de filosofia e presidente da Divisão de Artes & Humanidades do Marian College em Fond du Lac, Wisconsin. Ele interrompeu sua pesquisa para o livro de gestão acadêmica intitulado *O que Jack Bauer faria?*, depois que a controversa fórmula do sucesso vazou para o público: (1) coloque o funcionário em espera; (2) grite repetidas vezes: "Você não tem mais nenhuma informação útil, não é mesmo?"; (3) se o funcionário responder, interrompa-o com "Cale a boca, idiota!"; (4) bata no funcionário com o cano de uma arma.

**Richard Davis** é professor associado de filosofia em Tyndale Univesity College (TCU), a divisão canadense da UCT, onde aguça suas habilidades nas artes críticas do tráfico intelectual, doutrinação ontológica e controle mental filosófico. Passa uma grande parte de seu tempo em campo, interrogando figuras suspeitas no mundo escuro e perigoso da metafísica. Publicou vários artigos sobre temas atraentes como mundos possíveis, elementos básicos e a mente de Deus. Seu livro *The Metaphysics of Theism and Modality* foi na verdade exibido na segunda temporada, na qual os telespectadores o viram de relance dentro da bolsa de maquiagem de Kim Bauer. Não se assuste: uma chave de decodificação subcutânea é incluída em cada exemplar para que os leitores possam decifrar o significado do título.

**Stephen de Wijze** é conferencista sobre teoria política na Universidade de Manchester, no Reino Unido. Atualmente está escrevendo um livro em que aborda o problema das "mãos sujas". Se for pressionado, Steve insistirá que o presidente David Palmer não está de fato morto e que a última temporada de *24 Horas* terá Jack Bauer como presidente. Então, finalmente, veremos a paz no mundo (em *24 Horas*), porque ninguém (repito, *ninguém*) quer ver Jack Bauer irritado. Steve gosta de assistir aos episódios de *24 Horas* com seu grande amigo Jer que, isso deve ser dito, não consegue entender a intensa atração em se colocar contra a falácia *post hoc ergo propter hoc*.

**R. Douglas Geivett** é epistemólogo. Ele mora na Carolina do Sul, onde leciona (acredite se quiser) epistemologia. Como você sem dúvida já percebeu, eles não deixam que os agentes da UCT especializados em epistemologia apareçam em nenhum dos episódios de *24 Horas*. É muito arriscado. Assim, quando Doug concordou em escrever um capítulo para este livro, os produtores da série gritaram "quebra de contrato" e os diretores da UCT de Los Angeles alertaram que isso podia ser "uma ameaça à segurança nacional". Os produtores retiraram suas acusações quando uma investigação completa nos bancos de dados revelou que, até onde puderam descobrir, Doug não trabalha para a rede. A UCT parou de se preocupar quando os produtores de *24 Horas* ofereceram criar uma nova temporada inteira baseada no capítulo de Doug. E todos os envolvidos correram para procurar o significado da palavra "epistemologia".

**Randall M. Jensen** é professor associado de filosofia em Northwestern College em Orange City, Iowa. Seus interesses filosóficos incluem ética, filosofia grega antiga e filosofia da religião. Também contribuiu para *South Park e a Filosofia*\* e *The Office and Philosophy*. E a única razão pela qual você ainda está consciente é porque Jensen não que carregá-lo nos braços.

**Terrence Kelly** é instrutor na Universidade do Alaska, onde ocupa a Cadeira de Pesquisa Ética Victor Drazen na UCT. Especialista em ética e filosofia política, atualmente está escrevendo *Ordinary Injustice*, uma obra a respeito da natureza da ideologia e racionalidade prática. Os turistas que visitam o belo Estado do Alaska são encorajados a visitar seu escritório. Se você tiver sorte, encontrá-lo-á durante a "temporada de dar notas" e ouvirá seu chamado característico: "Este é o dia mais longo da minha vida".

**Rob Lawlor** é pesquisador de ética aplicada em Inter-Disciplinary Ethics Applied CETL na Universidade de Leeds. Antes disso, ele foi especialista em computadores na UCT. Nesse período, teve um breve relacionamento com Chloe O'Brien, mas o romance acabou quando ela o acusou de ter um caso com um membro inferior da equipe. Rob negou o fato, mas Chloe não acreditou e pediu a Jack que arrancasse a verdade dele – de qualquer maneira. Jack insistiu que não poderia torturar um membro da UCT apenas para descobrir se ele foi infiel, mas Chloe afirmou que Jack devia isso a ela e então, ainda que com relutância, Jack concordou. Rob confessou, mas depois negou a confissão, dizendo que fora obtida por tortura. Deixou Chloe, afirmando que ela tinha problemas em confiar nos outros; pediu demissão e voltou para a Inglaterra. Rob jamais perdoou Jack e escreveu seu capítulo ainda com rancor.

**Tom Morris** é um filósofo *freelance*, independente e público – isso não significa que é apenas um sujeito desempregado que caminha pelas ruas fazendo perguntas profundas e sugerindo que as pessoas o paguem por isso. Ele é na verdade o segundo filósofo mais bem pago da história, superado apenas por Aristóteles; provavelmente logo o alcançará, porque Aris-

---

\* N. T.: Publicado pela Madras Editora, São Paulo, 2007 .

tóteles, ao que parece, tinha um agente muito ruim, talvez em razão da sua crença no agenciamento gratuito. Tom é PhD pela Universidade de Yale e se recusa a deixar por menos. Após quinze anos em Notre Dame, ele decidiu agir disfarçado para salvar o mundo e escrever livros como *If Harry Potter Ran General Electric*. Tom se pergunta por que Kiefer Sutherland, um de nossos melhores atores, não entende que, quando você diz a hora, não há nenhuma razão imaginável para enfatizar a letra "M".

**Greig Mulberry** é conferencista em filosofia na Mississipi State Univesity. Ainda se recuperando de um interrogatório e busca conduzidos por Jack Bauer, ele agora toma mais cuidado com o que coloca em sua bagagem de mão.

**Dónal P. O'Mathúna** é conferencista em Ética do Cuidado Médico na Dublin City University, Irlanda (ou DCU, que é a forma irlandesa de UCT). Ele concordou com Jack que, algumas vezes, você tem de torturar os alunos com aulas aborrecidas e tarefas pesadas – para o próprio bem deles e para salvar o mundo. Contudo, tendo investigado a ética da tortura para este livro, ele não tem certeza se esse é o modo mais digno de tratar os alunos. Além de pensar sobre ética, ele também examina questões de evidências em cuidados médicos. Não é tão excitante quanto a busca de Jack por evidências, mas resultou na obra *Alternative Medicine*. Não há nada sobre soros da verdade nesse livro, apenas modos de desviar das evidências naquele campo minado. Agora, voltemos à descoberta de novos meios de forçar os alunos a fazer os trabalhos.

**Eric M. Rovie** é atualmente um Analista Convidado na UTC (ou Instrutor Convidado na Universidade Estadual da Georgia, como você preferir), onde leciona nos departamentos de filosofia e estudos religiosos. Ele é formado em filosofia pela Universidade Estadual da Georgia e Universidade de Washington em St. Louis, e trabalha principalmente com as disciplinas ética e filosofia política. É co-editor de *The Morality of War: Classical and Contemporary Readings* e publicou trabalhos acerca do aborto, teoria da ação e a filosofia de Tomás de Aquino. Embora jamais tenha ficado cara a cara com um leão da montanha, nem com um sobrevivente louco em uma floresta, ele tem certeza absoluta de que saberia lidar com essas situações melhor do que Kim Bauer; e ele *sabe* que tem habilidades interpessoais melhores que as de Chloe O'Brien.

**Read Mercer Schuchardt** é autor de *Sinners In The Hands of An Angry Gore (and Other Parables from a Cinematic Cathedral Near You)* e editor da coleção *Fight Club and Philosophy*. É fundador e editor do site de interpretação de filmes Metaphilm <www.metaphilm.com>, e ministrou cursos de mídia na Universidade de Nova York, no Marymount Manhattan College, e Franklin College, na Suíça. Ele não tem telefone celular.

**Stephen Snyder** lecionou filosofia da arte na Universidade de Washington em St. Louis. Alguns agentes do Leste europeu especulam que suas atividades atuais envolvem filosofia na Fatih University no mar Mármara. Ele foi visto pela última vez em uma esquina em Istambul discutindo com um vendedor *simit* e segurando o que parecia ser uma caixa de sabão em pó. Contudo, fontes confiáveis confirmam que desde então Snyder desapareceu.

**Georgia Testa** é conferencista em Ética Médica e pesquisadora de Ética Aplicada na Universidade de Leeds. Rumores afirmam que ela foi uma conselheira especial na UCT, designada para educar os agentes sobre o tratamento ético dos detentos, porém pediu demissão, em desespero, quando conheceu Jack Bauer. Ela nega os rumores, é claro, mas contrai os músculos do rosto toda vez que o nome de Jack é mencionado.

**Jennifer Hart Weed** é professora assistente de filosofia na Tyndale University College. É especializada em filosofia medieval e filosofia da religião. É autora de "Creation as a Foundation of Analogy in Aquinas", a ser publicado em *Divine Transcendence and Immanence in the Thought of St. Thomas Aquinas*. Como Chloe, Jennifer não é uma agente de campo. Mas depois do que aconteceu com George Mason, Chappelle, Edgar, Lynn e Milo, ela se transferiu do quartel-general da UCT.

**Ronald Weed** é professor assistente de filosofia na Tyndale University College. É especializado em filosofia antiga, ética e filosofia política. É autor de *Aristotle on Stasis: A Moral Psychology of Political Conflict*. Também publicou artigos a respeito de Aristóteles, Rousseau, Kant, e filosofia contemporânea. Após um breve período na UCT, requisitou uma transferência para um grupo com um nível mais alto de supervisão congressional, como a Unidade Coral Snake do coronel Samuel. Seu momento mais memorável na UCT aconteceu quando foi obrigado a assistir a um seminário de treinamento de sensibilidade, organizado pela unidade, com Jack e Chloe.

# 22:00H - 23:00H

## Confidencial: patrimônio e fontes

ADORNO, Theodor e HORKHEIMER, Max. *Dialetic of Enlightenment.* New York: Continuum Publishing, 1997.
AQUINO, Santo Tomás de. *Summa theologiae* [Suma teológica]. Traduzido para o inglês pelos Padres da Província Dominicana Inglesa. Notre Dame, IN: Ave Maria Press, 1948.
ARISTÓTELES, *The Poetics* [A poética]. Traduzido para o inglês por W. Hamilton Fyfe. Cambridge, MA: Harvard University Press, 1982.
———. *Nicomachean Ethics* [A ética a Nicômaco]. Traduzido para o inglês e publicado por C. Rowe e S. Broadie. Oxford: Oxford University Press, 2002.
AGOSTINHO DE HIPONA, Santo. *Political Writings.* Publicado por E. M. Atkins e R. J. Dodaro. Cambridge: Cambridge University Press, 2001.
BENTAM, Jeremy. *An Introduction to the Principles of Morals and Legislation.* Garden City, NY: Doubleday, 1961.
BUFACCHI, Vittorio e Arrigo, Jean Maria. "Torture, Terrorism and the State: A Refutation of the Ticking-Bomb Argument." *Journal of Applied Philosophy* 23 (2006): 360.
CARNEY, Brian. "Jack Bauer's Dilemmas – and Ours: Watching '24' as a Primer on Moral Philosophy." *Wall Street Journal,* 26 de janeiro de 2007.
FOOT, Phillipa. *Virtues and Vices.* New York: Oxford University Press, 2002.
HABERMAS, Jürgen. *The Theory of Communicative Action: Volume One.* Traduzido para o inglês por Thomas McCarthy. Boston: Beacon Press, 1984.

HAMPSHIRE, Stuart. *Innocence and Experience.* Cambridge, MA: Harvard University Press, 1989.
HEGEL, G. W. F. *The Philosophy of Right* [A filosofia do direito]. Traduzido para o inglês por H. B. Nisbet. New York: Cambridge University Press, 1991.
HILL, Thomas. *Autonomy and Self Respect.* New York: Cambridge University Press, 1991.
HOBBES, Thomas. *Leviathan* [O Leviatã]. Publicado por Richard Tuck. New York: Cambridge University Press, 1991.
HUME, David. *An Enquiry Concerning Human Understanding* [Inquérito sobre o entendimento humano]. Publicado por Tom Beauchamp. Oxford: Oxford University Press, 1999.
HURKA, Thomas. "Proportionality and the Morality of War." *Philosophy and Public Affairs* 33 (2005): 34-66.
IGNATIEFF, Michael. *The Lesser Evil: Political Ethics in an Age of Terror.* Edimburgo: Edinburgh University Press, 2005.
KAMM, Frances. "Nonconsequentialism, the Person as End-in-Itself, and the Significance of Status." *Philosophy and Public Affairs* 21 (1992): 354-389.
KANT, Immanuel. *Foundations of the Metaphysics of Morals* [Fundamentação da metafísica dos costumes]. Traduzido para o inglês por Lewis White Beck. Upper Saddle River, NJ: Prentice-Hall, 1993.
KORSGAARD, Christine. *The Sources of Normativity.* New York: Cambridge University Press, 1996.
MAQUIAVELLI, Niccolò. *The Prince* [O príncipe]. Traduzido para o inglês por Harvey C. Mansfield. Chicago: Chicago University Press, 1998.
MACINTYRE, Alasdair. *After Virtue.* Notre Dame, IN: University of Notre Dame Press, 1981.
MAYER, Jane. "Whatever It Takes: The Politics of the Man Behind '24.'" *The New Yorker*, 19 de fevereiro de 2007.
MILL, John Stuart. *On Liberty* [Sobre a liberdade]. New York: Meridian, 1974.
─────. *Utilitarianism* [Utilitarismo]. Indianapolis: Hackett, 2002.
MOORE, G. E. *Principia Ethica.* Cambridge: Cambridge University Press, 1948.
NAGEL, Thomas. "War and Massacre." Republicado em *Mortal Questions*, do mesmo autor. Cambridge: Cambridge University Press, 1979.
NIETZSCHE, Friedrich. *Beyond Good and Evil* [Além do bem e do mal]. Traduzido para o inglês por Walter Kaufmann. New York: Random House, 1966.

NOZICK, Robert, *Anarchy, State, and Utopia.* New York: Basic Books, 1974.

NUSSBAUM, Martha C. *The Fragility of Goodness: Luck and Ethics in Greek Tragedy and Philosophy.* Cambridge: Cambridge University Press, 1986.

O'NEILL, Onora. *Constructions of Reason: Explorations of Kant's Practical Philosophy.* Cambridge: Cambridge University Press, 1990.

RAWLS, John. *A Theory of Justice.* Oxford: Oxford University Press, 1972.

SHUE, Henry. "Torture." *Philosophy and Public Affairs* 7 (1978): 124-143.

WALZER, Michael. *Just and Unjust Wars.* Nova York: Basic Books, 1977.

WEBER, Max. "Politics as a Vocation." Em *From Max Weber: Essays in Sociology.* Traduzido para o inglês e publicado por H. H. Gerth e C. Wright Mills. New York: Oxford University Press, 1958.

WILLIAMS, Bernard, *Moral Luck.* Cambridge: Cambridge University Press, 1981.

ZIZEK, Slavoj. "The Depraved Heroes of *24* are the Himmlers of Hollywood." *Guardian Unlimited,* 10 de janeiro de 2006.

---

**Nota do Editor**

A Madras Editora não participa, endossa ou tem qualquer autoridade ou responsabilidade no que diz respeito a transações particulares de negócio entre o autor e o público.

Quaisquer referências de internet contidas neste trabalho são as atuais, no momento de sua publicação, mas o editor não pode garantir que a localização específica será mantida.

# 23:00H - 0:00H

# Confidencial: os códigos

## A

A. C. Bradley 214
Abu Fayed 110; 166
Abu Ghraib 40; 117; 121
ações morais 52; 53
Adam Greenfield 191
Adolf Eichmann 89
Agente 86 171
agente Burke 116; 117
Alan Milliken 197
Alexis Drazen 196
amor e amizade 32
análise custo-benefício 204
antiautoritarismo 88
antiliberalismo 88
antiliberalismo 88
Antonin Scalia 16
argumento a favor 104; 213
Aristóteles 12; 17; 124; 125; 196; 197; 202; 203; 206; 207; 209; 210; 212; 213; 216; 220; 223; 225
ARISTÓTELES 227
Armen Meiwes 100
Arthur Schopenhauer 72
Audrey Raines 29; 40; 60; 90; 93; 109; 114; 118
auto-imunidades 159; 165; 168
auto-sacrifício 37; 52; 56; 57; 58; 59; 102; 201
auto-sacrifício 37; 52; 56; 57; 58; 59; 201

## B

Barbra Streisand 16
Behrooz Araz 198
Bernard Williams 32; 43; 137; 138
Bill Buchanan 26; 33; 58; 66; 110; 115
Bill Clinton 16
bombardeio do Japão 137
Brandon Claycomb 87; 222

## C

Charles Dickens 217
Charles Logan 134
Chase Edmunds 124; 131; 133; 154; 200
Christopher Henderson 25; 44; 92; 112; 117
Christopher Marlowe 211
Cícero 111
Cientologia 61
código moral homérico 93

compressão temporal 93
condição de proporcionalidade 79;
80; 83; 84; 85; 99
Confúcio 202
conseqüencialismo 27; 96; 97; 98;
99; 105
Conseqüencialismo 96
Conseqüencialismo 96
conseqüencialismo 96; 97; 98; 99;
105
Curtis Manning 34; 111; 198

## D

Dallas 216; 217
Darren McCarthy 166
David Heyd 59
David Hume 149
David Palmer 203; 207; 219; 222
David Sussman 113
Dean Acheson 44
definido 88
Degradantes 110
degradantes 116
Dennis Haysbert 192
deontologia 29; 30; 31; 32; 110
Deontologia 32
desenvolvimento do caráter 202
determinismo social 168
dilemas meios-fim 25
doutrina do duplo efeito 99
dr. Basin 42
dualismo metafísico 71

## E

Edgar Stiles 58; 90; 221
eficácia 66; 80
Elizabeth Nash 196
Entretenimento de Emergência 187
epistemologia 147; 179; 186; 221; 222; 223
Eric M. Rovie 224

Erin Driscoll 173; 174
ética da responsabilidade 38; 39
ética da virtude 110; 196; 197;
202; 203; 205; 207
eutanásia 100
evidência testemunhal 173; 176; 179
Evidencialismo 149

## F

Francis Fukuyama 166
Fritz Allhoff 115

## G

G. E. Moore 55
general Habib 118; 120
general-brigadeiro Patrick
Finnegan 39; 192
George Mason 37; 40; 57; 69; 91;
148; 178; 196; 225
Greig Mulberry 87; 224

## H

Habib Marwan 42; 77; 200
Hades 67
Hamri Al-Assad 110; 162
Hannah Arendt 89
Harry Swinton 59
Henrique IV 213
Henry Shue 114
Heráclito 185
herói trágico 37; 49
Horácio 210
Howard Gordon 193

## I

Immanuel Kant 196
indeterminação 159

## J

J. O. Urmson 53
Jack Bauer 11; 12; 15; 16; 17; 18; 21; 23; 24; 25; 31; 33; 34; 35; 37; 38; 39; 43; 48; 49; 51; 52; 58; 59; 61; 63; 65; 67; 68; 70; 73; 79; 88; 89; 90; 91; 94; 95; 96; 97; 111; 125; 127; 128; 129; 132; 133; 137; 138; 139; 143; 149; 150; 161; 163; 168; 172; 173; 174; 177; 179; 180; 183; 186; 187; 189; 191; 195; 207; 216; 222; 224; 225; 227
Jacques Derrida 159
James Heller 17
Jason Park 66
Jean-Paul Sartre 41
Jimmy Carter 45
John Carpenter 195; 221
John McCain 16
John Stuart Mill 196
John Wayne 93
Joseph Wald 41; 55; 177
julgamento moral 34; 69; 140; 141
Jürgen Habermas 167; 168

## K

Karen Hayes 66; 114; 115; 119; 148
Kate Warner 29; 93; 197
Kiefer Sutherland 13; 23; 195; 216; 224
Kim Bauer 31; 55; 56; 124; 222; 224
Kyle Singer 196

## L

Lee Jong 42; 78; 81; 83
Leslie Savan 190
liberalismo 6; 87; 98; 99; 104; 105; 110; 125
liberalismo 87
Liberalismo 98
Lyle Gibson 203
Lynn McGill 52; 58; 154
Lynne Kresge 157

## M

Marie Warner 56; 110; 112; 150; 195
Marshall Goren 37; 40; 69; 201
Marshall McLuhan 183; 184; 193
Marsyas 70
Martha Nussbaum 38
Max Horkheimer 160
Max Weber 37; 38; 41; 160; 229
Michael Crichton 193
Michael Ignatieff 82
Michael Walzer 41; 82
Michelle Dessler 17; 26; 90; 127; 178
Mike Novick 57; 111; 155; 200
Miles Papazian 114
Milo Pressman 52
mito de Odisseu 161
Molière 210
Moralidade Inconsútil 45
moralidade inconsútil 45
moralidade política 38; 39; 40; 44; 46; 47; 48
mundo pós-11/9 94
mundo pós-11/9 94

## N

Nadia Yasir 52
não-conseqüencialismo 99
Niccolò Machiavelli 41; 197; 204
Nina Myers 17; 24; 53; 69; 126; 149; 154; 162; 163; 177; 179; 205
Norman Rabkin 213

## O

OBJETIFICAÇÃO 7
objetificação 7; 181; 195; 196; 197; 199; 201; 203; 204; 205; 206

obrigações morais 47; 198
Otelo 214; 215

## P

Paul A. Cantor 209; 221
Paul Raines 42; 118
percepção sensória 113
percepção sensória 113
Phillip Bauer 144
Platão 51; 161; 202
Plauto 211
pluralidade 159; 166
poluição moral 43; 48
pós-modernismo 159
presidente Keeler 77
presidente Suvarov 60
Princípio Um por Muitos 57; 58; 59; 60

## R

Rabiah Ahmed 192
Racine 210
racionalidade comunicativa 169; 170
racionalidade instrumental 160; 169
Ramon Salazar 154
Randall M. Jensen 23; 223
Rastros de Ódio 93
razões morais 24; 25; 35
Read Mercer Schuchardt 183; 224
realpolitik 46; 47; 48
René Descartes 147
Richard Davis 51; 222
Richard Walsh 64; 186
Rob Lawlor 137; 223
Robert Arp 7; 195; 221
Roger Stanton 56; 109; 112; 115; 117
Ronald Weed 15; 225
Ronnie Labelle 173
Rush Limbaugh 16
Ryan Chapelle 28

## S

Santo Agostinho 111
São Francisco 72
São Tomás de Aquino 78
Sarah Gavin 163
Scott Calef 147; 221
Sherry Palmer 204; 207
síndrome de Estocolmo 219
Slavoj Zizek 16; 39
Sócrates 17
Stephen de Wijze 37; 222
Stephen Saunders 52; 54; 71; 87; 131; 133; 154
Stephen Snyder 63; 225
Steve Biko 118
Stuart Hampshire 47; 48
Syed Ali 56; 115; 116; 119; 150; 156; 197; 200
Syed Ali 56; 115; 116; 119; 150; 156; 197; 200

## T

teoria revolucionária marxista 167
Teri Bauer 53
Terrence Kelly 159; 223
tese da gaiola de ferro 168
Theodor Adorno 160
Thomas Hobbes 123; 127
Thomas Hurka 79
Thomas Nagel 34
Tom Cruise 61
Tom Lennox 17; 115
Tom Morris 13; 223
Tony Almeida 26; 28; 33; 56; 103; 141; 175
Tortura 43; 110
tortura 6; 15; 16; 17; 29; 30; 38; 39; 40; 41; 42; 43; 44; 48; 56; 60; 64; 68; 71; 72; 90; 109; 110; 111; 112; 113; 114; 115; 116; 117; 118; 119; 120; 121; 134; 176
tortura interrogatória 114; 118; 120
tradição militar 111

## U

Utilitarismo 228
Utilitarismo 228
Utilitarismo 228
utilitarismo 27; 28; 30; 31; 32; 110; 200; 204; 206
utilitarismo 27; 28; 30; 31; 32; 110; 200; 204; 206
utilitarismo 27; 28; 30; 31; 32; 110; 200; 204; 206

## V

valor instrumental 198
visão antimoralidade 44; 45; 48
visão da ética da virtude 196
visão kantiana 200
visão utilitarista 196
visão utilitarista 196

## W

Walt Cummings 44
Wayne Palmer 31; 53; 70; 81; 104; 139; 143
William Clifford 150

## Leitura Recomendada

### Metallica e a Filosofia
Um curso intensivo de cirurgia cerebral
*William Irwin*

Muito mais que uma banda barulhenta, o Metallica traz em suas músicas questões éticas, políticas e sociais do mundo moderno. Para aqueles que não o entendem, suas músicas não passam de ruídos desarmonizados, mas ir a fundo no significado de suas letras é enxergar as motivações dos integrantes e as relações discursivas subjacentes. Podemos, então, ver que os integrantes do grupo são mais que cabelos compridos e guitarras nas mãos.

### U2 e a Filosofia
*Coordenação de William Irwin*
*Coletânea de Mark. A. Wratall*

Parafraseando Mário Quintana: "As músicas não mudam o mundo, quem muda o mundo são as pessoas. As músicas só mudam as pessoas", pode-se elucidar a influência de uma banda de rock como o U2 no comportamento de seus ouvintes.

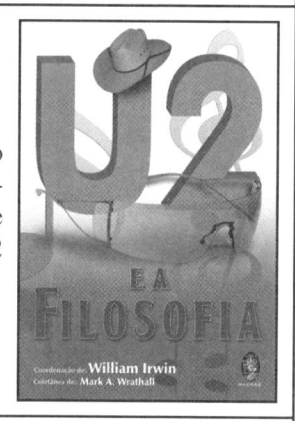

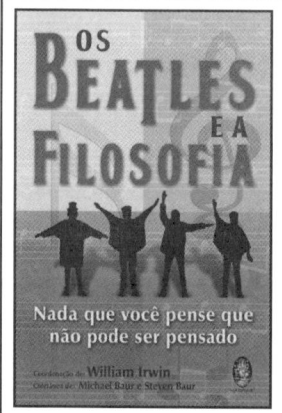

### Os Beatles e a Filosofia
Nada que você pense que não pode ser pensado
*Coordenação de William Irwin*
*Coletânea de Michael Baur e Steven Baur*

Nessa obra, vinte estudiosos de Filosofia reuniram-se para analisar a fundo o pensamento e o comportamento dos Beatles e para levantar questões filosóficas presentes em suas músicas, como ética, cultura do consumo e ceticismo, além de tratar dos temas cotidianos nas canções sob a luz da filosofia, como amor, sociedade, política e espiritualidade.

Visite nosso site: www.madras.com.br

## Leitura Recomendada

### Super-Heróis e a Filosofia
*Coletânea de Matt Morris e Tom Morris*

Depois de *Matrix, Seinfeld, Star Wars, Harry Potter, A Família Soprano, Buffy — A Caça-Vampiros e Os Simpsons*, chegou a vez de explorarmos o mundo dos *Super-Heróis* e ver o que a Filosofia tem a nos dizer a respeito desses superpoderosos.
O que Aristóteles, Nietzche, Platão e Freud têm a ver com as histórias em quadrinhos? O que os super-heróis têm a ver com a filosofia?

### Simpsons e a Filosofia, Os
O D'Oh! De Homer
*Coletânea de Aeon J. Skoble, Mark T. Conard e William Irwim*

Os Simpsons e a Filosofia traz uma série de análises a respeito da ironia e da irreverência de uma das comédias mais inteligentes da televisão mundial: *Os Simpsons*. Profissionais da Filosofia e de outras áreas do saber reúnem-se para desvendar questões filosóficas levantadas pelos personagens, enredos e pensamentos da série, mostrando que pode haver seriedade por trás de um programa que vai muito além da história de um "bobão" e sua família.

### South Park e a Filosofia
*Coordenação de: William Irwin*
*Coletânea de: Robert Arp*

Nesse livro, 23 estudiosos reúnem-se para desvendar as questões filosóficas levantadas pelos personagens, enredos e pensamentos da série *South Park*, o polêmico desenho norte-americano criado por Matt Stone e Trey Park, conhecido em todo o mundo por satirizar e criticar religiões, políticos, celebridades e a sociedade norte-americana, usando e abusando de palavrões.
Os ensaios desse livro abrangem diversos temas filosóficos, como o paralelo que há entre Kenny e a escola do Existencialismo e Cartman e o problema do mal.

Visite nosso site: www.madras.com.br

## Leitura Recomendada

### Harry Potter e a Filosofia
*Coletânea de David Baggett e Shawn E. Klein — Coordenação de William Irwin*

Nesse livro, sete estudiosos de Filosofia desvendam alguns dos segredos de Hogwarts, dando idéias reveladoras tanto para feiticeiros quanto para os trouxas um pouco mais perceptivos. Mostram que as obras de J. K. Rowling da série Harry Potter não são escritas como tratados filosóficos mas estão repletas de significado filosófico. Elas não são apenas histórias interessantes e bem contadas; são também emocional, imaginativa e intelectualmente atrativas.

### Hip Hop e a Filosofia
*Coletânea de Derrick Darby e Tommie Shelby*
*Coordenação de William Irwin*

Esse livro não é interessante apenas para aqueles que apreciam o Hip Hop, pois ele também ampliará seu conhecimento com relação a uma comunidade específica, e, por meio das analogias com filósofos como Nietzsche, Platão, Hobbes, Mill, entre outros, você irá se deparar com posições às vezes antagônicas, porém consistentes, sobre o comportamento do ser humano independentemente da sua raça.

### Seinfeld e a Filosofia
Um livro sobre Tudo e Nada
*William Irwin*

Será que um programa de TV que alega ser "sobre nada" pode ser de fato filosófico? *Seinfeld*, a comédia de situação mais popular da década de 1990, conseguiu atrair a atenção de seu público para eventos cotidianos de um modo nunca antes experimentado, observando o mundano e o comum ao seu redor por meio do riso.

### A Família Soprano e a Filosofia
Mato, logo existo
*Coletânea de Richard Greene e Peter Vernezze — Coordenação William Irwin*

Será *A Família Soprano* unicamente um programa a respeito de gângs-ters? Ou há evidências filosóficas presentes na série?

Visite nosso site: www.madras.com.br

# MADRAS® Editora — CADASTRO/MALA DIRETA

*Envie este cadastro preenchido e passará a receber informações dos nossos lançamentos, nas áreas que determinar.*

Nome _____
RG _____ CPF _____
Endereço Residencial _____
Bairro _____ Cidade _____ Estado ____
CEP _____ Fone _____
E-mail _____
Sexo ❑ Fem. ❑ Masc.   Nascimento _____
Profissão _____ Escolaridade (Nível/Curso) _____

Você compra livros:
❑ livrarias   ❑ feiras   ❑ telefone   ❑ Sedex livro (reembolso postal mais rápido)
❑ outros: _____

Quais os tipos de literatura que você lê:
❑ Jurídicos   ❑ Pedagogia   ❑ Business   ❑ Romances/espíritas
❑ Esoterismo   ❑ Psicologia   ❑ Saúde   ❑ Espíritas/doutrinas
❑ Bruxaria   ❑ Auto-ajuda   ❑ Maçonaria   ❑ Outros:

Qual a sua opinião a respeito dessa obra? _____
_____

Indique amigos que gostariam de receber MALA DIRETA:
Nome _____
Endereço Residencial _____
Bairro _____ Cidade _____ CEP _____

Nome do livro adquirido: ***24 Horas e a Filosofia***

Para receber catálogos, lista de preços e outras informações, escreva para:

**MADRAS EDITORA LTDA.**
Rua Paulo Gonçalves, 88 — Santana
CEP 02403-020 — São Paulo — SP
Caixa Postal 12299 — CEP 02013-970 — SP
Tel.: (11) 2281-5555/2959-1127
Fax: (11) 2959-3090
**www.madras.com.br**

Este livro foi composto em Times New Roman, corpo 11/12.
Papel Offset 75g –
Impressão e Acabamento
Gráfica Palas Athena – Rua Serra de Paracaina, 240 – Cambuci – São Paulo/SP
CEP 01522-020 – Tel.: (0_ _11) 3209-6288 –
e-mail: grafica@palasathena.org.br